KB014087

대상관계치료

Sheldon Cashdan 저

이영희 · 고향자 · 김해란 · 김수형 공역

OBJECT RELATIONS THERAPY

학지사

Object Relations Therapy

by Sheldon Cashdan
Copyright © 1988 by Sheldon Cashdan

All rights reserved.
Authorized translation from the English language edition
published by W. W. Norton & Company

Korean Translation Copyright © 2005 by Hakjisa Publisher
The Korean translation rights arranged with
W. W. Norton & Company through Eric Yang Agency, Seoul.

본 저작물의 한국어판 저작권은 에릭양 에이전시를 통한
W. W. Norton & Company와의 독점계약으로
학지사가 소유합니다.
신 저작권법에 의해 한국 내에서 보호를 받는 저작물이므로
무단전재와 무단복제를 금합니다.

역자서문

다양한 대상관계 이론가들은 인간이 최적의 발달을 이루기 위해서는 발달 초기에 양육자와 적절한 관계를 경험해야 한다고 공통적으로 보고 있다. 그 이유는 초기의 이와 같은 관계가 향후 모든 관계 형성의 틀을 구성한다고 보기 때문이다. 따라서 대상관계치료에서는 "관계" 그 자체가 치료의 초점이 되고 있다.

이 책은 대상관계이론들을 간단명료하게 정리해서 보여주고 있으며, 다양한 투사적 동일시를 통해 나타나는 대인간 정신 병리를 기술하고 있나. 그리고 대상관계치료과정을 단계별로 임상사례를 예시하며 설명하고 있어서 대상관계이론과 치료과정에 대하여 명료한 그림을 그릴 수 있게 해주는 점이 특징이라고 할 수 있다. 또한 문학과 영화의 자료들이 대상관계치료에서 어떻게 대상관계치료자의 접근을 풍성하게 해줄 수 있는지에 대하여 기술하고 있는 점도 흥미를 더해준다.

이 책은 3, 4년 전에 책의 내용에 흥미를 느낀 숙명여대 교육학과 대학원의 상담전공 석·박사 과정 학생들이 모여 읽기 시작한 것이 번역의 계기가 되었다. 그 후 좀더 많은 사람들이 쉽게 접할 수 있도록 하기 위하여 역자들이 번역에 착수하였지만, 번역이 끝난 지금에는 오히려 역자들의 부족한 번역으로 인해 저자의 의도를 제대로 전달하지 못하고 더 이해하기 어렵게 만들지는 않았나 하는 우려를 떨쳐버릴 수가 없다. 역자들은 가능한 한 직역을 하여 저자가 글에서 주장하는 바를 독자들이 생각하며 읽을 수 있도록 하였다. 용어들은 국내의 번역된 대상관계 책들에서 통용되는 단어를 사용했으나, 적절한 용어를 찾지 못했을 때는 역자들이 토론하여 결정하는 식으로 하였다.

특히 이 책을 번역하면서 역자들에게 의미 있었던 점은, 세 번의 방학 동안 정기적인 만남을 통해 역자들이 매우 소중한 시간을 가졌다는 점이다. 그 시간에 우리는 서로의 어린 시절에 영향을 미쳤던 대상들과 그 대상들이 현재 우리의 행동과 감정에 어떻게 나타나고 있는지에 대해 이야기를 나누었다. 또한 우리의 내담자들을 떠올리고 그들의 투사적 동일시에 적절하게 반응하지 못한 점에 대해 반성을 하기도 하였다.

이 책을 읽게 되는 독자들도(주로 상담을 공부하는 대학원생들이나 상담자들이라고 생각되는데), 이 책을 통해 대상관계이론의 틀에서 자신을 그리고 내담자와의 관계를 돌아보고 성장하는 데 조금이라도 도움이 되었으면 하는 바람이다.

이 책이 나오기까지 역자들과 같은 마음을 갖고 보이지 않게 격려해준 숙명여대 상담전공 대학원생들과 바쁜 시간 속에서도 부분적으로 원고를 읽어주고 조언을 해주신 심흥섭 선생님께 깊은 감사를 드린다. 특히 번역에 많은 시간을 빼앗겨 방학 동안 충분

한 시간을 함께 해주지 못한 엄마를, 아내를, 고모를, 이모를 잘
이해해준 가족들에게 고마움을 느낀다. 무엇보다도 번역 기한을
넘기면서도 좋은 책이 나오도록 격려해주시고 기다려 주신 학지
사의 김진환 사장님과 편집부 직원들께 깊은 감사를 드린다.

2005년 1월
역자 일동

저자서문

대상관계이론은 최근 임상분야에서 우세한 관점들 중 하나로 빠르게 자리잡고 있다. 그 영향은 경계선 환자들에서부터 초기 아동기 발달을 이해하는 새로운 방법에 이르기까지 광범위하다. 오늘날 우리가 참여하게 되는 임상회의에서 분열, 투사적 동일시 그리고 역전이의 사용에 대한 논문과 발표를 매번 접하게 된다. 판도가 바뀌면서 대상관계이론이 선두에 서고 있다.

이런 변화에 관한 흥미 있는 질문 중 하나는 왜 지금 이런 현상이 발생하는가다. 1930년대 이전까지만 해도 멜라니 클라인(Melanie klein)이 처음으로 대상관계에 대해 저술한 사람이었다. 그 이유 중 하나는 대상관계이론이, '현대' 정신장애를 이해하는 데 특히 유용하다는 점이다. 수년간에 걸쳐 히스테리성 전환과 분열에 대한 관심이 자기애적 장애와 경계선 상태에 관한 관심 뒤로 물러나게 되었다. 아마도 이 이론이 임상적 사고의 주류가 되도록 도와준 사람들은 위니컷(Winnicott), 페어벤(Fairbairn), 코헛(Kohut)과 같은 영향력 있는 저자들일 것이다.

좀더 심층적인 이유는, 대상관계이론이 인간 존재를 보는 관점에 심오한 변화를 가져왔다는 것이다. 대상관계이론내에서, 인간을 구성하고 있는 마음과 정신의 구조들은 생물학적으로 발생된 긴장에서 나온 것이라기보다 인간 상호작용에서 나온 것이다. 인간은 긴장 감소에 의해 동기화되는 것이 아니라 관계를 만들고 유지시키고자 하는 욕구에 의해 동기화된다. 다른 말로 하면, 대상관계 관점에서 일차적 동기를 구성하고 있는 것은 인간 접촉에 대한 욕구다.

그렇다면 이 이론이 치료 실제와 어떤 관련이 있을까? 대상관계이론과 연관된 유일한 심리치료가 있는가? 대상관계 접근을 따르는 사람들은 다른 방식으로 치료를 하는가? 최근까지 이런 질문들에 대한 대답들은 정신분석의 문 뒤에 갇혀 있었다. 대상관계이론이 치료에 미친 영향이 어떤 것이든 간에 그 영향은 주로 전통 정신분석 기법 안에서의 변화로만 제한되어 왔다.

이 책은 치료자-환자 관계에 최대한 역점을 두고 있는 치료적 접근을 설명하고 있다. 이 치료는 환자의 병리를 치료하는 데 전이, 방어기제, 그리고 통찰에 초점을 두는 대신에 '치료실 안의 관계'를 사용하는 방법에 초점을 두고 있다. 치료의 궁극적인 목적은 치료자-환자의 관계가 좀더 건강한 대상관계를 위한 디딤돌로 사용되어 환자의 자기감에 긍정적인 변화를 가져오는 것이다.

이 책의 제1부는 내상관계 접근의 이론적 기초를 다루고 있다. 제1장은 이 분야의 주요 이론들을 개관하고 있다. 멜라니 클라인의 이론에서 시작해서 말러, 컨버그, 그리고 다른 최근 대상관계이론가들의 관점을 소개하고 있다. 제1장의 목적은 대상관계사고

의 고유한 기본 주제 중 일부를 확인하고, 그것들이 하나의 치료
이론을 위한 개념적 발판을 어떻게 형성할 수 있는지 생각해 보고
자 하는 것이다.

제2장은 '분열'에 특별히 초점을 맞추어 대상관계의 발달적 근
원을 탐색하고 있다. 어머니와 아동의 관계, 즉 유아의 최초 대상
관계에서 시작하여 이 관계를 이루고 있는 상호작용이 정상적인
발달과 비정상적인 발달에 어떤 식으로 중요한 역할을 하는지 기
술하고 있다. 말러의 작업과 유아-어머니 관계의 특성에 관한 최
근 연구결과들은, 상이한 자기-대상 경험을 통해 발달하는 아동
을 따라가면서 이러한 경험이 성인 정체감에 어떻게 영향을 미치
는지 보여주고 있다.

제3장은 '투사적 동일시'를 통해 표현되는 대인간 정신병리의
서로 다른 형태들을 기술하고 있다. 수많은 이런 동일시들을 사례
들을 통해 설명하고 있으며, 각 사례들의 대인간 함의도 살펴보고
있다. 상이한 투사적 동일시들과 의사소통의 이해는 환자들이 행
동하는 방식과 변화에 요구되는 개입의 유형을 이해하는 기초를
제공하고 있다.

제2부에서는 대상관계치료의 과정을 다루고 있다. 제4장에서부
터 제7장까지는 관여, 투사적 동일시, 직면, 종결의 네 단계의 개
요를 설명하고 있다. 각 장은 성공적인 치료에 꼭 필요한 변화가
이루어질 수 있도록 고안된 비교적 특징적인 개입들로 이루어져
있다.

이 장들의 주요 초점은 대상관계치료에서 사용하는 역전이와 이
점이 다른 치료들과는 어떻게 다른지에 있다. 사례연구들과 임상
적 삽화들은 치료상황에 대한 치료자의 개인적 반응이 치료과정

을 어떻게 촉진시키는지 설명하기 위해 제공되었다. 전체 과정은 환자의 병리가 관계 속에서 어떻게 드러나며, 치료자가 그것을 다루기 위해 역전이를 어떻게 사용하는지를 기술하고 있다.

이 부분의 기본 주제는 심리치료가 순서적인 과정을 따르고 있으며, 단계적 개입에 의해 의미있게 기술될 수 있다는 점이다. 치료기법에 관한 대부분의 질문들이 특정단계의 맥락에서 보여질 때 좀더 만족스럽게 설명될 수 있다고 가정한다. 이것이 대상관계치료가 고정된 방식으로 훈련되어야 한다는 것을 의미하는 것은 아니다. 새로운 도입과 개선의 여지는 충분히 있다. 그러나 효과적인 치료체계를 위해서, 치료자가 따르고 의지한다는 것은 비교적 불변의 '훈련 원리'를 포함하고 있어야만 한다.

대상관계치료의 기법적인 측면 외에, 치료 작업에 영향을 미치는 개인적인 요인들을 고려할 필요가 있다. 따라서 이 책의 마지막 부분 제3부에서는 대상관계 작업의 개인적 측면과 관련된 주제를 다루고 있다. 치료자가 환자의 투사적 동일시의 목표가 된다는 것은 어떤 의미인가? 치료자는 역전이 반응이 치료와 관련되어 있는 것인지 아닌지를 어떻게 구별할 수 있을까? 제8장은 이러한 질문들에 대한 대답을 하고자 한다.

제9장은 제8장에서 다룬 개인적 강조점을 치료자의 작업과 치료 밖의 관심을 조화시킬 수 있는 방식에 대해 생각해 보고자 하였다. 마지막 장에서, 우리는 문학과 영화의 자료가 어떻게 대상관계 치료자의 접근을 풍성하게 할 수 있는지에 대해 검토하고 있다.

'대상관계치료'의 전체 목적은 독자에게 대상관계 개념을 효과적인 심리치료로 표현할 수 있는 수단을 제공하는 것이다. 대상관계 치료는 치료관계에 주로 초점을 두고 있다. 대상관계는 관계를 심리내적 변화를 촉진시키는 수단으로 보기보다는 통찰, 정서적 정화 또는 자기−실현이 되도록 하기 위해 관계 '그 자체를' 치료의 초점으로 본다. 대상관계치료의 근본 원리는 치료에서나 치료 밖에서나 '관계'를 중심에 두는 것이다.

차 례

제3부 대상관계 치료자 · 257

제 1 부

대상관계이론

제 1 장

대상관계이론 : 개관

최근 대상관계이론은 정신건강 분야에서 독자적인 견해를 가진 이론으로서 그 탁월함을 인정받고 있다. 이 이론과 관련된 개념들은 정신병리현상을 새로운 관점에서 보게 할 뿐만 아니라 치료에서 일어나는 현상들을 분석하는 데도 사용되어 왔다. 이것은 초기 아동기 사건들을 해석하는 방식에 변화를 가져왔다. 예를 들면, 아동의 삶에 있어서 전오이디푸스기 사건들의 역할을 민감하게 염두에 두고 오이디푸스 콤플렉스의 역할이 재검토되어 왔다. 대상관계이론은 다양한 방식과 맥락에서 오늘날 임상적 사고의 많은 부분을 재정립하고 있다.

대상관계는 정확하게 무슨 뜻인가? 우리는 어떤 종류의 "대상"에 대하여 이야기하고 있는가? 그 질문에 대한 답은 비교적 간단하다. 대상관계에서 "대상"은 인간 존재를 의미한다. 컨버그(Kernberg)에 따르면, "대상관계이론에서 '대상' 이란 용어는 전통적으로 이 용어가 타자들과의 관계를 반영할 때 사용되기 때문에 '인간 대상'

이어야 함이 더 적절할 것이다."(1976, p.58)라고 하였다. 이러한
관계는 내부 또는 외부 관계일 수도 있고 환상이나 실제에 존재하
는 관계일 수도 있는데, 그 관계는 기본적으로 다른 인간 존재와
의 상호작용이 중심이 된다.

대상관계에서 대상이라는 용어를 사용하는 방식은 전통 정신분
석에서 사용하는 방식과는 매우 다르다. 프로이트(Freud)이론에서
대상은 리비도 추동의 목표다. 결과적으로 대상은 심적 에너지가
대상에 부착됨으로써 "창조"된다. 그렇기 때문에 대상은 반드시
인간이어야 한다든지 심지어 살아 있는 것이어야 할 필요는 없다.
대상은 천조각이나 예술작품이 될 수도 있다. 대상은 단지 에너지
를 방출할 가능성만 지니면 된다. 따라서 "대상관계"에서 사용되
는 "대상"이란 용어는 전통 정신분석의 부수적인 흔적에 지나지
않는다. 만약 어디서든 "인간"이란 용어가 "대상"이란 용어로 대
치될 수 있다면 아마도 문제들을 분명하게 해줄 것이다.

그러면 "대상관계이론"이란 무엇인가? 이 질문에 대한 답은 좀
더 복잡하다. 대상관계라는 이름 하에 있는 다양한 이론적 입장에
대한 연구들은 통합된 대상관계이론을 제시하지 못하고 있다. 이
분야에서 매우 인정받는 논평자인 그린버그(Greenberg)와 미첼
(Mitchell)은 "대상관계이론에 대한 논의는 그 용어가 매우 다양한
맥락에서 사용되어 왔고, 여러 가지 상이한 의미를 내포하고 또한
표현하고 있기 때문에 복잡하다…"(1983, p.12)라고 기술하고 있
다. 이러한 사실은 대상관계이론이 존재하지 않는다는 것이 아니
라 단지 그것을 분명하게 규명하기 위해서는 어느 정도의 탐색적
인 연구를 필요로 한다는 것이다.

대상관계에 관심을 갖고 있는 다양한 이론들을 살펴보면 각 이

론이 대상관계의 특정한 측면에 초점을 맞추는 경향이 있음을 알수 있다. 어떤 이론들은 분열과 투사적 동일시 같은 기제의 작용을 강조하고 있고, 어떤 이론들은 자기애, 그리고 경계선 상태 같은 임상실제에 주의를 기울이기도 한다. 또 다른 이론들은 대상관계가 발달에 영향을 미치는 방식에 초점을 맞춘다. 이러한 상이한 접근들에 공통적인 맥락이 존재하는지를 알아보기 위해서 주요 대상관계 이론가들의 연구를 간단히 살펴볼 필요가 있다. 다양한 대상관계이론의 기본적인 요소들을 규명함으로써 우리는 자료에 근거한 대상관계이론을 설명할 수 있을 것이다.

멜라니 클라인

아동 정신치료가이며 프로이트와 동시대의 인물인 멜라니 클라인(Melanie Klein)은 임상활동 초기부터 정신분석에 매우 관심을 갖게 되었다. 새로운 학문을 좀더 배우기 위해 그녀는 프로이트의 가장 뛰어난 제자 중 하나인 산도르 페렌치(Sandor Ferenczi)에게 분석을 받았다. 분석과정에서 페렌치는 클라인에게 아동치료에 정신분석 기법을 적용해 보라고 제안하였다. 그의 제안에 따라 멜라니 클라인은 거의 혼자 힘으로 임상연구 분야에서 새로운 영역을 개척하였다.

그때까지는 정신분석 작업에서 거의 아이들을 다루지 않았다. 프로이트 자신도 아이를 직접 치료한 적이 없었다. 예를 들면, 그의 유명한 어린 한스에 관한 사례도 단지 아이 아버지와의 면접을 기초로 하여 이루어진 것이었다. 더욱이 히스테리에 관한 프로이

트의 저작들 대부분도 20대 젊은 여성들을 치료하면서 나온 것이
었다. 사례 하나 하나가 다루어질 때마다 환자들은 프로이트가 심
리성적인 세계관을 정립할 수 있도록 임상자료들을 제공했다. 그
것들이 프로이트의 공식이 될 정도로 뛰어난 것이었지만, 거의 모
두가 성인 환자들의 아동기 회상으로부터 구성된 것이었다(Breuer
& Freud, 1895).

멜라니 클라인은 아이를 직접 치료할 수 있는 방법을 탐구하였
다. 그녀는 아동기 경험과 성인 성격 사이의 연결고리를 확인하기
위해 치료에 정신분석 기법을 도입하기 시작했다. 그러나 이러한
노력은 소용없음이 곧 드러났다. 아이들, 특히 어린 아이들은 말
로 잘 표현하지 못했다. 아이들은 과거의 사건들이 현재 삶에서
어떻게 나타나고 있는지 의미 있게 관련시키지 못했다. 만일 치료
가 가능했다 하더라도 아이들의 개념형성 기술이 제한되어 있기
때문에 정신분석 기법을 사용하기는 어려웠을 것이다.

결과적으로 클라인은 아이들의 내적 세계에 접근할 수 있는 인
형, 진흙, 그림, 그리고 비교적 비언어적인 기법들을 사용하면서
놀이치료로 방향을 전환하였다. 그녀가 발견한 것은 프로이트의
결과들과 상당히 상반되었다. 클라인은 관찰을 통해 아이가 자신
의 리비도적 충동을 조절하고자 노력하기보다 대인간 세계를 구
성하는 데 더 많은 에너지를 쏟는다는 것을 밝혀냈다. 클라인은
연구결과를 통해 아이들이 성애적 충동을 통제하려는 강박 충동
적 욕구에 끌리기보다는 자신들의 삶에서 중요한 인물들을 향한
감정을 통제하려 한다고 주장하고 있다. 클라인은 아이들의 "내부
대상세계"라 칭한 이러한 인물들에 대한 내적 표상들을 정신을 만
들어내는 내용물로 여겼다. 아이들의 내적 세계는 인간관계의 세

계였다.

아동의 삶을 구성하고 있는 모든 관계 중에서 클라인이 가장 관심을 기울인 것은 어머니-아동 관계였다. 어머니-아동 관계는 너무나 강력하고 세상과의 수많은 상호작용을 포함하고 있기 때문에 이후에 모든 관계의 원형이 되고 있다. 일반적인 대상관계이론과는 달리, 클라인의 기본적인 신조는 자기의 중심(the core of selfhood)이 유아의 가장 최초이며 근본적인 대상인 어머니와의 관계와 떨어질 수 없게 결합되어 있다는 것이다. 다른 어떤 형태보다 이러한 관계는 아이의 내적 세계를 구성하기 위한 기반을 형성한다.

특히 클라인의 초기 저작들 중에서 가장 독특하고 쟁점이 되는 측면 중 하나는 이러한 관계성의 기원과 관계가 있다는 점이었다. 클라인에게 있어 어머니는 아이가 태어나기도 전에 아이를 위해 존재한다. 어머니는 본질적으로 내부에 기원을 둔 존재로서 존재하기 때문에 유아의 발생적 구성의 일부분인 무의식적인 내적 지식의 형태를 이루고 있다. 가슴, 노여움이나 웃음의 폭발, 성기 등과 같은 생득적인 이미지와 함께 "생득적인 어머니"는 아이가 외부 세계에 반응하는 방식을 결정한다.

클라인이 집단 무의식을 어떻게 설명하고 있는지 이해하기 위해 이 부분을 아주 깊이 있게 연구할 필요는 없다. 비록 클라인이 실제 그 용어를 사용하지는 않았지만 어머니는 아이의 마음 속에 하나의 "원형"으로 존재한다. 그것은 아이가 살과 피를 가진 보호자, 즉 진짜 어머니와의 상호작용을 가능하게 하는 어머니에 대한 최초의 어머니 상이기 때문이다.

클라인의 초기 사고에서 또 다른 독특한 특징은 죽음 본능을 중시한 것이다. 프로이트처럼, 클라인은 만약 아이가 자신의 존재를 확인받지 못한다면 자기 소멸로 갈 수 있는 파괴적인 내적 힘이 존재한다고 믿었다. 프로이트는 이러한 파괴적인 내적 힘은 가학증이나 자기를 향한 피학증으로 표현된다고 보았다. 나중에 프로이트는 그 생각을 완전히 버렸는데, 예를 들면 우울증을 분석할 때, 본능적 측면보다는 관계적 측면에서 다루었다(Freud, 1917). 반면에 클라인은 계속 죽음의 본능에 대한 개념에 동의하면서 삶과 죽음의 세력 간의 내부 투쟁이 궁극적으로 외부세계에 투사된다고 제안하였다.

클라인의 관점에서 보면, 초기에 아이가 세계를 좋고 나쁜 것으로 이분하는 것은 이러한 발달로 인한 것이다. 예를 들어, 죽음 본능의 상당한 부분이 외부세계에 투사된다. 이것은 세상을 악의적이고 파괴적인 인물, 즉 나쁜 대상들로 가득 찬 것으로 보게 만든다. 그래서 아이의 세상이 악의적이고 파괴적인 인물, 즉 나쁜 대상으로만 채워지지 않도록 아이의 리비도 에너지 중 일부가 좋은 대상을 창조하기 위해 외부로 투사된다. 이 모든 대상들은 파괴적(나쁜)이고 자비로운(좋은) 요소들로 분열되어 있는 내적 표상세계를 만들기 위해 교대로 재내사된다.

유아의 정신세계에 대한 클라인의 관점은 좋은 대상과 나쁜 대상 간의 역동적인 상호작용에 초점을 두고 있다. 아이는 생득적인 파괴적 충동을 다루기 위한 시도로, 불쾌한 감정을 항상 투사하고 내사한다. 비록 클라인이 점차 자신의 경험이 증가함에 따라 아이들의 "진짜" 상호작용에 관심을 갖게 되었지만, 결코 죽음의 본능이 존재한다는 그녀의 신념을 포기하지는 않았다. 클라인에게 있어 삶은 "창조적 힘과 파괴적 힘 간의 강력하고 신비스러운 내적 투쟁"으로 가득 찬 것이었다(Guntrip, 1971, p.58).

결과적으로 클라인에게 있어 기본적인 갈등은 보존하려는(사랑) 감정과 파괴하려는(미움) 감정의 반복에 관한 것인데, 이 갈등은 아이에게 익숙한 이 감정들을 보호하려는 바람과 그것들을 파괴시키고 싶어하는 악한 마음 간에 일어나는 것이다. 그녀는 이러한 갈등을 소위 "자리(position)"라는 견지에서 생각했는데, 이것은 아이들이 경험을 조직화하는 대인간 입장 유형들이다. 각 자리는 사랑과 미움의 연속성을 따라 나타나는 발달단계를 묘사하고, 대상관계들이 발생하고 성숙하는 방식을 설명한다.

첫 번째 자리는 "편집" 자리인데, 생후 3~4개월에 나타나며 세상과 유아의 첫 대면으로 특징지워진다. 클라인은 자궁의 안전감의 상실과 더불어 탄생의 고통은 아이가 학대받고 공격받는다고 느끼게 할 수 있다고 생각했기 때문에 용어를 "편집" 자리라고 명명했다. 나중에 그녀는 이름을 "편집-분열성"으로 바꾸었는데, 이 단계의 한 통합적 부분인 분열을 설명하는 데는 페어벤(Fairbairn)의 글을 빌려왔다. 아이가 첫 대상인 가슴과 접촉하게 되는 것은 "편집-분열성" 단계 동안이다. 아이와 이 대상(더 정확히 말하면 "부분-대상")과의 상호작용은 유아의 첫 진짜 대상관계를 형성한다. 또한 그것은 아이가 자신의 파괴적인 충동을 다루어야 하는 첫 기회이기도 하다.

클라인은 이러한 충동의 본질과 환상 속에서 충동이 표현되는 방식을 생생하게 묘사한다. 그녀는 아이들이 흡혈귀처럼 젖을 빠는 것, "젖가슴에서 젖을 퍼올리는 것"에 대해 말하고 있다. 유아의 공격적 충동에 대해 묘사하면서, 그녀는 "파괴적인 환상 속에서 아이는 가슴을 깨물고 찢고 삼키고 붕괴시켜버리면서 가슴이 동일한 방식으로 자신을 공격할 것이라고 느낀다."라고 썼다(1952,

p.63). 비록 아이가 생명을 유지할 수 있는 원천인 음식에 대한 긍정적인 감정을 체험하지만 그것이 불러일으키는 부정적인 반응을 두려워하는 것 또한 사실이다.

이러한 상들의 내사가 상당한 내적 혼란과 걱정을 만들어낸다는 점은 의심할 여지가 없다. 아이는 또 다른 것에서 그 상들을 분열시킴으로써, 그리고 위로하는 자애로운 상들과 위협적인 악한 상들을 정신적으로 분리함으로써 반응한다. 이렇듯이 초기 내부 세계가 좌절스럽고 파괴적인(나쁜) 요소들과, 만족스럽고 사랑스런(좋은) 요소들로 양분되는 것은 내부 충동을 조정하려는 유아의 원시적인 방식을 나타낸다.

"우울" 자리는 4개월쯤에 시작되어 거의 생후 2년 초까지 지속된다. 이 시기 동안 아이는 심리적으로 빠르게 성장하게 되는데, 그동안 분열은 역전되어, 어머니가 전체 대상으로 확립된다. 부분 대상이 아닌 하나의 완전한 대상으로 어머니와 상호작용하면서, 아이는 좋고 나쁨이 동일한 사람에게서 생겨날 수 있다는 것을 이해하게 된다. 아이는 이제 어머니를 좋은 존재, 나쁜 존재 대신에 좋을 수도 있고 나쁠 수도 있는 인간 존재로서 더 현실적으로 경험하게 된다. 그리고 이것이 진행되는 정도에 따라 아이는 어머니를 향한 자신의 부정적인, 종종 혐오스런 감정을 이해할 수 있게 된다.

그러나 이러한 발달, 즉 분열의 역전은 성숙의 방향에 변화를 주지만, 그것이 대가없이 이루어지는 것은 아니다. 아이는 자신이 부모를 해칠 수 있다는, 심지어 파괴할 수 있다는 것을 느끼게 된다. 비록 그러한 감정이 환상 속에서 일어난 사건으로 생겨난다 할지라도 매우 강력한 것이다. 유아에게 환상과 현실 사이의 경계는 여전히 매우 희미하다. 그 결과 클라인이 "우울 불안"이라 칭한 단계에 돌입하게 된다. 곧 아이가 해왔던 모든 것이 파괴적인 불안에 대한 한 가지 유형의 불안(박해 불안)에서 또 다른 불안(우울 불안)으로 바뀌는데, 이로 인해 파괴적인 충동이 죄책감으로 대치되는 것 같다.

이것은 어느 정도 사실이지만 여기에는 긍정적인 측면도 있다. 고통이 어머니로부터 오는 것이라고 주관적으로 경험함과 동시에 그것에 대해 아이가 슬퍼할 수 있다는 것은, 아이가 공감능력을 발달시키기 시작했음을 의미한다. 이러한 사실과 상처받은 대상을 보상하려는 인간의 욕구는 대상관계가 더 높은 수준에 이르렀음을 의미한다. 이 과정이 발달해감에 따라 좋은 내부 대상은 좀 더 확고하게 자리잡게 되고, 안전하다는 감정은 점차 박해 감정을 대치하게 된다.

우울 자리는 편집–분열 자리를 거쳐 의미 있게 성숙된다. 아이는 분열된 어머니에 대한 지각을 통합할 수 있게 되고, 그것들을 전체로 결합할 수 있게 된다. 박해 불안이 우울 불안으로 대치되는 것이 즐거운 일은 아니라 할지라도 더 성숙한 상호관계를 할 수 있는 길을 제공한다. 마지막으로 파괴와 상실보다는 돌봄과 보존에 기초한 관계를 확립하기 위한 잠재력이 제시되면서 보상능력이 전면에 나오게 된다.

클라인의 "자리들"은 아이가 거쳐가는 중요한 발달단계들을 묘사하는 그녀의 방식이다. 리비도적 우세에 초점을 둔 심리성적 단계를 강조하는 대신에, 그녀는 아이가 사랑과 미움의 관계를 다루는 측면에서 아이의 심리적 성장을 기술한다. 클라인이 아이들이 경험하게 되는 다양한 "자리들"을 설명하기 위해 정신의학적인 용어를 선택한 것은 불행하다고 하겠는데, 왜냐하면 그 자리들은 본질적으로 정상적인 발달이기 때문이다. 병리적인 의미를 제거할 때, 자리들이 생물학적인 충동보다는 중요한 인물들(실제적이고 표상적인)을 다루려는 아이의 시도를 설명하게 된다.

대상관계이론에서 클라인의 공헌점은 대상관계이론이 초보적인 상태에서 전개되고 있을 때, 초기 성격 발달에 대한 연구에 선구자적 역할을 했다는 점이다. 결과적으로, 그녀는 오이디푸스기에서 전오이디푸스기로, 아이들의 심리성적인 추동을 만족시키는 방식의 분석에서 표상적 세계를 구성하는 방식으로 관심을 변화시켰다. 클라인은 초기 내사의 존재를 최초로 제안했을 뿐 아니라 내부 대상세계가 인간 정신의 토대를 형성한다는 견해를 옹호하였다.

어머니 경험에 대한 생득적 기원, 그리고 선과 악의 내적 힘들 간의 사력을 다하는 투쟁 등과 같은 많은 견해들은 폐기되었지만, 분열의 작용과 다른 무의식적 기제들에 관한 그녀의 생각들은 대상관계 이론가들에게 영향을 미쳤다. 어느 누구보다도 멜라니 클라인은 쾌락 추구와 긴장 감소에 대한 개념이 지배적이었던 영역에 관계성에 대한 연구를 소개한 두드러진 인물이었다. 만약 프로이트가 정신분석의 아버지라면, 멜라니 클라인은 대상관계의 어머니다.

페어벤

종종 멜라니 클라인과 함께 대상관계의 "영국학파"로 분류되는

윌리엄 로날드 도지 페어벤(William Ronald Dodge Fairbairn)은 1940년
대에 일련의 임상적 논문들을 발표했는데, 이 논문들을 통해 그는
대상관계 사상가들의 반열에 들게 되었다(1954, pp.1-179). 이 논
문들에서, 그는 인간행동의 궁극적인 목표가 단순히 신체적 쾌감
을 만족시키는 데 있는 것이 아니라 의미 있는 인간관계를 확립하
기 위한 것이라고 제안하였다. 관계성에 대한 욕구는 페어벤의 관
점에서 주된 동력이었다. 페어벤에게 리비도는 쾌락-추구가 아니
라 대상-추구였다.

이러한 생각이 페어벤에게 인간 발달에 대한 그 자신만의 관계
이론을 제안하도록 고무하였다. 그는 프로이트의 심리성적 단계
의 중요성을 거부하면서 성적인 긴장 감소보다는 관계에 초점을
둔 일련의 성숙과정의 윤곽을 잡았다. 클라인처럼 페어벤은 초기
어머니-아동 관계의 중요성을 강조하였다. 그러나 클라인과 달
리, 파괴적인 환상보다는 관계에서 나타나는 의존성의 작용에 관
심을 집중하였다.

대상관계에 대한 페어벤의 이론은 아동 발달에 대한 설명으로
시작하여, 특히 관계에서 의존성의 역할에 대해 강조하고 있다.
페어벤에 따르면, 모든 아동은 ① 초기의 유아적 의존 단계, ② 과
도기적 단계, ③ 성숙한 의존 단계라는 세 가지 광범위한 발달단
계를 거치게 된다.

각 단계는 자율적 기능으로 가는 길에 디딤돌의 역할을 하며,
자신의 삶에서 주요 인물과 관계하는 특정한 양식을 설명한다.

초기 유아적 의존 단계에서, 아동은 최초의 보호자와 심리적으
로 융합된다. 이 단계에서 아동은 최초의 보호자와 전혀 분화되어
있지 않으며, 자기감도 거의 발달되어 있지 않다. 자아에 대해 말

하기 어려울 정도로, 아이는 아주 원시적인 방식으로 어머니와 밀착되어 있다. 예를 들면, 위니컷(Winnicott)은 그것을 분리된 인간 존재로 보기보다 "돌보는 한 쌍"이라고 말하는 것이 더 정확하다고 표현한다. 페어벤은 이러한 존재 상태를 "일차적 동일시(primary identification)"라 한다.

성숙한 의존 단계에서 이루어지는 관계는 상호성과 교환으로 특징지워진다. 이와 같은 관계에서 참여자들은 서로 다른 점을 이해하는 것이 가능해질 뿐만 아니라 상호작용에 근거가 되는 건강한 의존에 대해 인식할 수 있게 된다. 이 단계를 더 정확하게 말한다면 의존보다는 성숙한 상호의존의 단계라고 하는 것이 나을 것이다. 왜냐하면 페어벤에게 상호의존에 대한 인식과 서로 다르다는 것을 견딜 수 있는 능력은 성숙을 의미하는 것이기 때문이다.

두 번째, 과도기적 단계는 그 자체로 구별된 단계라기보다는 첫 단계와 세 번째 단계를 잇는 교량으로 존재한다. 과도기적 단계는 초기의 일방적 의존에서 벗어나 상호의존의 관계로 이동하는 삶의 과정을 수반한다. 대부분의 삶은 이러한 과도기(분리와 관련된 많은 것들)에 집중되어 있으며, 어느 정도 성공적으로 이것들과 타협할 수 없는 사람들은 정신병적 상태가 되기 쉽다. 페어벤의 견해로 보면, 신경증이란 유아적 의존 단계의 유대를 포기할 수 없거나 포기하지 않으려는 데서 생긴다.

비록 페어벤의 발달에 대한 설명이 정교하지는 않지만, 그가 어머니와 아이 간의 초기 상호작용을 매우 중요한 것으로 부각시켰다는 점은 분명하다. 결과적으로, 페어벤의 공식은 의존성이 경험되는 방식과 어머니와의 의존관계가 어떻게 아이의 자아에 구조적으로 통합되는가에 의해 결정된다. 어떻게 이것이 이루어지는

지 이해하기 위해 그는 분열의 심리적 기제에 전적으로 의존하고 있다.

페어벤은 아이가 일관성 없고 불만족스러운 세계, 말하자면 일관성 없고 불만족스러운 어머니를 다루는 방식을 기술하기 위해 분열의 개념을 사용한다. 대부분 어머니는 좋은 것으로 경험된다. 어머니는 아이의 욕구를 채워주고 아이가 원하는 것을 만족시켜준다. 그러나 어머니를 나쁜 것으로 경험하게 하는 환경이 있다. 어머니가 아이를 무시하고 아이의 접근을 거절하며, 아이의 욕구를 좌절시킬 때 아이는 갈등을 일으키는데, 아이는 자신의 행동을 조절할 수도 어머니를 떠날 수도 없기 때문이다. 의존성은 아이가 선택할 수밖에 없게 만들고, 따라서 아이가 문제를 해결할 방법을 찾게 만든다.

페어벤은 아이가 어머니의 다른 측면에 의해 내적 세계를 구축함으로써 이런 갈등을 처리한다고 제안한다. 이것이 분열의 가장 초기 형태를 구성한다. 어머니를 좋고 나쁜 요소로 나누고, 하나를 다른 것으로부터 심리적으로 분열시킴으로써 아이는 지속적으로 위협받는 감정 없이 의존성의 끈을 유지할 수 있는 것이다. 그 결과는 "좋고", "나쁜" 내적 대상으로 분열되는 내적 세계인데, 각 대상은 어머니의 만족스러운 측면과 불만족스러운 측면에 해당한다.

페어벤은 "좋은" 내부 대상을 "이상적인 대상"이라고 한다. 그러한 내적 표상은 어머니가 자신을 위로해주고 보상해주는 측면들을 포함한다. 이것이 내면화되었을 때, 어머니의 한 부분은 아이에게 바람직하고 사랑받는다는 감정을 만들어낸다.

불만족스럽거나 나쁜 대상은 둘 중 하나의 형태를 띠게 될 수 있다. 하나는 "흥분시키는 대상"이다. 이것은 감질나게 하고 괴롭히고 아이를 유혹하는 어머니와의 상호작용에 의해 생겨난다. 그 결과 아이는 만성적으로 좌절감과 공허감을 느낀다. 다른 나쁜 대상인 "거절하는 대상"은 적대적이거나 철수되어 있는 모성적인 인물과의 상호작용으로 인해 만들어진다. 아이는 자신이 사랑받지 못하고 원치 않는 아이라고 느껴 이것에 대해 만성적으로 화가 나게 된다. "이상적 대상"과 결합된 이러한 두 형태의 "나쁜" 내적 대상은 아이의 표상세계를 세 갈래로 나누게 만든다.

이러한 내적 대상들 각각은 페어벤이 병렬적 자아 분열이라고 부른 것을 거쳐 독특한 자아상태의 발생을 야기시킨다. 예를 들면, 어머니의 유혹하는 측면인 "흥분시키는 대상"은 유아적 리비도 자아(infantile libidinal ego)를 발생시킨다. 이것은 항상 목말라하지만 결코 만족될 수 없는 정신의 한 부분이 된다. 이러한 유형의 자아상태에 의해 지배받는 아이는 영원히 좌절감과 박탈감을 느끼게 된다.

거절하는 대상은 반리비도 자아(anti-libidinal ego)를 발생시킨다. 이것은 미워하고 복수심에 불타는 자아의 부분이다. 고통에 가득 차서 그러한 경험을 부인하게 된다. 그리고 필사적으로 수용되기를 바라고 자신이 가치 있다고 느끼는 것과 하나가 되거나 관련을 맺으려고 하지만, 이전에 가졌던 사랑받을 수 없고 원하지 않는 아이라는 두려움으로 가득차게 된다. 이러한 자아상태에 의해 통제되고 있는 아이들은 분노로 가득 차 대부분의 시간을 증오감을 느끼며 지낸다.

마지막으로 중심자아(central ego)가 있다. 이것은 이상적 대상으로부터 나온 자아의 부분이다. 중심자아는 한때 만족을 주었던 어머니의 부분들과 여전히 관련되어 있다. 위의 두 상태에서 좀더 방해적인 측면들이 분리되고 나면, 중심자아는 적합한 행동을 하게 된다.

다양한 상태들 가운데 "중심자아"만이 현실세계에서 현실의 사람들과 관계를 맺을 수 있다. 다른 두 자아는 고통을 가져오기 때문에 억압되는 경향이 있다. 그러나 이러한 자아 부분들이 가져오는 고립이나 분리는 내적 세계를 파편화된 상태에 머무르게 만들고 자기의 상당 부분을 의식에서 떨어뜨려 놓는다. 이것이 정신병리 발달의 토대를 형성한다.

페어벤에 따르면 이상행동은 극단적인 분열로 인한 것이다. 부정적인 부분을 통제함으로써 어머니의 긍정적인 부분들을 보호하려는 아이의 시도는 내적 경험 전체를 억압하는 결과를 가져온다. 자기의 고통스러운 부분이 억압되기 때문에 아이들은 의식적인 통제를 따를 수 없고, 결국 내적인 좌절감과 박해감과 자기 훼손감을 경험하게 된다.

궁극적으로 이 모든 것은 면대면의 세계에서 경험하는 것에 영향을 미친다. 처음에 일어난 분열에 영향을 미친 동일한 기제들이 지속되는 관계에서 유아적 의존성을 유지시킨다. 핵심적인 두려움은 접촉에 대한 상실이며, 그러한 유기(abandonment)의 고통을 피하기 위해 자신이 할 수 있는 모든 것을 하게 된다. 현실이나 상상 속에서 분리될지 모르는 위험을 받을 때, 혼란된 개인은 좀더 강하게 요구나 분노를 표현하면서 대인관계 세계에 반응하게 된다.

페어벤의 내적 세계에 대한 시각은 대상관계와 관련된 자아 상태만이 아니라 대상관계의 다양한 유형에 대해 더 자세한 모습을 제공함으로써 클라인의 이론을 정교화하고 있다. 그 과정에서 페

어벤은 좋은 대상과 나쁜 대상의 성격에 대하여 다르게 묘사하고
있다. 클라인에게 대상의 나쁜 모습은 아이 자신의 외부 대상, 보
통은 어머니에게 투사된 아이의 생득적인 파괴성의 산물이었다.
페어벤은 그 반대다. 페어벤의 관점에서 나쁨은 실제로 박탈하고
좌절시키거나 거절한 부모를 내면화한 측면이다.

　요약하자면, 유아의 심리세계에 대한 페어벤의 관점은 어머니와
의 상호작용이 내적 대상세계에 분열을 가져온다는 것이다. 바꾸
어 말하면, 그것들은 아이에게 싹트고 있는 자아 상태를 분열시키
는 근거가 된다. 페어벤의 대상관계는 환상보다 실제 관계가 주요
하게 고려된다는 측면에서 클라인의 관점보다 더 순수하게 관계
적이다. 그가 여전히 전통적인 분석적 용어(리비도, 반리비도 등)를
사용하고 있지만, 페어벤은 자아나 진짜 자기가 대인관계 맥락 밖
에서 발달되는 것이 아니라는 대상관계 논쟁에 의미를 부여한 최
초의 사람 중 하나다.

마가렛 말러

　발달적 맥락에서 어머니와 아이의 상호작용을 가장 확고하게 위
치지운 대상관계 이론가는 아마도 마가렛 말러(Margaret Mahler)일
것이다. 정신병에 걸린 아이들이 보이는 대상관계 결핍에 관심을
기울였던 빈의 소아과 의사인 말러는 초기 어머니-아동 관계에서
나타나는 불연속성을 고려하였다. 자폐증과 심각한 정신장애를
가진 청소년에 대한 그녀의 연구는 어머니에 대한 아이의 초기 애
착의 심리적 중요성을 이해하게 해주었다.

결과적으로 장애아동들에 대한 말러의 연구는 정상적인 아동 발달에 대한 시각으로 발전되었다. 생후 첫 몇 개월 동안 어머니와 아이의 상호작용을 주의 깊게 관찰함으로써 그녀는 초기 유대관계의 특성을 그려낼 수 있었다. 그녀는 이러한 유대관계를 보면서, "분리-개별화"라고 불리는 과정의 초기단계로서 분리된 정체감을 형성하려는 아이의 원시적인 노력을 알게 되었다. 이러한 과정과 이 과정에 연료를 공급하는 상호작용에 대한 말러의 기술은 프로이트의 오이디푸스 콤플렉스 묘사 이후 초기 아동기에 대하여 가장 견줄 만한 "간결하고 함축적인" 그녀의 공식이 되었다(Greenberg & Mitchell, 1983, p.273).

말러가 이해한 것처럼, 전반적인 일련의 성숙은 아이가 어머니에게 공생적 애착을 보이는 것에서 안정적인 자율적 정체성을 실현해 가는 과정이다(Mahler, 1952).

이 과정은 세 개의 주요한 발달단계로 구분되는데, 자폐 단계, 공생 단계, 그리고 하위 단계들로 구성된 분리-개별화 단계다. 삶의 주요 갈등, 즉 자율성에 대한 갈망 대 어머니와 융합하려는 충동이 가장 강력하게 나타나는 단계가 분리-개별화 단계다. 아이들이 갈등을 해결하는 수준은 병리적인 영향없이 삶을 살아갈 수 있는지를 결정한다.

말러에 따르면, 처음 단계인 **자폐**(autistic) 단계는 탄생과 더불어 시작되어 생후 3~4주까지 지속된다(Mahler, Pine & Bergman, 1975). 이 시기 동안에 유아는 폐쇄체계로 존재하며, 전형적으로 타자를 인식하지 못한다. 유아가 생존을 위해 젖가슴을 찾는 것은 사실이지만 이런 행동의 대부분은 자신의 욕구를 책임져 주는 또 다른 인간이 "외부"에 존재한다는 것을 인식해서라기보다 근본적인 반사에 의해 이루어진다. 생의 초기 동안 유아는 주로 긴장 감소에 집중되어 있고, 자기 이외의 다른 사람이 긴장 감소에 책임을 지고 있다는 점은 거의 자각하지 못한다.

5주에 이르러서야 긴장 감소와 일차적 양육자(보통은 어머니)와의 관계를 인식하기 시작한다. 이것이 공생(symbiotic) 단계의 시작을 알리는 것인데, 대략 5주에서 5개월까지 지속된다. 그러나 심지어 어머니가 원시적인(아이가 희미하게나마 따뜻함과 충족감을 어머니와 관련짓는) 방식으로 아이의 인식 속에 존재할 때조차도 아직은 어머니를 자율적인 존재로 경험하지 못한다. 유아의 세계는 여전히 "전 대상기적"이다.

이 시기에 어머니의 얼굴을 보고 미소짓는 반응이 처음으로 나타난다. 비록 이것이 어느 정도의 분리를 의미하는 것처럼 보일지라도 말러는 유아가 어머니를 마치 이전과 동일한 대인관계체계의 부분인 것처럼 경험한다고 하였다. 그래서 유아는 먹을 것, 따뜻함, 그리고 그 외의 물리적 필요들이 채워지더라도 어머니가 정서적으로 혼란스러울 때는 고통스런 태도로 반응할 수 있다. 이 단계에서 분화는 아직도 멀리 있는 목표다.

이러한 원시적인 "전 대상기적" 경험들은 초기 분열의 씨를 품고 있다. 즐거운 경험들은 "좋은" 것으로 범주화되는 반면, 고통스런 경험들은 "나쁜" 것으로 분류된다. 이 둘 모두 이후 대인관계 분열의 전조가 되는 기억의 기반을 형성한다. 이 시점에서는 분리된 인간으로서의 경험도 어머니와 유아 "자기" 간의 구분도 없고 단지 공생적 하나됨만을 경험할 뿐이다.

다음으로 가장 복잡한 단계인 분리-개별화(separation-individuation) 단계는 일련의 하위 단계들로 구성되는데, 그 각각은 독립을 향해 나아가는 고유한 형태를 보여준다. 발생순서로 보면, 하위 단계들은 분화, 연습, 재접근, 그리고 리비도적 대상 항상성 단계다 (Mahler 등, 1975, 4~7장). 5개월에서 6개월 무렵에 시작하여 3세 또는 4세까지 진행되면서, 이 네 개의 하위 단계들은 본질적으로 유아가 성취하고 있는 분리의 정도를 보여준다. 인간의 자기감과 관계성의 본질은 이 단계 동안 일어나는 사건에 의해 주로 결정된다.

분화하위(differentiation subphase) 단계는 5개월 혹은 6개월경에 시작되어 대략 10개월까지 지속된다. 이 시기 동안 어머니–아동의 핵심 역동은 지각 분화에 중심적인 역할을 한다. 시각과 같은 말초신경체계들이 더 복잡해질수록 유아는 더욱더 어머니(그리고 다른 사람들)와의 분리를 경험하기 시작한다. 예를 들면, 이 단계에서 유아는 처음으로 "낯가림"을 경험한다. 아이가 세상을 탐색하기 시작하고 자신의 입술과 손가락 끝 너머로 탐색이 확장되면서 자기와 대상이 점차 구분되어 간다.

약 10개월에서 11개월쯤에 아이는 연습하위(practicing subphase) 단계에 진입한다. 분리–개별화 과정에서 이 부분은 약 15, 16개월까지 지속되는데, 네 발로 움직이는 것이 특징이다. 아이는 기어오르고 네 발로 기면서 어머니에게서 자신을 신체적으로 분리할 수 있게 된다. 어머니로부터의 이러한 분리는 말러가 "부화"라고 부른 현상 중 분화하위 단계 첫 시작이다. 말러는 어머니와 신체적으로 거리를 둘 수 있는 아이의 능력이 "심리적 탄생"의 진정한 시작을 의미한다고 주장한다.

이것이 아이가 정서적으로 완전히 기능할 수 있다는 것을 의미하는 것은 아니다. 아이는 "정서적 재충전"을 위해 여전히 어머니를 찾고 일정한 간격으로 재차 확인한다. 이것은 한 살 먹은 어린 아이의 놀이활동을 관찰해 보면 증명된다. 아이들은 다른 아이들과 활발하게 놀다가도 규칙적으로 어머니의 소재를 눈으로 확인하기 위해 노는 것을 멈춘다. 이 시기가 끝날 무렵에 직립보행이 시작되고 보다 능동적인 세계에 대한 탐색을 하지만 어머니는 여전히 "기지(home base)"로 사용된다.

분리─개별화 과정의 재접근하위(rapprochement subphase) 단계는 15개월과 18개월 사이에 시작되어 30개월 내지는 그 즈음까지 지속된다. 이 시기 동안 아이는 어머니와 다른 중요한 타인, 특히 아버지와 언어적인 수준에서 더 많은 상호작용을 하기 때문에 언어적 능력을 빠르게 획득한다. 아이는 새롭게 나타나는 독립성을 매우 강하게 과시하면서 자기주장성과 분리감을 전면에 드러낸다. 그러나 아이가 어머니와 자신을 분리해서 한 개인으로서 자기를 확립하는 데 큰 진전을 보이지만, 여기에는 여전히 도움과 재확인을 받으려는 강한 욕구가 남아 있다. 아이는 이것을 부인하려고 하지만 이러한 과정이 "재접근의 위기"에 다다르게 한다.

이러한 위기는 어머니를 필요로 하면서도 분리─개별화되고 싶은 욕구간의 지속되는 갈등으로 인해 어머니와 아이 사이에 계속되는 진짜 싸움이다. 아이는 확장된 신체적·언어적 능력에서 기인한 팽창감과 전지전능감 속에서 이 하위 단계에 진입한다. 그러나 이것은 매달림과 결핍감의 다른 표현들로 교체된다. 그러나 지금껏 많이 논의된 그 "끔찍한 두 사실"은 이러한 갈등에서 빚어진 격렬한 반항성을 적절하게 설명해 주고 있다. 아이에게 여전히 건강한 수준에서 독립된 활동을 허용하면서, 균형감 있는 정서적 지지와 안정성을 제공할 수 있는 어머니의 능력은 이러한 위기를 해결하는 데 중요한 요인이 된다.

분리—개별화 과정의 마지막 하위 단계는 아마도 자기의 창조와 궁극적인 본질에 중요한 역할을 하기 때문에 가장 결정적일 수 있다. 리비도적 대상 항상성(libidinal object constancy)을 이야기하자면, 이 단계는 약 2세나 2세 반에 시작되어 대략 3세가 될 때까지 지속된다. 이 시기의 주요한 과업은 어머니에 대한 안정적인 내적 표상을 발달시키는 것이다. 이것이 성취되지 않는다면, 아이는 계속적으로 심리적인 안정을 위해 어머니의 신체적인 현존에 의존하게 되고 결코 자율적인 자기감을 발달시킬 수 없게 된다.

이 과업의 성공적인 달성은 아이가 어머니를 내면화할 수 있도록 해주며 어머니가 없을 때에도 어머니에 대한 안정적인 내적 표상을 유지할 수 있도록 해준다. 내적으로 살아 있는 모성적 존재의 발달, 즉 리비도적 대상 항상성의 성취는 아이가 일차적인 양육자에게서 벗어나 독립적으로 기능할 수 있고 대인간 분리를 경험할 수 있게 해준다. 이것이 성취되는 정도에 따라 혹은 적어도 이러한 방향이 제대로 시작되었는지에 따라 아이는 스스로 기능할 수 있고, 건강한 대상관계를 확립할 수 있는 능력을 통합한다.

리비도적 대상 항상성의 성취는 긍정적이고 부정적인 모성의 내사가 통합된 것이라고 가정한다. 만약 통합이 불완전하다면, 아동은—그리고 그 후에 성인은—대인관계 환경에서 내적 대상들을 처벌하고 거절하는 것으로 또는 비현실적으로 만족을 주는 것으로 내적 대상들을 대한다. 클라인의 용어인 두 자리 모두 잘못된 초기 대상관계에서 생겨난다. 두 자리 다 각각의 방식으로 성인기 대상관계에 악영향을 미치고, 결과적으로 정신병리를 야기할 수 있다.

우리는 개략적이고 상징적인 지침으로써 말러의 다양한 단계들, 그리고 하위 단계들과 관련된 시기들을 고려할 필요가 있다. 피아제(Piaget)의 인지발달단계처럼 말러의 단계들 또한 직선적인 경향이기보다 기복이 있는 나선형의 단계들로 서로 겹쳐진다. 아이를 키워본 사람이라면 누구나 아동기의 발달은 일련의 예측 가능한 사건들이 직선적으로 발생하는 것이 아니라 오히려 변덕과 엇갈림의 과정이며, 상실과 상실을 메우는 과정이라는 것을 알 것이다.

여전히, 우리는 성숙과정의 중요한 국면들을 강조한 말러의 각 단계들에서 구체적인 행동지표들을 확인할 수 있다. 예를 들어, 분화하위 단계에서 보이는 낯가림은 유아가 다른 사람과 어머니를 감각적으로 구별하기 시작했음을 의미한다. 아이가 기다가 첫 발을 내딛기 시작하면서, 자신을 움직여 나갈 수 있는 능력은 아이가 연습하위 단계에 있음을 의미한다. 그리고 대인관계의 도구로 언어를 사용하는 것은 분명히 아동이 재접근하위 단계에 진입했음을 나타낸다. 이러한 모든 지표들은 지금까지 어느 대상관계 이론가들이 제시한 것보다 더 분명하게 분리-개별화 과정을 설명하고 있다.

요약하면, 분리-개별화는 보완적이면서도 서로 다른 발달과정으로 이루어져 있다. 분리는 어머니와의 초기 관계를 특징짓는 공생적인 융합에서 출발한다. 분리는 지각적으로 변별하는 과정에서 시작하여, 인지적으로 통합(리비도적 대상 항상성)이 될 때 정점에 이르게 된다. 한편 개별화는 자율적으로 기능할 수 있는 능력을 나타내는 움직임, 언어 사용, 그리고 다른 활동들의 구체적인 성취에 의해 이루어진다. 말러의 공헌은 이러한 과정에 대한 증거자료를 제공하고, 어떻게 그것들이 초기 아동기 대상관계에 자리잡게 되는지를 보여준 점에 있다.

오토 컨버그

　현대 대상관계 이론가인 오토 컨버그(Otto Kernberg)는 대상관계 이론에 대한 다수의 논문과 여러 권의 책을 저술했고, 그의 연구 결과들은 사람들로부터 많은 관심을 받았다. 그는 대상관계이론 을 심각한 성격장애를 가진 사람들을 이해하는 데 사용했다. 예를 들면, 경계선 성격장애자들의 원인과 특성에 대해 오늘날 이해하 고 있는 많은 부분은 환자들의 초기 대상관계에서 나타나는 병리 적 혼란에 관한 컨버그의 연구에서 나온 것이다(1976, 1982, 1984). 컨버그에 따르면, 심각한 정신병리의 기원은 환자의 내적 세계의 일부분이 된 결핍되거나 왜곡된 대상관계에서 기인한다고 한다.

　대상관계 분야에 컨버그가 끼친 영향을 살펴볼 때 재미있는 점 은 그가 대상관계이론을 자신의 고유한 이론으로 보려 하지 않았 다는 것이다. 대신에 그는 대상관계이론을 정신분석의 확장으로 보았다. 몇몇에 의해 도전받은 이러한 입장은 나중에 언급될 것이 다. 컨버그의 이론이 정신분석의 확장이든 아니든 간에 그의 이론 은 관계적 자기의 기원과 특성에 대해, 그리고 관계적 자기의 발 달에 기여하는 내면화의 유형들에 대해 풍부하고 독특한 관점을 제공한다.

　대부분의 대상관계 이론가들과 마찬가지로, 컨버그는 심리적 성 장의 본질과 방향을 이해하는 데 있어 어머니-아동 관계를 핵심 으로 생각한다. 그는 그가 "양극 정신내적 표상들"이라고 부르는 것에 이 관계의 본질이 함축되어 있다고 주장한다. 이것이 아이의 자기-타인 경험과 같은 대인적 경험에 대한 내적 관계의 대응물을 설명하는 컨버그의 용어다. 이러한 양극 표상들은 유아의 정신이 일종의 관계 영역으로 존재하기 때문에 아이가 세계를 인식하는 방법에 영향을 끼칠 뿐만 아니라 지속적인 관계에서 어떤 일이 일어나는지 보여주는 하나의 틀로써 작용한다.

모든 양극 표상은 세 가지 요소로 구성되는데, 자기 이미지, 타자 이미지, 그리고 정서적 색채다. 후자는 아이가 중요한 타인과 상호작용할 때 활성화되는 특정한 추동상태를 나타낸다. 그래서 만약 아이가 박탈감을 느낄 때 자기-타인간의 상호작용이 발생한다면 양극 표상은 좌절이나 박탈로 경험될 것이다. 만약 자기-타인 상호교환이 만족스럽다면 긍정적이고 만족스러운 것으로 내면화될 것이다.

이와 같이 다양한 양극 표상들은 인간 성격의 토대를 형성하려는 어린아이에 의해 "변형"된다. 컨버그는 "외부" 상호작용이 자기의 통합된 부분으로 변화되는 경험의 과정을 설명하는 데 변형의 은유를 사용하고 있다. 변형의 은유는 외부의 존재들이 어떻게 내적 존재가 되는지 묘사한 컨버그의 방식이다. 인간 정신의 구조화에 대해 기술한 컨버그의 설명에 따르면, 양극 정신내적 표상들은 마음의 구조들일 뿐이다.

표상적 자기, 표상적 타인, 그리고 정서적 색채 이 세 가지 형태가 "내면화 체계"에 기여하고 있다. 그러한 체계들은 내적 경험의 상이한 형태를 구성하는데, 그것들은 어머니와 아이가 상호작용할 때 어머니와 아이의 변화하는 특성을 반영하고 있다. 예상할 수 있는 것처럼, 그러한 체계들은 난해하고 복잡하다. 내면화 체계는 어머니와 아이의 고유한 성격에 영향을 받을 뿐만 아니라 시간이 지남에 따라 정서적 색채를 변화시키는 기능으로 변화한다.

예를 들면, 유아는 6개월 때보다 6주경에 훨씬 변화가 크다. 게다가 어머니는 양육과정에서 상황에 따라 매우 다른 양육자가 될 수도 있다. 아이가 처음 태어났을 때 어머니는 아이에게 완전히 편안한 역할을 해줄 수 있지만, 아이가 점점 더 요구하는 것이 많아지면 아이를 귀찮아하고 참을성이 없어지는 자신을 발견할 수도 있다. 정상적인 성숙과정들이 아이를 변화시키는 것처럼, 양육과정도 어머니를 변화시킨다. 성장은 변화를 의미하며 변화는 내면화 체계의 끊임없는 변동을 의미한다.

이것을 염두에 두고 컨버그는 내면화 체계의 서로 다른 세 유형을 설명하고 있는데, 각각은 어머니-아동 경험의 서로 다른 유형을 반영하고 있다. 각각은 아이와 일차적인 양육자 간의 내면화된 관계에서 일어나는 변화를 그리고 있다. 아이의 삶의 다른 시점들에서 각 체계는 어머니-아동 관계를 지배한다. 세 가지 "체계들"이 시간의 흐름에 따라 진전되는 정도를 아동기 발달단계로 묘사한 것이 컨버그식의 고유한 방식이다.

발달에서 가장 원시적인 형태로 구성되어 있는 컨버그의 첫 번째 내면화 체계를 내사라고 부른다. 이 체계 내에서 자기—상과 대상—상은 상당히 불안정하고 조절되지 않은 감정상태에 섞여 있다. 아이는 원시적인 감정들에 대해 누가 책임이 있는지에 대한 합리적인 인식 없이, 초기 양육자와의 관계에서 발생하는 이러한 감정들을 경험한다. 아이는 감정상태의 근원을 이해할 수 없을 뿐 아니라 그것들의 중요성을 짐작조차 할 수 없다. 말하자면, 경험은 통채로 삼켜져 긍정적이거나 부정적인 것으로 분류된다.

내사는 분열이 처음으로 분명하게 나타나는 심리내적 단계다. 처음에, 아이는 좋은 경험(예를 들면, 좋은 가슴)만을 받아들이고 나쁜 경험들은 모두 내보낸다. 이러한 방어적인 축출행위("내가 아니야")가 아마도 아이의 가장 최초의 자기감("나")의 경험이며 컨버그가 말하는 "정화된 쾌락 자아(purified pleasure ego)"를 만들어낼 것이다. 그러나 아이의 지각과 운동기능이 성숙해 감에 따라 어머니는 점점 더 만족스러운 부분 대상 이상으로 경험되고, 긍정적이고 부정적인 경험은 좋은 어머니나 나쁜 어머니 상으로 내사된다. 그래서 이 두 분리된 부분을 유지시키기 위한 아이의 방어적인 시도로 분열이 나타난다.

이것은 정상적인 현상이다. 이 발달 시점에서, 유아의 자아는 관계의 미묘한 차이를 인지적으로 처리할 수 없다. 경험은 주로 감정에 기초하여 조직화된다. 예를 들면, 아이는 보상을 주는 사람이 동시에 벌을 줄 수도 있다는 점을 이해할 수 없다. 좀더 진전된 내면화 체계의 출연이 있어야만 좋고 나쁜 경험이 점차 통합될 수 있다. 그때까지 아이의 세계와 아이의 내면화 체계가 분열되어 있는 것은 매우 자연스러운 일이다.

두 번째 내면화 체계는 동일시(identification)다. 이 체계 내에서 움직이는 아이는 이전의 상당히 불안정한 정서반응체계를 개념적으로 뛰어넘을 수 있게 된다. 아이가 인지적으로 성숙함에 따라, 분화되지 않은 반응들은 자기-대상 상호작용의 양자단일체적이고 상호적인 성격을 이해하는 것으로 대치된다. 이제 아이는 특정한 역할 안에서 움직이는 자기 자신을 볼 수도 있고, 그 역할을 보충할 수 있는 또 다른 사람으로서 "타인"을 볼 수 있는 능력을 갖게 된다.

이러한 심리적 발달단계에서 아이는 내면화 체계와 연합되어 있는 감정 반응들을 더 잘 조절할 수 있게 된다. 자기와 대상에 대한 양극 이미지들은 이전 단계만큼 정서적 색채에 영향을 받지 않는다. "동일시"는 아이를 좀더 인지적인 상태로 이끌 수 있다. 아이는 정서적인 대혼란 속에 휘감겨 있는 힘없는 나뭇잎과 같은 존재라기보다는 복잡한 대인간 드라마 속에서 연기자로 자기감을 발달시키기 시작한다. 그러나 "동일시"가 발달하더라도, 다양한 양극 표상들은 아직도 충분히 통합되어 있지 않다. 아이는 여전히 통합된 자아를 가지고 있지 않다.

통합이 이루어지는 세 번째 체계는 자아 정체감(ego identity)으로, 이것은 컨버그의 설명에서 가장 발달된 체계이다. 이 체계 내에서 다양한 양극 표상들이 하나의 통합된 자기감으로 종합된다. 다양한 자기–대상 교류에서 나온 서로 다른 동일시들은 하나의 주된 성격 조직으로 통합된다. 여기에서 "자기"는 진정한 자기가 되며, 행동을 안내하고 관계를 유지시키는 중심적이고 지배적인 힘으로써 작용한다.

자아 정체감은 자기에게 일관성을 갖게 해준다. 그것은 사실상 일시적인 특정한 동일시들을 단순하게 반영한다기보다, 내적 세계로 받아들여진 양극 표상 모두(all)를 반영한다. 자기는 이제 특정한 상황들과 특정한 관계들을 넘어설 수 있다. 컨버그에 따르면, 이 시점에서 자기는 "…총체적인 대상 표상들과 긴밀하게 관련되어 있는 총체적인 자기 표상들"이라고 표현하였다(1982, p.900).

컨버그의 체계 내에서 정신병리는 일반적으로 자기 이미지와 대상 이미지의 통합을 방해할 뿐 아니라 그것들의 원활한 소통을 막는 방어적인 분열에서 유래된다. 컨버그의 표현에 의하면, "'소통되지 않은' 초기 내사의 지속은 심각하게 혼란된 초기 대상관계의 병리적 고착에 따른 결과인데, 이 고착은 분열의 병리적인 발달과 밀접하게 관련되어 있다."고 한다(1976, p.34). 그런 상황 하에서 이루어지는 타인과의 관계는 상당히 불안정한 양극 표상에 의해 영향을 받기 쉬우며, 그 결과 혼란상태가 아니더라도 예측할 수 없는 상태가 될 수 있다.

컨버그의 양극 내적 표상들에 대한 설명과 그것들이 다양한 내면화 유형들로 진전되어 가는 방식은 아동기 발달에 대한 그의 관점을 구성하고 있다. 성감대, 고착, 심리성적 갈등들은 여전히 존재하지만 점차 배경으로 물러나게 된다. 대신에 혼란스럽고 정서적으로 불안정한 자기-타인 표상들에서 상당히 분화되고 경험을 조직화할 수 있는 자기-타인 표상들로의 이동을 묘사하는 일련의 "내면화 체계들"에 초점을 두고 있다.

훌륭하고 설득력이 있기는 하지만, 컨버그의 발달이론은 말러의 이론에서 볼 수 있는 섬세함과 구체성을 가지고 있지 못하다. 이것은 납득이 된다. 컨버그의 업적은 대부분 성인과 관련되어 있으며, 수많은 공식이 경계선 환자들의 치료에서 나온 것이다. 그럼에도 불구하고 그의 공식은 다른 대상관계 이론가들의 업적과 많은 부분에서 일치되는 점이 있다. 그리고 그의 이론은 대상관계이론이 특정한 병리적 상태를 설명하는 데 어떻게 사용될 수 있는지 증명하는 데 기여해 왔다.

하인츠 코헛

대상관계이론에 의미 있는 공헌을 한 또 다른 정신분석가는 하인츠 코헛(Heinz Kohut)이다. 컨버그와 마찬가지로, 코헛의 공식들은 정신병리적인 사람들, 특히 자기애적 성격장애로 고통받는 환자들을 대상으로 한 연구에서 발달되었다. 그의 연구는 "자기" 개념이 주요한 역할을 한다는 관점에서 구성되었다. 모든 대상관계 이론가들 가운데 아마 코헛이 정신분석 연구에 자기 심리학을 소개한 사람으로 가장 주목받고 있을 것이다. 그의 두 주요한 연구물인 「자기 분석(The Analysis of the Self, 1971)」과 「자기 복구(The Restoration of the Self, 1977)」라는 연구 제목에서 나타나듯이, 그의 이론에서 자기 개념이 중요하다는 것을 볼 수 있다.

다른 대상관계 연구의 이론가들처럼, 코헛은 인간 심리의 본성을 이해하기 위해 어머니-아동 관계에 초점을 맞추는 것이 중요하다고 보았다. 그래서 그는 어머니와 유아 사이의 강렬한 상호작용에 토대를 둔 몇몇 중요한 역동들을 강조하면서 자기 발달을 설명하기 위해 이것들을 사용한다. 정상과 비정상은 인간사에서 자기의 구성과 자기의 역할에 달려 있다. 정신병리는 자기의 혼란으로 볼 수 있는데, 이것은 아주 초기 어머니-유아 관계의 혼란에 뿌리를 둔 매우 심각한 장애다.

코헛에게, 아이는 사회적 환경 속에 태어나며, 타인과의 관계 형성이 심리적 생존을 위한 기본적인 전제조건이 된다. 아이는 신체적 필요를 충족시키는 것만이 아니라 정신적 욕구를 만족시키기 위해서도 생후 초기부터 성인을 필요로 한다. 아마 이것들 중 가장 중요한 것은 모호하고 미분화된 자기감에 대한 지지일 것이다. 초기에 그 자기감은 일련의 반사와 내적 잠재성에 지나지 않지만, 부모의 기대와 격려를 통해 그러한 미미한 자기감은 심리의 중심적 조직화 세력으로 신속하게 변형된다(Kohut, 1977, p.99).

코헛은 아이의 삶에서 부모, 그리고 더 일반적으로는 중요한 대상을 "자기대상"이라고 한다. 그는 이 용어를 아이의 삶에서 특정한, 그리고 객관적으로 분리된 사람들을 언급하는 데 사용하며, 그 사람들은 궁극적으로 자기로 합병된다. 코헛의 "자기대상"을 컨버그의 "자기-대상"과 혼동해서는 안 된다. 컨버그의 하이픈(-)의 의미는 내적 양극 표상을 말한다. 코헛의 "자기대상"은 상상적 표상이 아니라 실제 사람들이다.

자기대상들의 중요성은 미성숙한 자기에 도움을 주는 자기대상들의 심리적 "기능들"에 있다. 예를 들어, 아이는 칭찬이나 수치심 유발과 같은 자기대상의 반응들을 "받아들여" 자만 혹은 죄책감으로 경험한다. 탐욕, 질투, 죄책감, 그리고 자만심을 느끼는 것은 이상한 일이 아니다. 그것들은 어머니-아동 상호작용을 구성하는 구체적이고 관찰가능한 의사소통에 근원을 두고 있는 심리적 기능들이다. 이러한 자기대상 상호작용을 구성하고 있는 의사소통은 궁극적으로 자기의 구조가 된다.

그러나 아이와 양육자는 눈에 보이는 구체적인 방식으로만 의사소통하지 않는다. 그들은 공감적인 방식으로도 의사소통을 한다. 코헛은 이러한 공감적인 상호교환을, 아이의 자기감을 싹틔우는 데 매우 중요한 요소로 간주한다. 공감적 상호교환은 다른 사람들과의 관계를 만들고, 유일하며 진정한 인간이 되게 한다. 아이와 자기대상과의 지속적인 공감적 상호작용은 아이 그 자신만이 아니라 타인들과 관계를 맺는 방식에 영향을 주는 심리적 하부구조의 기초를 형성한다.

아이가 긍정적이고 보상적인 자기 구조를 자연스럽게 발달시키는 과정에 있을 때, 발달하는 아이를 본질상 자기애적이라고 말하는 것은 틀린 말이 아니다. 코헛은 아이가 초기 자기대상관계를

통해 만족시키고자 하는 두 가지 기본적인 자기애적 욕구가 있다
고 주장한다. 하나는 더 나아진 능력을 보여주어 그것에 대해 감
탄받으려는 욕구다. "만약 다른 사람들이 나를 좋은 사람으로 본
다면, 나는 좋은 사람이 되어야만 한다." 다른 하나는 융합감을
경험하기 위하여 부모 중 한 사람, 대개는 어머니에 대한 이상화
된 이미지를 형성하는 것이다. 둘 다 정상적인 욕구다. 처음의 것
은 건강한 전능감을 구성하고, 두 번째 것은 관계를 형성하려는
건강한 바람을 구성한다.

　이러한 경향이 갖는 중요성은 그것들이 하나의 표상적 세계 속
에 통합된다는 것이다. 코헛이 "변형된 내면화(transmuting inter-
nalization)"라 칭한 과정에 의해, 두 유형의 외부 대상관계들은 두
개의 내부 관계 형태로 변형된다. 거대하고 과시적인 자기 이미지
로 구성된 첫 번째 것은 "반영하는 자기대상"과 상호교환한 결과
이다. 융합 속에서 좀더 약한 자기 이미지로 이루어진 두 번째 것
은 "이상화된 자기대상"과의 상호교환에서 발전된다. 처음의 자
기-이미지는 "나는 완벽하다. 그리고 너는 나에게 감탄해야 한
다."라는 형태의 메시지로 이루어져 있다. 두 번째 것은 "너는 완
벽하다. 그리고 나는 너의 일부분이다."와 같은 메시지로 이루어
진다.

　두 모습 다 유아의 표상세계의 건강한 부분이기 때문에, 아이가
성숙해감에 따라 확장될 필요가 있다. 자기대상과의 관계는 단순
한 자기애적 욕구의 만족을 넘어서 확장을 필요로 한다. 만약 그
렇지 않으면, 결국 그것들로부터 유래된 내적 구조들은 성인의 기
능을 방해하여 비정상적인 행동을 가져올 것이다.

　코헛의 체계에서, 정신병리는 유아기의 자기애적 내면화를 넘어

설 능력이 없음을 의미한다. 그러므로 장애를 지닌 개인들의 분석 치료에서 이러한 내면화가 중요한 역할로 작용한다는 것은 놀라운 일이 아니다. 치료과정에서, 환자는 거울 전이(mirroring transference)나 이상화 전이(idealized transference) 혹은 둘 다를 발전시킨다. 거울 전이에서 환자는 분석가에게 감탄하는 청중의 역할을 하도록 만들며, 이상화 전이에서는 환자가 치료자를 매우 과장되게 바라본다.

분석가가 환자로 하여금 관계의 유아적 측면에 머무르도록 기꺼이 허용하는 것이 치료 초기의 특징이다. 치료가 진행됨에 따라, 전이의 자기애적이고 유아적인 측면이 점차 사라지고 환자는 훨씬 더 성숙한 방식으로 관계를 맺을 수 있게 된다. 전이의 해결, 즉 분석가를 긍정적이고 건강한 자기대상으로 보는 것은 긍정적인 변형된 내면화를 가능하게 해준다. 따라서 정신분석은 환자에게 발달의 두 번째 기회를 제공하는 것으로 생각된다.

물론, 정신분석은 모든 점에서 대상관계치료보다 약간 더 복잡하다. 그러나 정신치료에 대한 일반적인 개요는 코헛의 대상관계 특징을 반영하고 있다. 그 특징들이란 개인의 가장 초기의 "자기대상" 관계에 대한 강조, 어떻게 이러한 관계들이 자기의 부분이 되는가에 대한 초점, 그리고 생의 초기에 자기대상 실패가 어떻게 자기의 결핍을 초래하는가에 대한 설명이다. 코헛은 변화하는 심리치료 관계의 특징을 강조하면서 위와 같은 점들을 설명하고 있기 때문에, 오늘날 대상관계 사고에 주요한 공헌을 한 학자들 가운데 한 사람으로서 확실하게 인정받게 되었다.

대상관계이론에 지대한 공헌을 한 다른 이론가들이 있다. 그들 가운데 몇 사람만 언급하자면, 에디스 제이콥슨(Edith Jacobson),

도널드 위니컷(D. W. Winnicott), 그리고 해리 건트립(Harry Guntrip)이 있다. 또한 신분석학파의 대표자로 해리 스택 설리반(Harry Stack Sullivan, 1953)과 카렌 호나이(Karen Horney, 1939) 같은 사람을 포함시킬 수 있다. 많은 사람들은 영국 대상관계이론에 대응하는 이론으로 설리반의 대인 정신의학을 미국 대상관계이론이라고 생각한다.

그러나 나의 목적은 대상관계 사조에 대한 개요를 제시하려는 것이 아니다. 대상관계학파의 사고들 가운데 몇몇 중요한 공헌자들의 사상을 요약하는 것은 "대상관계"가 무엇을 의미하는지에 대한 이해를 제공하기 위한 것이다. 앞에서 언급한 것처럼 "대상관계이론"이라는 제목을 절대적으로 자신만의 것이라고 주장할 수 있는 접근은 하나도 없다. 아동기 발달에 대한 매우 다른 접근들과 많은 다른 관점들이 있고, 자기의 특징에 대한 많은 다른 견해들이 존재한다. 그럼에도 불구하고 유사점이 존재하며, 더 자세한 탐색이 이루어진다면 대상관계 관점에 근거한 공통분모를 밝힐 수 있을 것이다.

공통점

만약 모든 다양한 대상관계 공식들 가운데 일치된 하나의 차원이 있다면, 그것은 인간관계를 중요한 역할로 여긴다는 것이다. 다른 인간 존재를 향한 욕구는 다른 사람들의 욕구에 단순히 맞추는 것이 아니라 그 자체가 동기다. 클라인과 트리비히(Tribich)는 그것을 다음과 같이 정리하고 있다. "…대상관계이론은 프로이트

학파의 본능 추동에 대한 동기 개념에 대항하여 처음으로, 그리고 선두에 서서 대응한 이론이다"(1981, p.30). 이러한 생각은 그린버 그와 미첼의 신념에서도 되풀이되는데, "관계모델은 존재의 기반 으로서 관계 형태를 확고히 하고 있으며, 모든 다른 인간 행동과 경험들은 … 관계의 파생물이다."라고 하면서 그들의 생각을 지지 하고 있다(1983, p.404). 비록 일부 대상관계 이론가들이 자신들의 공식에 계속적으로 긴장 감소 개념과 리비도적 갈등을 포함하고 있지만, 대부분의 이론가들은 드러나게 혹은 드러나지 않게 관계 적 관점으로 전환해 왔다.

이것은 인간 존재에 대한 연구방식의 중요한 전환이 되고 있다. 왜냐하면 인간 행동은 관계적 관심에 의해 힘을 얻을 뿐 아니라 인간 심리는 본질상 관계적이기 때문이다. 정신을 구성하고 있는 "내용"은 리비도 충동과 심적 에너지보다 관계의 내면화와 더 관 계가 있다. 무엇이 사람들을 동기화시키고 어떻게 사람들이 그들 자신을 보는지 이해하기 위해 우리는 관계가 어떻게 내면화되는 지, 그리고 어떻게 그것들이 자기감으로 변형되는지 이해할 필요 가 있다.

인간의 드라마를 구성하고 있는 다양한 관계들 가운데 가장 중 요한 것은 아마도 초기 양육자와의 관계일 것이다. "대상관계 이 론가들의 독자적이고 중심적이며 공통된 주장은 최적의 발달과 개별화는 초기의 가장 적절한 인간관계에 기초를 두고 있다는 것 이다"(Klein & Tribich, 1981, p.30). 대부분의 경우, 이러한 초기 돌 보는 관계는 어머니와 함께 한다. 이러한 관계가 아이의 초기 삶 의 대부분을 차지하고 그것이 정서적 만족(과 박탈)과 상당히 관련 되어 있기 때문에, 대상관계 이론가들은 이 관계가 앞으로의 모든 관계를 맺는 틀을 형성한다고 믿고 있다.

아이의 심리구조의 주요한 발달 세력으로 어머니에게 초점을 맞추는 것은 전통 정신분석이 관심을 가졌던 강조점에 큰 변화를 가져왔다. 정신분석에서, 중심 단계를 차지하는 사람은 아버지다. 어린 소년에게 거세 불안을, 그리고 소녀에게 남근 선망을 창조함으로써 아버지는 아이가 오이디푸스 시기를 성공적으로 지나갈 수 있는지 없는지에 강력한 영향을 미친다. 대상관계이론에서는 어머니와의 관계가 우세하다.

아버지에서 어머니로의 강조점의 전환은 소수의 이론적 입장의 사소한 변화를 의미하는 것이 아니다. 그것은 중요한 개념의 재편성을 의미한다. 우선, 그것은 정상적인 발달에서 중요한 경험 유형과 갈등에 대해 무언가를 말하고 있다. 예를 들어, 친밀성과 양육에 대한 문제가 힘과 통제의 문제보다 중요해지기 시작한다. 다른 수준에서, 그것은 오이디푸스 갈등의 중요성에 대해 가히 혁신적인 무언가를 나타낸다. 대상관계 이론가들에게 전오이디푸스기의 사건들은 오이디푸스기의 사건들보다 성격 발달에 더 중요하다.

이것이 정신분석 학설의 중심을 강타한 점이다. 전통 분석적 사고는 최적의 심리 발달의 핵심을 5, 6세경에 발생한 사건에 있다고 보지만, 대상관계 이론가들은 그보다 훨씬 이전에 있다고 본다. 말러, 컨버그, 코헛, 그리고 다른 대상관계 이론가들은 생의 첫 해에 발생한 사건들이 인간 발달의 과정을 보여준다고 믿는다. 대상관계이론에 따르면, 사람들의 삶을 형성하는 결정적인 사건들은 5, 6세가 아니라 5, 6개월경에 발생한다고 본다.

만약 이것이 사실이라면, 우리는 생후 초기 몇 개월 동안에 무

엇이 진행되는지 체계적으로 기술할 필요가 있다. 그리고 클라인
에서 코헛에 이르는 모든 이론가들은 이 초기 시기 동안에 어머니
와 아동 사이에서 발생하는 사건들을 묘사하려고 노력하고 있다.
이러한 연구자들 가운데, 말러는 아마도 가장 성공적인 연구자일
것이다. 분리-개별화에 대한 개념에 의지하면서, 그녀는 각 단계
가 전반적인 성숙과정에 어떻게 맞아들어가는지 설명할 뿐만 아
니라 각 단계를 구별짓는 행동적 지표들을 상세히 기록하고 있다.
그러나 모든 이론가들이 이런 저런 방식으로 전오이디푸스기 동
안 대인관계에서 일어나는 일을 설명하려고 시도한 사실은, 그들
이 아동의 초기 삶에서 관계적 현상에 중요성을 부여하고 있음을
입증한다.

　이러한 현상이 특히 중요한 이유는 그것들이 아이의 표상세계를
구성하는 데 기초가 된다는 것이다. 대개 멜라니 클라인을 제외한
대부분의 이론가들은 유아의 심리세계를 관계적 틀로 이해한다.
어머니와의 초기 상호작용은 시간이 지남에 따라 존재감으로 변
형되어 관계적 형태로 내면화된다. 이러한 내면화 과정―모든 투
사, 그리고 동일시와 더불어―은 결국 "자기"로 경험되는 기본적
요소들을 형성한다.

　멜라니 클라인의 공헌은 이러한 과정을 임상적으로 기록한 가장
첫 번째 연구자라는 데 있다. 장애아동들을 대상으로 연구하면서,
그녀는 아이의 내부 세계를 타인들과의 관계에서 발전된 환상화
된 관계의 복잡한 그물망으로 묘사할 수 있었다. 그녀의 공식은
컨버그의 "자기-대상 표상들", 코헛의 "변형된 내면화", 그리고
말러의 "정서적 대상 항상성"의 기저에 놓여 있다. 모든 대상관계
이론가들이 멜라니 클라인에게 빚을 지고 있는데, 그것은 그녀가

내부 세계를 표상으로 생각한 첫 분석가였다는 것만이 아니라 그
것의 작용을 기술할 수 있었기 때문이다.

　마지막으로 모든 대상관계 이론가들은 자기의 깊은 곳에서 작용
하는 좋음-나쁨의 역동에 주목하고 있는 것처럼 보인다. 이러한
점은 가장 원시적인 표현으로, 클라인의 충만한 "좋은 가슴"과 텅
빈 "나쁜 가슴"의 기술에서 볼 수 있다. 좀더 진전된 발달 수준에
서, 그 역동을 코헛은 좋은 자기-대상과 나쁜 자기-대상으로 표
현하고 페어벤은 중심적이고 리비도적이며, 반리비도적인 자아의
개념으로 표현한다. 이 역동의 중요성은 "분열"의 기초를 형성한
다는 것이다. 유아의 세계가 나쁜(좌절시키는), 그리고 좋은(만족시
키는) 경험들로 채워진다는 사실이 이후의 기능화에 중요한 의미
를 지니는 내적 세계의 분할을 가져온다.

대상관계 : 이론과 치료

　모든 유사점들을 고려할 때, 우리는 하나의 대상관계치료를 생
각하기 쉽다. 대상관계치료라는 제목 하에 묶일 수 있는 일련의
구성원리들을 예측하게 해주는 다양한 관점들 가운데 유사점들이
있는 것 같다. 그러나 이 장에서 다룬 상이한 관점들에 대한 검토
는 사실은 그렇지가 않음을 보여준다. 대신에 우리는 각각의 이론
이 자신의 독자적인 치료 접근을 이루고 있음을 알게 된다. 따라
서 다른 이론가들과 마찬가지로, 클라인이나 코헛의 연구에 기초
한 치료들이 있고, 치료자들은 자신을 클라인학파, 코헛학파 등으
로 여긴다. 각 학파들에서 비교적 구별되면서도 동일하지 않고,

각자의 강조점을 갖고 있는 일련의 대상관계치료 절차들을 볼 수 있다.

만약 치료에 관한 다양한 이론들 가운데 공통적인 배경이 있다면, 그것은 그들이 치료적 양식으로 정신분석에 계속 의지하고 있다는 점이다. 이것은 정신분석치료를 전체로 채택하는 것이 아니라 단지 정신분석치료를 대상관계의 요건에 적합하게 만드는 것을 의미한다. 따라서 우리는 대상관계치료가 분석을 수정하고 해석을 최소화하며, "진짜" 관계를 다루는 것에 주의를 기울이고 있음을 알 수 있다. 그러나 이것이 환자가 여전히 정신분석을 받고 있다는 사실을 변화시키는 것은 아니다. 오늘날 "대상관계치료"로 통용되는 것들의 대부분은 본질적으로 전통 정신분석 기법에 대한 재작업으로 볼 수 있다.

이 사실을 추측하기는 어렵지 않다. 한 예로 대상관계이론으로 간주되는 상당수의 이론들이 전통적인 정신분석 맥락 안에서 발전되었다는 것이다. 사실 우리는 대상관계이론들이 생물학적인, 즉 본능적인 관심에 지나치게 지배되어 온 관점에 대한 반작용으로 발전했다고 주장할 수 있다. 게다가 대부분의 대상관계 이론가들은 현재 개업하고 있는 정신분석가들이다. 대상관계 분야의 많은 저술들은 정신분석을 받는 환자와의 치료에서 나온 것이다. 그러므로 우리가 대상관계와 정신분석이 매우 밀접하게 뒤엉켜 있음을 알게 되는 것은 그리 놀라운 일이 아니다.

그러나 이것은 인식론적인 문제를 만들어낸다. 가장 놀라운 것은 두 관점이 인간 본성에 관하여 매우 다른 가정을 포함하고 있다는 사실에서 발생한다. 그린버그와 미첼(1983)은 대상관계(관계모델)와 정신분석(추동모델)의 기본 전제가 서로 양립할 수 없을 정

도로 많은 점에서 다르다고 지적한다. 그들은 "추동모델과 관계모
델은 인간 경험에 대한 완전하면서도 포괄적인 설명이다. 그것들
이 의거하는 전제들은 생에 대한, 인간 경험의 기본적인 본성에
대한 양립할 수 없는 두 관점으로 구성되어 있다는 점이다."라고
기술하고 있다(p.406).

  이것이 사실인 만큼, 이 두 모델은 심각한 이론적 불일치를 낳
고 있다. 하나의 예는 자아의 지위에 대한 것이다. 자아가 계속
원초아-자아-초자아 체계의 일부분으로 간주되어야 하는가 혹은
"자기"로 대치되어야 하는가? 이것은 단순히 의미론상의 문제는
아니다. 그것은 관계구조들(표상적 도식)이 정신의 하위 요인들인
지 아니면 일차 요인들인지를 언급한 것이다. 후자의 입장을 선호
하는 이론가들이 점차 늘고 있는 것 같다. 사실 건트립은 "체계
자아(systems ego)"의 개념이 "개인 자아(person ego)"의 개념으로
대치되어야 한다고 제안한다(1971, pp.103-139).

  정신분석과 대상관계이론의 혼동은 단지 개념적 문제 이상의 것
을 가져온다. 그것은 또한 정의상의 문제를 낳는다. "대상"이란
용어가 대상관계 내 관점에서 어떻게 다른 의미를 갖게 되는지에
대해서는 앞에서 언급했다. "리비도" 역시 마찬가지다. 전통적인
분석에서 사용된 방식과 대상관계 이론가들에 의해 사용된 방식
이 매우 다르다. 예를 들어, 리비도는 전형적으로 에너지나 생물
학적 추동을 의미하는데, 대부분의 대상관계 이론가들은 "리비도"
를 에너지나 생물학적 색채를 분명하게 띠지 않는 사건들에 관해
서도 사용한다. 페어벤의 "유아적 리비도 자아"와 "반리비도 자
아"는 분명히 대인적 구성물이고 어떠한 종류의 에너지, 리비도
혹은 그 밖의 것과도 전혀 관련되어 있지 않다. 그리고 말러는 상

상 속에서 어머니의 존재를 마음에 간직할 수 있는 아이의 능력을 "리비도적 대상 항상성"이라 하는데, 이것은 우리가 이해하는 전통적 리비도와는 거리가 있다.

이러한 어의상의 혼란은 정신치료의 영역에서도 지속된다. 예를 들어, 대상관계 이론가들은 치료에서 역전이의 사용에 대해 많이 기술하고 있다(Epstein & Feiner, 1979; Searles, 1979; Spotnitz, 1985). 그들에게 역전이는 환자의 정신병리에 대한 치료자의 경험적 반응을 나타내는 것이고 치료절차에서 가치 있는 부분이다. 그것은 진단적 기능을 할 뿐만 아니라 치료자의 개입을 상당부분 안내한다.

반면 정신분석에서는 그 용어를 매우 다르게 사용한다. 정신분석치료에서, 역전이는 보통 치료자측의 병리적 반응이라고 기술된다. 역전이 반응들은 전형적으로 치료자 자신의 미해결된 오이디푸스 갈등의 부산물로 여겨진다. 그러므로 우리는 정신분석의 역전이 개념을 사용하지 않는다. 두 개의 매우 다른 현상에 같은 용어를 사용한다는 것은 문제를 혼란시킬 뿐이다.

모든 문제에 대한 해결책이 있는가? 아마 가장 분명한 것은 정신분석에서 대상관계이론을 해방시키는 것이다. 비록 두 이론이 서로 관련되어 있긴 하지만, 그것들은 정신의 본질과 인간의 기능에 대해 두 개의 다른 관점을 가지고 있다. 만약 대상관계가 개념적으로, 임상적으로 강력한 도구가 되려면 그 자체로 하나의 인간관계 이론으로서의 입지를 가져야 하는 것이다.

이것은 대상관계이론이 정신분석 사고와 완전히 결별해야 한다는 것을 의미하는 것이 아니다. 정신분석의 연구결과와 결론들은 지속적으로 대상관계이론에 영향을 미칠 것이고 대상관계이론 또한 정신분석에 영향을 미칠 것이다. 그러나 만약 대상관계이론이

자신만의 정체성을 획득하지 못한다면 결코 설명적 잠재력을 성
취하지 못할 것이다.

대상관계치료

의문은 여전히 존재한다. 대상관계치료라는 것이 있는가? 우리
가 이 장에서 살펴본 이론들에 의하면 그 대답은 "아니오"다.
앞에서 서술한 것처럼 각 이론은 대상관계적이라기보다는 본질상
보다 정신분석적인 일련의 치료적 절차들을 발전시키고 있다. 보
다 나은 질문은 대상관계치료가 가능한가 아닌가다. 이 질문에 대
한 대답은 무조건 가능하다이다! 만약 치료가 관계적 특성이 우세
한 대상관계이론의 이러한 부분과 관계가 있다면 이 대답은 사실
이다.

그러한 치료는 어떤 형태를 띠는가? 예를 들면, 대상관계치료는
관계 병리를 매우 강조한다. 환자는 "증상" 때문이 아니라 카이저
(Kaiser, 1965)가 말한 "접촉 혼란" 때문에 고통을 받는다. 내적 충
동을 잘 조절하지 못하는 것 때문에 고통을 받는 것이 아니라 다
른 사람들과 지속적이고 만족스런 관계를 의미 있게 해 나가지 못
하는 것 때문에 고통을 받는다. 정신의학적 증상들(불안, 우울증,
신체적 불평)은 환자의 관계가 악화되고 있거나 환자의 자기감이
위협받고 있다는 의미다.

따라서 대상관계치료에서는 이러한 관계를 만들어내고 지속시
키는 내부 대상관계의 역할에 초점을 맞추게 될 것이다. 환자 삶
의 다양한 관계 중에서 치료자와의 관계에 가장 우선적인 관심을

두게 될 것이다. 지금 여기에서 현상학적으로 발생하는 것만이 아니라 환자의 타인들과의 관계에서 작용하는 수많은 중요한 요소들이 포함된다. 결과적으로 치료자-환자의 관계가 환자 삶의 병리적인 측면을 생생하게 드러낼 것이다.

만약 이것이 사실이라면, 치료자-환자 관계가 변화에 있어서 가장 큰 잠재력이라는 결론이 타당할 것이다. 치료자-환자 관계는 "환자 내에서"의 통찰이나 자기 인식 또는 다른 변화를 가져오는 수단이라기보다 그 자체가 변화의 초점이 될 것이다. 그런 다음 심리적 분화의 문제, 불완전한 내면화, 그리고 병리적 분열이 이러한 관계를 통해 밝혀질 수 있다. 관계가 자기의 기반을 형성하는 수준만큼 우리는 치료자-환자 관계가 자기 훈련으로 기능할 수 있다고 말할 수 있다.

다음 장에서 나는 이러한 종류의 치료에 기초로 작용할 수 있는 대상관계의 틀을 발전시키고자 한다. 나의 목적은 위대한 이론을 확립하는 것이 아니라 이미 제시한 공식들의 관계적 측면과 일치하는 틀을 제공하는 데 있다. 나는 중요한 관계적 역동으로서 "분열"과 그것이 좋고 나쁜 대상관계의 발달에 끼치는 영향에 초점을 두게 될 것이다. 거기서 나는 병리적 분열이 어떻게 다른 형태의 관계 병리를 가져오는지 보여줄 것이다. 궁극적으로 치료자-환자 관계가 갖는 특별한 의미를 언급함으로써 이것을 심리치료에 적용할 것이다.

제2장

대상관계 : 발달적 관점

로이는 땅딸막하게 생긴 흑인 소년으로 소아정신과 병동에 처음 입원했을 당시 아홉 살이 채 되지 않았었다. 로이는 무단결석과 사소한 방화를 저지른 경험이 있었고, 여러 양부모의 집을 들락거렸으며, 다루기 힘든 아이로 보고되었다. 또한 별 이유 없이 폭발적인 분노를 터뜨리고, 양부모에게 심한 욕설을 퍼붓는다고 하였다. 그러나 로이가 입원하게 된 주 이유는 이식증(pica)이라는 정신과적 섭식장애 때문이었다.

아이들에게 영향을 미치는 다양한 섭식장애들 중에서 이식증은 가장 정체를 알 수 없는 장애 중의 하나다(Bicknell, 1975; Cooper, 1957). 폭식증(bulimia)처럼 이식증도 게걸스럽게 먹는 데 집중한다. 그러나 매우 많은 양의 음식물을 섭취하는 폭식증과는 달리, 이식증은 먹을 수 없는 것들을 먹는다는 점이 특징이다. 이식증으로 고통받는 아이들은 가구를 갉아먹고 쓰레기를 먹어치우고, 심지어는 끝이 없어 보이는 식욕을 만족시키기 위해 벽지를 긁어먹

기도 한다.

로이도 예외는 아니었다. 로이를 돌보기로 지정된 아동관리사들(childworkers)은 아이가 분필, 크레용, 그 외에도 다른 먹을 수 없는 물건들을 계속 먹으려고 했다고 보고했다. 그들은 끊임없이 아이의 입 속에 있는 것들을 끄집어내었고, 그것이 아이를 제어하기 위해 그들이 할 수 있는 전부였다.

로이의 사례에서 이식증의 기저에 깔린 근원적인 환경을 이해하는 것은 어렵지 않았다. 임상기록은 아이가 생후 초기부터 부모의 돌봄을 거의 받지 못했음을 보여주었다. 어머니는 시간제 창녀였는데, 로이를 낳은 후 얼마 되지 않아 가족을 떠났다. 그리고 아버지는 거의 아이 옆에 있지 않았던 만성 알코올 중독자였다. 따라서 아이는 일관성 있는 양육자와의 관계를 경험한 적이 없었다. 어머니다운 양육이란 사실상 존재하지 않았다.

로이가 알았던 "엄마들"이란 로이의 생모가 떠난 후 아버지가 데리고 왔던 수많은 여자들뿐이었다. 이 여자들에 대한 정보가 충분하지는 않았지만, 이 여자들 가운데 모성적 양육이라고 할 만한 어머니 역할을 한 사람이 없었다는 것은 분명했다. 그 여자들이 차례로 로이의 삶에 들어왔지만, 아버지가 그들에게 싫증을 내거나 반대로 그들이 아버지에게 싫증을 내게 되면 그들은 결국 사라졌다. 어느 겨울날 굶주린 채 울면서 정신없이 두려워 떨고 있는 세 살 난 아들을 차가운 아파트에 가두어 놓고 그 아버지마저도 떠나버렸다.

어떤 이웃 사람이 아이의 애처로운 울음소리를 듣고 경찰을 부른 것은 그 후 3일이 채 못 되어서였다. 경찰들이 아파트 문을 부수고 들어갔을 때, 그들은 부엌 한가운데 앉아서 바닥의 회반죽을 먹고 있는 로이를 발견하였다. 아이는 숟가락으로 벽의 회반죽가루들을 긁었던 것이 분명했다. 또한 그 아이 옆에는 반쯤 먹어치운 쓰레기 한 봉지가 있었고, 온 사방에는 음식 부스러기들과 종이들이 널려 있었다.

경찰들과 사회사업가들의 노력에도 불구하고 로이의 아버지, 어머니 어느 누구도 찾을 수 없었다. 로이는 주의 보호를 받게 되었으며, 그 후 6년간 양부모들의 집을 전전하며 보냈다. 몇몇 헌신적인 양부모들의 돌봄에도 불구하고 로이는 매우 다루기 힘든 아이로 판명되었다. 사회사업가들은 아이가 작은 일에도 양부모에게 분노를 터뜨렸고, 학교에서는 항상 싸움을 했으며, 교사들은 결국에 손발을 다 들었다고 보고했다.

이렇게 몹시 혼란스러운 초년기 어느 시점에 이식증이 발달되었다. 로이에게 먹을 수 없는 것들을 먹어치우고자 하는 전혀 통제가 안 되는 충동이 있다고 양부모들이 차례로 보고하였다. 이에 대해 이식증 진단이 내려졌고, 외래 치료를 하였으나 성과가 전혀 없었다. 로이는 이식증이 점점 더 심해졌고, 더 이상 양부모 집에서 돌볼 수 없을 정도로 심각해져서 결국은 정신과 병원으로 보내졌다.

내가 로이를 처음 만난 것도 이러한 상황에서였다. 난 그때 심리학 전공의 인턴이었고, 로이는 내가 맡았던 첫 사례들 중 하나였다. 예상대로 난 환영받지 못했다. 로이는 모든 사람들을 경계했는데, 특히 자신에게 다가오려는 사람에게 더했다. 나도 예외는 아니었다. 로이는 자신에게 다가가려는 나의 노력에 격렬한 저주를 퍼부었고, 치료실을 도망쳐 나가려고 하였다.

조금이라도 나아지기 위해서는 엄청난 노력이 필요했다. 보통 다른 어린 아동의 사례에서처럼, 이러한 진전은 말보다는 놀이를 통해 이루어졌다(Shaefer & Millman, 1977; Thompson & Rudolph, 1983). 치료 초기에, 로이가 그림 그리기를 좋아한다는 것을 알 수 있었다. 어느 날 치료실에 들어서자마자 나는 로이가 치료실 한쪽 구석에 있는 칠판을 쳐다보고 있는 것을 발견하였다. 나는 아이가 마음을 여는 것을 감지하면서, 분필을 가져다 주고, 로이에게 좋아하는 것은 무엇이든지 그려도 좋다고 격려하였다.

이것은 로이를 순간적으로 당황하게 만들었다. 사람들이 자신이 먹어 치울까봐 분필을 빼앗아가는 것이 로이에게 익숙했기 때문이었다. 그래서 누군가 자신에게 분필이나 크레용을 줄 수 있다는 사실 자체가 충격이었던 것이다. 그럼에도 불구하고 로이는 분필을 들고 그림을 그리기 시작했다. 그날부터 로이는 자신의 생각과 느낌들을 종이에 그리는 데 많은 시간을 보냈다.

로이가 초기에 그린 그림들에 그의 내면적 혼란이 표현되어 있었다. 어떤 그림에는 넓은 바다를 가로질러 항해하는 배를 그렸다. [그림 2-1]에서 보는 것처럼 몇 대의 비행기도 그렸는데, 그 비행기들은 배에 폭탄을 퍼붓고, 기관총으로 맹폭격을 하고 있었다. 배 옆에는 배를 향해 어뢰로 공격하고 있는 두 대의 잠수함도 있었다. 포위되어서 공격받고 있는 배는 반격을 했고, 그것은 억제할 수 없는 공격성의 무질서한 표현이었다.

치료가 진전됨에 따라 그림의 무질서함이 훨씬 덜해졌다. 그림에 사람들이 포함되기 시작했는데, 로이와 내가 더 가까워지면서, 로이는 나를 자기 그림 안에 넣어주기 시작하였다. 그러나 그림의 내용들이 호의적인 것은 아니었다. 로이의 초기 그림 중 하나를 보면, 로이가 날카로운 발톱 같은 손가락으로 나를 견제하는 것을

[그림 2-1]

볼 수 있다. 또 종이의 이쪽 편에 나를, 저쪽 편에 자신을 그리기
도 하였다. 그래도 시간이 지남에 따라 우리 둘간의 거리가 좁혀
졌다. 나중에 그린 그림에서는, 겨울 장면이었는데, 로이가 눈 속
에서 나와 아주 가까이 서서 썰매를 끌고 있는 것을 볼 수 있다.

로이가 치료를 받는 동안 그린 모든 그림들 중에서 한 그림이
유독 내 마음에 와 닿았다. 그것은 분화구와 화산으로 가득 찬 달
에 대한 그림이었다([그림 2-2]를 보라). 이륙하고 있는 다양한 색
깔의 우주선들이 황량한 달 표면 위를 날고 있었다. 언뜻 보기에
는 행복하기 그지없는 장면 같지만 좀더 자세히 보면 정반대라는
것을 알 수 있었다. 작은 생명체 하나가 분화구 속의 한 갈라진
틈 속에 숨겨져 있었다. 그것은 분명히 떠나는 우주선에서 버려져
혼자 힘으로 살아가게 남겨진 존재였다. 로이가 말로 표현하지 못
한 내용이 그림 속에 절절하게 표현되어 있었다.

[그림 2-2]

　로이의 작품들은 치료가 이루어질 수 있는 소통의 발단이 되었다. 로이가 그린 각각의 그림과 관련된 감정들을 탐색하면서 로이는 그 부글부글 끓는 분노 뒤에 놓여진 버려진 감정과 접촉할 수 있었다. 그러면서 로이는 자신의 분노를 좀더 잘 다룰 수 있었고, 분노가 지속적으로 로이의 관계를 방해하지 않게 되었다. 그러나 여전히 나의 마음에 끝까지 걸리는 부분은 그 그림 자체가 아니라 그 그림을 둘러싼 특별한 사건들이었다.

　어느 날 내가 로이와 치료를 막 시작하려는 때에 그러한 일이 일어났다. 우리가 만나는 치료실에 들어갔을 때 나는 로이가 손을 양옆으로 늘어뜨린 채 벽을 바라보면서 방 한 구석에 서 있는 것을 발견하였다. 내가 서 있는 위치에서 그가 한 손으로 분필을 만지작거리고 있는 것을 볼 수 있었다. 로이가 항상 무엇을 그리곤 했던 칠판은 방의 반대편 쪽에 있었기 때문에 나는 당연히 당황했다. 순간 나는 로이에게 이식증이 재발했을지도 모른다고 생각했는데, 이식증은 치료하는 과정 동안 사실상 중단되었었다. 그러나 로이가 나를 향해 돌아섰을 때, 무엇인가 전혀 다른 일이 일어나고 있음을 깨달을 수 있었다.

나의 눈에 들어온 장면은 가슴이 찢어질 듯 슬픈 것이었다. 순간적으로 난 로이를 알아볼 수 없었다. 분필을 하얀 가루로 만들어 그의 온 얼굴에 문질러 바른 로이의 모습은 절망적이고 당황한 듯 보였다. 로이는 마치 하얀 작은 유령 같았다. 그 얼굴에는 눈물이 흐르고 있었고, 눈물이 분필을 씻고 내려간 자리에는 검은 피부가 드러나 있었다. 구석에 홀로 서 있는 로이의 모습은 나를 너무나 가슴 아프게 했다.

나는 로이에게 다가가 눈물이 그칠 때까지 안아주었다. 잠시 후 로이는 무슨 일이 있었는지 내게 말해주었다. 로이는 자기 부모가 왜 자기를 떠나야만 했는지에 대해 이해하려고 오랫동안 생각해 왔다. 그 이유에 대해 많은 생각을 하면서 혼란스럽고 우울해졌다. 로이는 그의 뒤죽박죽된 생각과 감정을 이해하려고 애쓰던 결과 그 이유를 찾게 되었는데, 그것은 자신이 흑인이었기 때문이라는 것이었다.

이런 결론은 내릴만했는데, 병원에 있는 대부분의 아이들이 백인이었고, 그 아이들의 부모는 여전히 그들 곁에 남아 있었기 때문이다. 사실, 로이는 면회일에 방문객이 없는 몇 안 되는 아이 중 하나였다. 왜 부모가 자기를 떠났을까 생각하면서, 그것은 자기 피부색 때문이라고 결론을 내렸던 것이다. 로이는 자신이 흑인이라는 것이 나쁘다고 생각했다. 만일 자신이 백인이었다면, 부모가 자신을 원했을 수도 있다고 생각했다. 단지 그가 백인이기만 했다면, 한 인간으로서 자신에 대해 좋은 느낌을 가질 수 있었을지도 모른다고 생각했다.

좋음(Goodness)의 근원 : 분열과 인간 발달

좋다는 것은 무엇을 의미하는가? 나쁘다는 것은 무엇을 말하는
가? 좋고 나쁘다는 감정은 어디에서 오는가? 인간은 더러운 상태
로 세상에 태어나는가, 아니면 백설 공주처럼 순수한 상태로 태어
나는가? 이것은 쉬운 질문이 아니다. 철학자들이나 신학자들은 이
러한 질문들을 해결하려고 오랫동안 고심해 왔다. 최근에 와서야
임상가들은 이러한 관심사들을 복잡한 임상현상에 접목시키고, 이
것들이 인간 정신을 구성하는 데 어떻게 영향을 미치는지에 대해
깊이 생각해 왔다.

좋은 인간 존재인지 나쁜 인간 존재인지에 대한 관심은 개인이
자신을 바람직하다고 느끼는 감정과 밀접하게 연결되어 있다는
것을 로이의 사례에서 명백히 볼 수 있다. 또한 로이의 경우, 버려
지는 데 대한 공포가 실제 유기되었던 경험에 뿌리를 두고 있음이
확실하다. 그러나 물리적인 유기가 있었는지 없었는지에 관계 없
이 사랑받을 만함과 수용받을 만함이라는 주제는 어떤 대상관계
에서나 존재한다. 성인들뿐 아니라 아이들도 자신이 수용받을 만
한 인간 존재인지 아닌지에 대하여 깊은 관심을 갖고 있다. 이런
관심은 "좋음"과 "나쁨"에 대한 내적 갈등의 근원이 된다.

우리는 제1장에서 좋은 자기 표상과 나쁜 자기 표상의 양극화가
현대 대상관계 사조에서 중요한 위치를 차지하고 있음을 보았다.
이 장에서 취하고 있는 입장은 좋음–나쁨에 대한 이분법이 인간

기능에 있어서 강력하고 지배적인 역동을 구성할 뿐 아니라 대인
간 의식에 있어서 깊고 만연한 분열을 만들어낼 수 있다는 것이
다. 성숙과정 속에서 이러한 분열이 드러나는 방식은 극단적인 의
존에서 심리적 독립으로 가는 아동의 발달을 보여준다.

　이 장에서 지속적으로 관심을 갖는 부분은 주요한 발달적 역동
인 분열에 대한 것이다. 대인간 분열의 네 단계가 기술될 것인데,
각 단계는 인간 발달의 전체 과정 중 한 단계를 구성한다. 첫 세
단계는 분열에 대한 아동기의 표현으로 구성된 반면에, 네 번째
단계는 성인기와 성인 관계 속에서 나타나는 현상으로 확장된다.
그러나 우리는 이 내용을 어머니-아동 관계에서 출발하려고 한다.
왜냐하면 이 관계 안에서 분열이 시작되고 전개되기 때문이다.

제1단계 : 어머니 분열

　현대 대상관계이론에 따르면, 분열은 생후 아주 초기, 심지어 생
후 몇 시간 내에 시작된다고 한다. 그 과정은 유아가 세상을 만족
과 불만족으로 원시적인 분리를 하면서 시작되는데, 즉 배가 부르
면 좋고, 배가 고프면 나쁘고, 따뜻하면 좋고, 추우면 나쁘고, 안
아주면 좋고, 접촉이 거부되면 나쁘다고 느낀다. 아이들이 좋고
나쁜 것을 개념화하고 구분할 수 있기 훨씬 전에, 아이로 하여금
세계-혹은 외부에 존재하는 무엇이든지-가 선하고 나쁜 것으로
구분되어 있다고 인식하게 하는 원시적인 감각 지능이 존재한다
(Myers, Clifton & Clarkson, 1987; Ziajka, 1981). 심지어 아이들은 사
람들이 존재한다는 것을 알기도 전에 그들의 대인간 세계에 대한

토대가 이미 구성되어 있다.

　이러한 발달의 초기 단계에서 유아는 구체적인 감각적 경험들을 사랑받을 만한지 아닌지 또는 가치가 있는지 없는지와 연관시키지는 않는다. 어른들이 덮어씌운 이러한 것들은 훨씬 나중에야 나타난다. 신생아들은 심지어 이러한 경험들을 특정한 사람과 연결시키지도 않는다. "저기 밖에" 살아 있고 생각하고 숨 쉬는 인간 존재에 대한 개념은 아이의 인지적 용량을 벗어나는 것이다. 생후 몇 주 동안 유아는 우리가 상호작용하듯이 아직 그렇게 상호작용하지는 못하고, 다만 사람의 부분들—손, 뺨, 한 다발의 머리카락—혹은 대상관계에서 '부분-대상'이라고 하는 것과 상호작용할 뿐이다.

　유아는 깨어 있는 시간 동안 거의 대부분을 먹는 데 집중하기 때문에 가장 초기에 가장 강력한 부분-대상은 가슴이 된다. 그리고 가장 초기에 경험하는 분열은 가슴과의 상호작용을 통해서 생긴다. 젖이 잘 나오면 가슴은 좋은 대상이 되고, 젖이 잘 나오지 않으면 나쁜 대상이 된다. 그러나 좋은 대상이라 할지라도 항상 좋은 것은 아니다. 삶이 그런 것처럼, 아주 잘 준비된 어머니라 할지라도 항상 아이의 신호와 요구에 늘 반응해줄 수는 없다. 어머니는 아이가 배가 고파 울 때 모든 것을 놓아두고 순식간에 뛰어가지 못할 수도 있다. 그래서 아무리 최상의 환경 하에 있다 하더라도 유아는 분열된 세상을 자연스럽게 경험하게 된다.

　이렇게 부분-대상을 좋고 나쁜 것으로 이분화하는 초기 경험은 전체 대상, 즉 인간 존재와의 관계에 전조가 된다. 아이가 성장함에 따라 "밖에 있는 것"이 무엇이든 간에 따로 떨어진 손이나 가슴 이상임을 어렴풋하지만 차츰 인식하게 된다. 그것이 인간이다.

유아의 지각과 정신능력이 성숙됨에 따라 관계없는 심상들, 소리들, 냄새들이 보통은 어머니인 초기 양육자와 연합된다. 어머니는 초기에 좋고 나쁜 것으로 다가왔던 모든 것들에 살과 피를 더한 한 사람이 되는 것이다. 이 부분이 부분-대상과의 관계가 전체 대상과의 관계로 대치되는 발달단계다.

그러나 아직은 완전하지 않다. 부분-대상관계는 성인기까지 지속된다. 그러한 경우 그들은 머리카락, 가슴, 발과 같은 몸의 일부에 지나치게 흥미를 보일 수 있다. 대부분 그러한 "흥미"는 부분-대상이 즐거움과 만족감과 연합되어 있을 때, 생후 초기 단계의 해롭지 않은 잔여물로 설명될 수 있다. 그러나 이러한 흥미가 개인의 대인간 양식에 지배적이라면, 이것이 성도착의 대상물로 바뀔 수도 있다. 발에 대한 도착, 머리카락에 대한 도착, 그리고 몸의 어떤 부분에 대한 과도한 집착은 부분-대상이 지나치게 선호되어 때때로 전체 대상관계로 바뀌어버리는 한 예로 볼 수 있다.

모든 아이들의 강렬한 소망은 만족감의 초기 대상인 어머니가 자신의 모든 욕구를 충족시켜주는 것이다. 소원하기를, 어머니가 사랑해주고 베풀어주고 무조건적으로 수용해주기를 기대한다. 어머니를 세상에서 좋은 모든 것의 전형으로 여기기 때문에 아이는 어머니가 자신의 욕구를 모두 만족시켜주고, 일관성 없고 좌절스러운 환경을 의존할 만하고 만족시켜주는 환경으로 바뀌줄 것으로 기대한다.

그러나 이것은 꿈보다 더한 어떤 것으로도 채울 수 없는 기대인데, 그것은 대부분의 어머니들이 이런 방식으로 하는 것을 좋아하지 않아서가 아니라—대부분은 원하지만—어머니도 인간이기 때문이다. 모든 사람들이 그런 것처럼 어머니도 지칠 수 있고 참지 못할 수도 있다. 또한 좌절스러울 수도 있으며, 단지 먹이기만 할 수도 있다. 아동기에 냉정하게 깨달아야 하는 것 중에 하나는 어머니가 완전하지 않다는 것이다. 이러한 깨달음이 어머니의 완벽성에 대한 환상이나 이상화를 중지시킬 수는 없지만, 마음 깊은 곳에서 아이는 그 꿈이 깨질 수 있다는 것을 안다. 대인간 의식이 시작되면서, 아이는 그 낙원에 문제가 있음을 깨닫는다. 거기에 분열이 있으며 그 분열은 사라지지 않을 것이다.

현상학적으로 말하자면, 분열은 비정상적인 것이 아니다. 사실, 그것은 너무도 흔한 것이다. 불완전한 세상에 태어나 불완전한 양육을 받게 된 당연한 결과다. 위니컷은 정상적인 어머니-아동 상호작용을 설명하는 양육의 증감을 가리켜 "충분히 좋은 어머니 노릇(good enough mothering)"이라는 용어를 의도적으로 사용하였다 (1971, p.11). 그는 완벽한 혹은 이상적인 양육이란 말을 하지 않았는데, 그 이유는 그런 종류의 양육과 연결된 무조건적인 만족이란 기껏해야 환상 속에서나 가능하다는 것을 알았기 때문이다.

이것은 아동기에 비정상적인 분열이 일어나지 않는다는 것을 의미하는 것은 아니다. 다른 경우에서처럼, 비정상적인 결과는 무엇인가 극단으로 치달을 때 발생된다. 그래서 "나쁜 엄마" 경험이 특별히 좌절을 일으키거나 전반적인 거절에 가까우면 비정상적인 분열이 일어난다. 아이는 이러한 경험이 너무나 고통스럽기 때문에 의식에서 밀어낸다. 그러한 상황에서 대인간 병리가 싹트게 된다(Cicchetti, 1987).

그러나 말하자면 비정상적인 분열은 어머니-아동 상호작용의 갈라진 틈새에서 일어나기 때문에 이러한 비정상적인 경험의 특성에 대해 정확하게 설명하기 어렵다. 더구나 이러한 경험의 병리적인 영향은 몇 년 지나서야 나타날 수 있다. 그럼에도 불구하고 어머니와 아이 사이에 무슨 일이 일어났는지 자세히 살펴보려는 경험연구가 증가하고 있다(Stern, 1977, 1985; Tronick, 1982). 예를 들어, 고속동작 사진 필름과 비디오테이프를 분석한 것을 보면, 생후 첫 6개월 동안 어머니-아동 관계에서 이루어지는 일상적으로 나타나는 "사회적 순간들"이 "유아의 첫 번째 학습단계에서 가장 결정적인 경험" 중 하나가 된다는 것을 알 수 있었다(Stern, 1977, p.5). 그러나 이러한 대부분의 연구들은 표면적인 정상적 상호작용과 그러한 상호작용이 어머니-아동 관계에 미치는 즉각적인 영향력들을 주로 다루고 있다.

비정상적인 발달에 영향을 미치는 초기 상호작용의 형태에 관한 단서를 제공해줄 수 있는 아동기 경험의 비디오를 재검토해 볼 수 있다면 분명히 유용한 일일 것이다. 그러나 이것들은 존재하지 않는다. 하지만 연구자들은 거의 유사한 것을 생각해냈는데, 바로 오래된 가족 비디오였다. 정신장애아동의 가족들이 찍어둔 비디오를 느린 화면으로 자세히 분석해봄으로써 병리적 결과를 가져온 것으로 보이는 상호작용의 형태를 확인할 수 있었다.

일련의 연구에서 마지(Massie)와 그의 동료들은 유아가 양육자와 시선을 맞추는 여러 형태를 설명할 수 있었다(Massie, 1975, 1978a, 1978b). 이 연구들 중 하나는 "시선 응시 회피"와 조앤이라는 자폐아와 그녀의 어머니의 특징적인 상호작용방식에 초점을 두었다(Massie, 1982). 조앤의 초기 생활을 담고 있는 비디오의 장면 장면을 분석했을 때, 조앤이 어머니를 눈으로 쳐다보려고 할 때마다 어머니는 조앤을 외면하고 있었다. 어머니와의 시선 접촉을 반복적으로 시도한 후에 아이는 점점 더 혼란스러워졌고, 완전히 풀이

죽은 시선으로 반응했다. 이러한 양상은 4개월경에 찍은 비디오필름에서도 분명하게 드러났고, 얼마 되지 않아 조앤에게 자폐증 진단이 내려졌다.

앤이라고 불리는 아이의 사례에서도 유사한 일이 일어났다. 그러나 이 사례에서는 상호작용 양식이 신체 접촉의 영역에서 발생했으며, 아이가 어머니 가슴에 안기는 것을 어려워했다. 일반적으로 우리 문화에서 정상적으로 이루어지는 어머니-아동 상호작용의 양식을 분석해보면, 유아가 가슴을 구부리면 어머니가 아이를 향해 몸을 기울이는 것이 보편적이다. 그런데 6개월 때 찍은 앤의 비디오를 보면 이런 것을 볼 수가 없다. 아이가 어머니 쪽으로 가슴을 구부릴 때마다 어머니는 전혀 움직이지 않았다. 이것은 신체적 친밀감을 원하는 아이의 요구에 어머니가 반응할 능력이 없음을 보여준다. 앤은 소아정신분열증으로 진단을 받았다.

다행스럽게도, 어머니-아동 상호작용의 대부분이 앞에서 설명한 것처럼 병리적 특징을 띠는 것은 아니다. 유아의 좌절스러운 경험들은 보통 전반적으로 긍정적인 관계 내에서 발생한다. 좌절에 대한 반응으로 아이가 느끼는 분노는 좌절경험이 너무 심각하지 않다면 견뎌낼 수 있다. 비접촉의 순간적인 경험은 어머니들이 보통 제공하는 따뜻함과 편안함에 의해 상쇄된다. 또는 마지가 이야기한 것처럼, "긍정적인 상호관계 내에서 일어나는 좌절경험은 상처가 되지 않는 좌절로, 심리적 발달을 진전시킨다"(1982, p.177). 이와 같은 상황 하에서 분열은 정상적인 범주에 속하게 되며, 정상적인 발달을 방해하기보다는 정상적인 발달의 일부가 된다.

심지어 정상적인 범주에 있다고 보여지는 사례에서조차도 초기 분열의 결과 중 하나는 자기 자신에 대한 어떤 논리적인 근거가 없는 강력한 감정을 낳는다. 나의 환자 중 한 명인 30대 초반의 젊은 남자는 작고 명망 있는 뉴잉글랜드 대학의 종신교수 자리에 거부당한 후 다소 우울해졌다. 그럴 만한 것이 그는 거기에서 거의 6년 동안 가르쳤고, 학생들과 동료들로부터 매우 존경받았었다. 그러나 학교는 재직할 수 있는 교수의 수가 제한되어 있었고, 그 수가 다 찼었다. 내 환자를 거절한 그 결정은 전적으로 행정적인 이유에서였다.

다행스럽게도 일들이 그렇게 비참하게만 진행되지는 않았다. 그가 떠나야만 한다는 이야기를 들은 지 얼마 되지 않아 다른 지역에 있는 학교에서 또 다른 일자리를 얻게 되었는데, 그곳에서는 그를 승진시켜주고 월급도 올려주었다. 그러나 그의 우울증은 없어지지 않았다. 첫 학교에서의 그 경험이 자신이 바람직하지 않다는 그의 초기 감정을 건드렸다. 그가 해임된 이유에 대해 머리로는 이해가 되었지만 자신에게 무엇인가 잘못이 있다는 감정이 집요하게 남아 있었다. 그는 자신이 나쁜 선생이었거나, 나쁜 학자이었거나 또는 무엇인가 나빴음에 틀림없다고 느꼈다. 사람들은 완전히 이해하지 못하기 때문에 그들의 삶을 형성하는 많은 중요한 사건들을 좋음–나쁨의 양분된 틀로 이해하려는 경향이 있다.

이렇게 되는 이유는 초기 분열이 대부분 "전언어적"이기 때문이다. 다시 말하자면, 사람들이 언어를 사용하는 방법을 배우기 훨씬 전에 발생한다는 것이다. 언어는 인간이 그들의 세상을 정돈하는 주요한 방법이며, 자신들의 사고와 감정을 범주화할 수 있는 수단이 된다(Vygotsky, 1986). 언어가 사람들이 감정을 지각할 수 있도록 해준다는 점에서 생각해보면, 언어를 통해 비합리적인 것처럼 보이는 정서적 반응을 감지할 수 있게 된다. 그러나 때때로 이러한 반응은 문자 그대로 "언어를 넘어서" 존재하는 생후 초기 대인관계에서 발생된 사건들과 결합된다(Ziajka, 1981, p.138).

멜라니 클라인의 중요한 기여 중 하나는 아이의 세계는 언어로 채워지기 이전에 감정으로 채워진다는 사실에 주목한 점이다. 그녀는 아이들이 자신의 세계를 개념화하고 언어적 형태로 표현할 수 있기 이전에 느꼈던 초기 경험들을 묘사한 최초의 대상관계 이론가였다. 사람들이 왜 그렇게 행동하고 있는지를 합리적으로 설명하지 못하면서 어떤 일에 대해 좋거나 나쁘다고 직관적으로 알게 되는 것은 놀랄 일이 아니다.

이 모든 것을 고려해볼 때, 아이는 어머니가 분열된 존재라는 혼란스러운 문제를 어떻게 다룰까? 그 대답은 어머니를 이상화함으로써 다룬다는 것이다. 아이는 자신의 세계에서 가장 의미 있는 관계를 내적으로 더 만족스럽게 그리기 위해 노력하는 과정에서, 어머니의 나쁜 부분은 억압하고 좋은 부분은 구체화한다. 마치 어머니의 나쁜 부분은 존재하지 않는 것처럼 행동하거나 그것들을 최소화시킴으로써 아이는 어머니를 완전하고 모든 좋은 것만을 가진 인간으로 변화시킨다.

그러나 이것이 항상 성공적인 것은 아니다. 어머니들도 인간이다. 그 어린아이들의 정신적 음모에도 불구하고 어머니들은 화를 내기도 하고 우울해지기도 하며 일관성 없이 행동하기도 한다. 그럼에도 불구하고 아이들은 분열을 일치시키기 위해 사건들을 최대한 이용하려고 끊임없이 노력한다. 유아가 생의 초기 몇 달 동안 집중하는 대부분의 일도 자신의 제한된 세계 속에 실재하는 어머니를 다루려고 어설프게 시도하는 것이다. 이와 같이 초기 경험의 분열된 특성을 처리하려는 원시적인 노력들은 분열과정의 다음 단계를 예고한다.

제2단계 : 보존과 상상적 분열

유아는 초기 분열이 미치는 영향과 싸우는 동시에 어머니에게 매우 의존하고 있다. 이것은 부분적으로 신체적인 현실 때문이다. 아이들은 생존을 위해 초기 양육자에게 거의 완전히 의존해야만 하는 무력한 존재다. 또한 유아는 심리적으로도 어머니에게 복잡하게 얽매여 있다. 발달의 이 시점에서 이러한 이유로 아이들은 분리된 자기감을 갖지 못한다. 어머니들은 여전히 아이들의 안전을 책임지고 있는 사람으로 남아 있다.

다른 대상관계 이론가들(예를 들면, 보울비(Bowlby) 등)과 마찬가지로, 말러도 초기 유대와 이에 대한 아이의 반응은 앞으로 다가올 모든 성장과정에 기초가 된다고 주장하였다. 아이가 독립하고자 애쓰는 움직임에 대한 그녀의 묘사는 우리에게 융합에서 시작해서 자기의 탄생이 되기까지의 과정을 의미 있게 볼 수 있도록 해주었다. 그러나 말러가 적절하게 지적한 것처럼, 아주 초기에 유아는 마치 자신과 어머니가 완전히 하나인 것처럼 행동한다. 발달의 이 시점에서 여전히 진정한 개별화가 이루어진 것도 아니고, 분리된 인간 존재로 느끼는 것도 아니다. 유아의 가장 초기 단계의 실존적 공식은 어머니 = 나다.

만일 그렇다면, 어머니가 없다 = 내가 없다는 것이고, 지속적인 어머니의 부재는 그 기간에 상관없이 상당한 고통을 야기시킬 수 있다. 잠깐 동안 어머니가 아이를 안고 있다가 다음 순간에 어머니가 없어지고, 지금은 어머니의 목소리가 들리는데, 그 후 아무 소리가 안 들린다. 초기 몇 달 동안에는 어머니-아동의 상호작용의 감소와 증가가 끊임없이 계속된다. 그래서 초기 아동기의 특성은 무수한 사라짐으로 볼 수 있다.

이러한 작은 유기들은 상당한 정도의 당황스러움을 유발시킨다. 아이들이 처음에 주저하면서 독립하려는 시도를 시작할 때조차도 그들은 여전히 어머니의 소재를 끊임없이 확인한다. 말러는 분리-개별화 과정의 초기 단계를 설명하기 위해 "부화"라는 표현을 사용했는데, 분리-개별화 과정에서 아이들은 "자기 나름대로" 행동하면서도 어머니 곁에 가까이 머문다. 이 단계에서 아이는 장난감이나 놀이친구와 놀지만, 때때로 신체적 접촉을 하기 위해 어머니에게 기어간다. 그 후 아이가 과감하게 떨어질 수 있게 되더라도 어머니가 어디에 있는지 눈으로 확인하는 일이 계속되는데, 이것은 어머니를 자신의 감정적 "안전기지"로 이용하는 것이다.

유기로 인한 괴로움에 대처하기 위한 노력들이 어머니와 하는 많은 놀이 속에 나타난다. 까꿍놀이를 예로 들어보면, 어머니는 아이에게 얼굴을 숨겼다가 너무 많은 시간이 흐르기 전에 아이 눈앞에 나타난다. 그렇게 어머니가 "다시 나타나면" 유아는 비록 마음이 놓이는 것은 아니지만 좋은 듯이 소리를 지른다. 그리고 나서 아이는 어머니를 사라지게 하기 위해 자기 손으로 눈을 가린다. 잠시 후 어머니가 마술처럼 다시 나타나게 하기 위해 손을 치운다. 이 까꿍놀이가 게임 이상의 의미가 있다는 것은 분명하다. 이 놀이는 아이가 유기라는 주제를 다루게 되는 최초의 방법이라는 데 의미가 있다. 아이는 어머니가 사라지는 것을 게임으로 바

꿈으로써 어머니가 사라질 수 있다는 두려움을 다루는 방법을 알
게 된다. 까꿍놀이와 이와 비슷한 활동들은 아이에게 사회세계의
일시적인 특징에 대한 통제감을 갖게 해준다.

그러나 게임은 게임이고, 아이는 여전히 계속되고 마음을 혼란
스럽게 만드는 어머니의 사라짐을 다루어야만 한다. 아이들은 이
것을 어떻게 다룰 수 있을까? 그 답은 '상상을 통해 이루어진다'
이다(Lichtenberg, 1983). 어머니에 대한 정신적 상을 떠올림으로써
아이는 내적으로 "어머니를 붙잡아둘 수 있고" 그렇게 하는 과정
에서 어머니에게 일종의 심리적 영속성을 부여한다. 내적 상은 어
머니가 없을 때 대체물로서 작용하고 어머니의 부재로 인해 나타
나는 공포스러운 감정을 누그러뜨려준다. 어머니를 "보존시키고
자" 하는 아이들의 수많은 시도들은 내적 어머니의 실재를 창조하
려는 노력에 몰두해 있다.

이러한 과정은 피아제의 대상영속성에 관한 고전적인 연구와 유
사하다(Flavell, 1963). 아이가 무생물 대상에게 영속성을 부여하는
발달적 단계를 평가하기 위해, 피아제는 아이의 시야에서 한 대상
을 체계적으로 제거하여 "사라지도록" 한 일련의 실험을 구성하였
다. 이 실험들 가운데 하나는, 공이 시야에서 사라졌을 때 아이가
그것을 되찾으려는 시도를 할 수 있도록 공을 긴 의자 아래로 굴
려보냈다. 피아제는 좀더 나이가 든 아이는 공을 찾으려고 노력하
는 반면, 나이가 어린 아이는 마치 공이 존재하지 않는 것처럼 반
응하면서 금방 공에 대한 흥미를 잃어버린다는 것을 발견해냈다.

대상관계 이론가들은 유사한 일이 인간의 초기 상호작용의 영
역에서도 발생한다고 주장한다. 주요한 차이점은 그 대상이 잃어
버린 장난감이 아니라 부재하는 어머니라는 것이다. 공을 잃어버

리는 것과 어머니를 잃어버리는 것은 완전히 다른 것이다. 어머니는 아이의 존재감에 너무나 결정적이기 때문에 어머니가 "사라졌을 때" 아이가 무관심해지지 않고 걱정하게 되는 것은 이해할 만하다.

잃어버린 대상을 그 대상에 대한 내적 상으로 대체함으로써 보존시킬 수 있는 능력은 발달적으로 아이의 인지세계에 획기적인 사건을 만드는 것이다. 현재의 견해는 비록 5, 6개월까지는 어머니에 대한 안정적인 첫 표상이 형성되지 않지만 "어머니 상"을 형성하는 능력은 1, 2개월쯤에 시작된다고 한다. 그 후 "최초로 어머니의 존재"가 확고하게 형성되기까지는 1, 2년 정도의 시간이 걸린다고 한다. 말러와 다른 사람들은 대상이 없어졌을 때, 아이가 그 상을 유지할 수 있는 능력은 적어도 세 살이 되어야 확고해진다고 한다(Mahler, Pine, & Bergman, 1975).

아이에게 있어 1년이나 2년은 긴 시간이다. 그 시간 동안 내적어머니의 존재가 형성되는 것이다. 아이는 내적으로 어머니의 존재가 확고해지는 이 시기 동안 많은 두려운 순간들을 견뎌야만 할 것이다. 아이의 이 시점은 "눈에서 멀어지면 마음에서도 멀어진다."는 말보다는 "눈에서 멀어지면 현존에서도 멀어진다."는 말로 표현하는 것이 더 정확할 것이다. 어린아이는 어머니의 부재에 따르는 삶의 위협에 대해 보상할 수 있는 길을 자연스럽게 찾게 된다. 그러한 노력은 "과도기적 대상"으로 알려진 것에 의해 보상받는다.

과도기적 대상 : 위로와 안정감

정확하게 과도기적 대상이란 무엇인가? 아주 간단하게 말하면, 어머니를 대체할 수 있는 특별한 장난감이나 놀잇감이다. 위니컷

(1971)에 따르면, 그것들은 유아의 최초의 실제 소유물들이다. 그러나 과도기적 대상은 단순히 소유물이거나 어떤 장난감만이 아니다. 그 기능 면에서 보자면, 그것은 유아에게 "따뜻함을 주거나 움직이거나 촉감이 느껴지거나 생명력을 가지고 있거나 그 자체로 실재성을 가지고 있는 것처럼 보여 무엇인가를 할 수 있게 해주는 것이어야만 한다"(p.5).

좀더 일반적인 과도기적 대상들은 테디 베어(그리고 다른 종류의 동물인형들), 인형, 천조각, 그리고 어느 곳에서나 볼 수 있는 아이들이 안전감을 느끼기 위해 가지고 다니는 담요들이다. 이것들, 그리고 유사한 놀잇감들은 어머니의 대용물로서 기능한다. 그것들은 어머니 소리가 들리지 않거나 어머니가 보이지 않을 때 어머니의 대체물이 되고, 아이에게 편안함과 안전감을 제공해준다. 과도기적 대상은 어머니가 확실하게 보호자로 돌아올 때까지 아이에게 어머니를 "붙잡고" 있게 해준다. 이런 식으로 기능함으로써 과도기적 대상은 밖에 있는 대상인 어머니로부터 내적 존재인 어머니로 순조롭게 이동하게 해준다.

과도기적 대상은 어머니 대상의 대용물로서만이 아니라 분열기능으로도 충분히 작용한다. 이것은 아이가 과도기적 대상들에 반응하는 정서적인 양상에서 엿볼 수 있다. 어떤 때 아이들은 과도기적 대상을 마치 그것들에게서 좋은 것이 스며나오듯이 대하고, 어떤 순간에는 아주 혹독하게 다룬다. 위니컷의 용어로 표현하자면, "대상을 애정을 가지고 부둥켜 안을 뿐만 아니라 열정적으로 사랑하고 망가뜨리기도 한다"(1971, p.5). 이와 같은 장난감들이 놀이 치료에 사용되는 이유 중 하나는 그것들이 아이에게 내부에서 발생하는 갈등을 구체적으로 표현할 수 있는 기회를 제공하기 때문이다.

물론 모든 장난감들이 이렇게 기능하는 것은 아니다. 그렇다면 무엇이 어떤 장난감은 과도기적 대상이 되게 하고 다른 것은 아니게 만드는 것일까? 우리가 아직 그 대답을 할 수 있을 정도로 충분히 이해하고 있지는 않지만, 그 선택은 장난감의 물리적인 특성보다는 그 가용성에 의해 결정되는 것 같다. 그래서 어떤 아이들은 봉제 인형을 과도기적 대상으로 삼는 반면, 다른 아이들은 테디 베어나 담요를 과도기적 대상으로 선택할 수 있다. 어떤 장난감이나 놀잇감이 과도기적 대상이 되는 이유는 아이가 분리라는 주제를 다루는 발달과정의 그 시점에 그것을 쉽게 손에 넣을 수 있었기 때문일 것이다.

과도기적 대상의 주 기능이 아이에게 편안함과 안전감을 제공하는 것이기 때문에 물리적인 단어로 표현될 수 있는 대상이어야만 하는 것은 아니다. 호톤(Horton, 1981)은 노랫가락, 딸랑거리는 소리, 주문 등도 충분히 과도기적 대상이 될 수 있다고 주장한다. 사실 그는 "과도기적 관계(transitional relatedness)"라는 용어를 더 좋아한다. 왜냐하면 그래야 개념을 더 넓게 이해할 수 있고, 대상 자체보다는 관계에 더 초점을 맞출 수 있기 때문이다. 그럼에도 불구하고 과도기적 대상들은 동물 인형들이나 인형이나 담요와 같은 형태를 지니고 있는 경우가 대부분이다. 이것은 딸랑거리는 소리가 "따뜻함"이나 "감촉"을 갖기는 어렵기 때문이다.

과도기적 대상의 특별한 특징은 무엇인가? 어떤 과도기적 대상이 다른 것보다 더 나은 것일까? 아마도 그렇지 않을 것이다. 사람들은 인형이나 테디 베어가 더 나은 과도기적 대상이라고 주장할 수 있는데, 왜냐하면 그것들은 담요나 보풀이 난 옷조각보다는 생명체와 더 가깝기 때문이다. 그것들은 눈, 귀, 팔다리 등을 가졌기 때문에 형체가 없는 것보다는 어머니를 더 정확하게 표상할 수 있게 만든다고 할 수 있다. 이것이 사실일 수 있지만, 대상의 크기나 형체보다는 대상에 대한 정서가 중요한 문제일 수 있다. 이 발달단계에서 감정은 논리보다 훨씬 중요하다.

우리가 과도기적 대상에 대해 알고 있는 것 하나는 아이들이 그것들과 분리되는 것을 어려워한다는 점이다. 이에 대한 사례로 조나단이라는 세 살 된 아이가 있었는데, 조나단의 어머니는 나에게 다음과 같은 사건을 이야기해 주었다. 그 아이는 자기가 가지고 있는 동물 인형인 작은 기린에 집착했다.

그 기린 인형은 조나단이 유아였을 때부터 내내 충실한 친구였으며, 내내 그의 삶에 특별한 위치를 차지하였다. 조난단은 그 기린 인형과 함께 잠을 잘 뿐만 아니라 목욕을 할 때도 밥을 먹을 때도 항상 함께 했다. 조나단은 분명히 그 동물에게 대단히 애착되어 있었다. 그 동물 인형이 조나단을 거의 떠난 적이 없다는 것은 과장된 이야기가 아닐 것이다.

시간이 지남에 따라 기린 인형은 자연히 낡아지기 시작했다. 솔기가 떨어져 나가고 독특한 악취를 풍겼다. 이것은 조나단이 그 동물에게 몇 년 동안 "음식을 먹여 왔다."는 사실에 의하면 별로 놀랄 만한 일도 아니다. 기린 인형의 "털"은 사과소스, 으깬 바나나, 다른 음식물들로 절어 있어서, 어떤 어머니라도 그 장난감을 없애고자 하는 바람이 있었을 것이다.

동시에 어머니는 조나단이 기린 인형에 대해 지나치게 애착되어 있는 것을 알고 있었다. 그래서 그녀는 그것과 똑같은 다른 기린 인형으로 바꾸려고 했다. 그러나 쉬운 일이 아니었다. 그 기린 인형을 구입한 지 몇 년이나 지났기 때문에 똑같은 것을 찾을 수 있을지 걱정이 되었다. 그럼에도 불구하고 구해보기로 결심하고 몇 주 동안 장난감 가게를 돌아다녔다. 그러다 그녀의 노력이 헛되지 않게 그녀가 찾던 바로 그 기린 인형을 우연히 만나게 되었다. 그녀는 새로운 기린 인형을 구입해서 집에 가져와 조나단에게 주었다.

과연 조나단이 기뻐했을까? 조나단이 새 기린 인형을 받아 안고 어머니에게 매우 고마워했을까? 그것과는 거리가 멀었다. 그는 새로운 장난감에 조금도 관심을 보이지 않았을 뿐 아니라 어머니가 조나단에게 새 장난감을 안겨 주려고 하자 매우 화를 냈다. 할 수 있는 방법을 다 동원했지만 조나단을 달래어 낡은 기린 인형을 버리고 새것으로 바꾸는 데 실패했다. 결국 그녀는 단념하고 그냥 내버려두기로 했다. 그래서 새 기린을 가게에 되돌려주고 낡은 기린을 세탁하는 데 노력을 기울였다.

사람들이 과도기적 대상에 대한 필요를 떨쳐버릴 시기가 올까? 일반적으로 말해 그 대답은 그렇다가 되어야만 한다. 그렇지 않다면 과도기적 대상은 "과도기적"이 아닐 수도 있다. 그러나 사람들이 이러한 대상들을 모두 버릴 시점에 도달하게 될까? 사람들이 그것들을 단호하게 떠날 수 있을까? 아마도 그렇지 못할 것이다. 꼭 껴안고 싶은 "장난감들"로 가득 찬 축제와 골동품 전시장에서 잘 자란 테디 베어의 존재가 부활된다는 사실은 과도기적 대상이 성인기가 되도록 오랫동안 특별한 의미를 지닐 수 있다는 것을 보여준다. 물론, 자기가 좋아하는 로즈버드 커피를 고집하는 것도 같은 의미다.

그러나 아동기의 수많은 과도기적 대상들이 어른들에게 어린시절의 달콤한 추억으로 간직된다 할지라도, 성인의 세계는 그 자체 대상들을 포함하고 있고, 그 대상들 중 많은 대상은 또한 과도기적 의미를 갖고 있다. 호톤(1981)은 가족과 관계된 물건들이 이런 방식으로 기능할 수 있다고 지적한다. 이것은 사람들이 외롭다고 느낄 때나 사랑하는 사람으로부터 떨어져 있을 때 특히 그렇다. 그들의 일상적인 환경에서 멀리 떨어진 곳으로 돌아다니는 탐험가들은 가족의 기념물들을 추억거리로 가지고 다니곤 한다.

돈에 대한 과도기적 의미도 유사하게 설명할 수 있다. 돈은 돈의 일반적인 용도—식료품을 사고, 청구서들을 지불하고, 영화티켓을 사고—외에 종종 깊은 정서적인 욕구를 충족시키는 수단이 된다. 어떤 이들에게 돈은 힘과 독립을 의미한다. 그러나 어떤 사람들에게 돈(주식, 채권, 여타의 "유가증권들")은 안전, 보호, 사랑받을만함을 의미한다. 또 어떤 사람들에게는 단지 돈을 만지는 것만으로도 안심이 될 수 있다. 즉, 돈뭉치를 주무르는 것이 담요를 쓰다듬거나 동물 인형을 꼭 껴안는 것과 같을 수 있다.

다시 아동기로 돌아가보면, 대부분의 아이들이 3세 말쯤에는 "외부 대상인 어머니"로부터 "내적 존재인 어머니"로 이행하려고 하는 것을 알 수 있다. 그러고 나면 대부분의 아이들은 어머니와 떨어져도 안전감을 느끼기에 충분한 항상성을 발달시킨다:

> 3세쯤 되면 아이는 최초의 분리감과 정체감을 성취할 것이다… 그러나 세 살된 아이는 약간의 항상성을 갖게 된다. 아이의 자기가 어머니의 자기로부터 분리되더라도 세상에서 안전하다고 느낄 정도의 항상성을.(Kaplan, 1978, p.29)

아이들은 어머니가 없으면 어머니를 간절히 보고 싶어할지 모르지만 아이들은 이것을 그들도 역시 사라질 것이라는 무서운 환상으로 바꾸지는 않는다.

이것은 아이들이 만 3세가 지나도 때때로 공포감에 사로잡힐 수 있음을 의미한다. 그러나 아이가 어머니에 대한 표상을 자발적으로 상상할 수 있으면 어머니의 부재는 상처가 덜 될 수 있다. 그럼에도 불구하고 아이들은 아동기 내내 과도기적 대상에 매달려 있고, 성인기까지도 버려지는 것에 대한 방지책으로 과도기적 대상을 붙잡고 있다.

내적인 어머니의 존재를 획득하는 것은 중요한 발달적 진보다. 아이들이 어머니가 없을 때 어머니 상을 불러낼 수 있게 되면 자신의 방식으로 개별화되고 있는 것이다. "심리내적 분리"를 경험하는 것인 스스로의 힘으로 기능하는 능력은 이러한 상을 불러오고 유지시킬 수 있는 능력에 달려 있다. 과도기적 대상들의 중요성은 이러한 과정이 시간이 지남에 따라 서서히 발생하도록 해서 아이가 버려졌다는 생각이나 유기감에 전적으로 압도되지 않도록 하는 데 있다.

그러나 이 모든 과정에는 장애가 하나 있다. 어머니는 본래 분열되어 있기 때문에 어머니의 내적 표상 또한 분열되어 있을 수 있다. 어머니 상이 어머니의 파생물이라면, 그것 역시 좋고 나쁜 것으로 분리된다. "저기 밖"에 있는 어머니처럼 이상화될 수 있지만 기본적인 구조는 같은 것이다. 분열의 두 번째 단계(표상단계)가 의미 있는 발달적 진보를 말하는 것이지만, 아이는 내적인 좋음–나쁨으로의 분열을 어떻게 다루어야 할지 그에 대한 해결책을 아직 찾지 못하고 있다.

제3단계 : 자기 분열

현재까지 내적 어머니 표상은 대체로 가시화되어 왔다. 아이는 사실 본질적으로 상징적 상인 어머니에 대한 정신적 이미지를 만듦으로써 어머니를 "보존"한다. 이것은 대인관계의 도구로 언어를 점점 더 많이 사용하기 시작하면서 빠르게 변화한다. 아이는 자기 주변 사람들과 관계하기 위해 언어에 더 의존하게 되면서 내부에 있는 표상들과 관계하기 위해서도 언어를 사용한다(Bretherton & Beeghly, 1982). 이제 단지 심상을 통해서가 아니라 말을 사용함으로써 어머니를 상기할 수 있다. 다시 말하자면, 아이는 이제 내적 대화에 어머니를 참여시킬 수 있다.

아동기의 가장 흥미로운 발달 중 하나—아이들에게도 부모에게도 똑같이—는 인간의 상호작용에 언어가 출현하는 것이다. 부모의 삶 중에서 기억할 만한 순간은 아이가 첫 단어를 말할 때다. 아버지와 어머니들은 종종 그 단어가 "엄마"인지 "아빠"인지를 가지고 열띤 논쟁을 하기도 한다. 그 단어가 무엇이든지 간에 그것은 아이가 자신 주변의 사람들과 하게 되는 최초의 언어적 접촉이다.

이런 기본적인 것을 시작으로, 언어는 점차 내적으로 외적으로 다른 사람들과 상호작용하기 위해 점점 더 퍼져 나가 확장된다. 아이는 어머니가 있으면 얼굴을 맞대고 어머니와 대화하며, 어머니가 없을 때는 어머니의 표상과 내적 대화를 한다. 결과적으로 전에는 가시적 존재로서만 존재했던 내적 어머니 표상이 사실상 점점 더 언어적이 되어간다. 이 발달단계에서 어머니가 아이를 좀

더 자주 혼자 두게 됨에 따라 어머니와의 많은 상호작용은 "내적 대화"의 형태를 띠게 된다.

이런 대화의 대부분은 침묵이다. 그럼에도 불구하고 누군가 실제로 이러한 대화를 엿듣게 되는 경우도 있다. 예를 들면, 때때로 배변훈련에서 이런 "대화"가 나타난다. 이 시기 동안 어머니가 해주다가 아이가 스스로 하게 되는 중요한 변화가 나타난다. 이 과정이 끝나갈 무렵 당신은 때때로 아이가 "말썽쟁이, 말썽쟁이"라고 소리치는 것을 들을 수 있다. 그것은 아이가 일을 저질렀다는 것이 분명한데, 당신이 듣고 있는 것은 아이가 내적 어머니 표상의 일부분을 행동화하고 있는 내부 교환의 한 측면이다.

이런 종류의 내적 상호작용은 다른 맥락에서도 역시 발생한다. 어린아이들은 자기들이 하지 말아야 할 일—과자통에서 과자를 훔친다거나 램프를 뒤집어엎는다거나—을 하고 나서는 "나쁜 녀석", "나쁜 계집애"라고 중얼거리는데, 이러한 행동은 우리로 하여금 순간적으로 그들의 내면 세계 은밀한 곳을 엿볼 수 있게 해준다. 우리가 엿들은 대화는 아이와 내적 어머니 사이에 실제 발생하는 것이다. 이 발달단계에서 아이는 점점 더 시각적 존재가 아닌 내적 목소리로 내적 어머니 표상을 경험한다.

아동기의 대인관계 세계가 확장됨에 따라 아이의 내적 대화는 어머니를 넘어서 모든 사람들과의 대화로 확장된다. 그들은 시간이 지나면서 놀이친구, 친척들, TV 속 인물들, 그리고 심지어는 꾸며낸 친구까지 포함시킨다. 아동기의 "상상 속 친구" 현상은 한때 꽤 드물고 심지어는 비정상적으로까지 여겨진 적이 있었지만, 지금은 건강한 아동기에 발생하는 현상으로 간주된다. 연구에 의하면, 매우 많은 아이들이 오직 그들만이 볼 수 있는 소위 "보이지 않는 친구들"과 대화한다고 한다. 아이가 허공에 대고 이야기 할 때 우리가 목격하는 것은 내적 세계의 대화를 보여주는 외적 언어일 뿐이다.

더 많은 이런 "대화들"을 실제로 들을 수 없는 이유는 그 대화들이 시간이 지남에 따라 점점 내부로 들어가기 때문이다. 대부분의 사회적 상황에서는 "혼자 이야기하는 것"을 이상하게 볼 뿐만 아니라 심지어는 정신장애의 한 신호로 여기기도 한다. 아이가 점점 나이가 들어감에 따라 그들은 점점 더 내적 대화를 억누르고 "자신들의 생각을 간직하도록" 교육받는다. 부모들은 자녀들이 실제로 대화하고 있지 않을 때는 입을 움직이지 말라고 가르친다. 특히 아이들이 부모들은 볼 수도 들을 수도 없는 사람과 대화하려고 고집한다면 자신들에게는 보이더라도 말을 해서는 안 될 것이다.

시간이 지남에 따라 내적 세계에 대한 언어적 표현이 점점 더 불분명해지며, 그것들이 눈앞에서 완전히 사라지면서 그렇게 된다. 궁극적으로 우리 내부 세계에서도 역시 희미해진다. 사회적 상호작용들이 점차 복잡해지고 선택된 몇몇의 사람만이 아니라 더 많은 사람들과 관계함에 따라, 아이의 내적 대화를 관찰하고 관리하는 것이 점점 더 어려워진다. 성인에게서와 마찬가지로, 아이들은 동시에 내적 대화를 유지시킬 수 있는 인지적 능력을 가지고 있지 않다. 그것은 한꺼번에 네다섯 명과 전화통화를 하려는 것과 같다.

내적 세계의 복잡성뿐만 아니라 다른 요인들도 내적 대화의 지속성을 방해하는 역할을 한다. 예를 들면, 결정을 빨리 내려할 필요가 있을 때 그렇다. 매일 매일의 사회적 상호작용은 사람들이 그들에게 일어나고 있는 일에 비교적 신속하게 반응하기를 요구한다. 만일 인간이 의사결정을 해야 할 때마다 내적 대화를 길게 해야 한다면 일을 끝마치기가 어려울 것이다. 심지어 길을 건너는 것조차 엄청난 비중을 차지할 수도 있다. 만일 어떤 사람이 길 건너기 전에 다음과 같은 "내적 대화"를 해야 한다고 상상해 보라:

　　"지금 길을 건너는 것이 안전할까?"
　　"양쪽 길을 다 살펴봤어?"
　　"나는 그렇게 생각해."
　　"초록색 불이 켜진 것이 분명하니?"
　　"응."
　　"그럼 가자."
　　"정말 안전한 거지?"
　　"빨간색 불이 켜지기 전에 서둘러."

　사람들이 해야 하는 모든 행동을 긴 내적 대화로 시작한다면 이것은 분명히 엄청나게 비효율적인 일이며, 심지어는 아무 것도 할 수 없게 될 것이다.

　우리의 인간관계 세계는 풍부하고 복잡하기 때문에, 풍부하고 복잡한 대인관계 세계와 관계하기 위하여 아동기의 내적 존재들은 결과적으로 이 시기에 소위 "자기"라고 불리는 최종적인 형태로 변형된다. 분열과정이 다양한 단계를 통해 진전될 때쯤 아동기의 어머니 존재가 심리적으로 변형된다. 그것들은 더 이상 내적 실재로 경험되는 것이 아니라 자신의 한 부분으로 경험된다.

　이러한 변형은 코헛이 "변형된 내면화"라고 표현한 과정과 유사하다. 어머니와 시작해서 자신의 삶의 다른 의미 있는 사람들에게로 퍼져 나가는 관계의 합병은 궁극적으로 "자기"가 되는 토대를 형성한다. 아이는 처음부터 자기로 삶을 시작하는 것이 아니라 사회적으로 관여되어 있는 타인을 통해 점차 자기를 구성해 나간다. 자기는 아마도 전체라기보다는 과정이라고 하는 것이 더 정확할 것 같은데, 결국에는 자기 존재의 본질로 경험하게 된다.

아이가 사용하는 단어들에서 "나"라는 말이 시작되는 것이 자기의 출현을 알리는 신호가 된다. 어린아이는 더 이상 자기 자신을 제삼자로 말하지 않는다. 예를 들면, "지미는 과자를 먹을래."라든가 "낸시는 자장자장할래." 대신에 "나 과자 먹을래." "자러 갈래."라고 말한다. 아이들은 "엄마가 저것 하라고 했어."라는 말을 "내가 저거 할거야."라고 바꾸어 말할 때, 자율적인 인간이 되는 출발점에 서게 된다. 마침내 길을 건너는 결정은 "엄마가 길을 건너도 좋다고 했어."에서 "나는 저쪽으로 길을 건너갈 거야."로 변형된다.

가장 기본적인 형태의 자기는 풍부하고 지속적인 합병과정을 통해 나온 언어의 진수다. 그것은 표출하려고 분투하는 갈등에 지배된 추동의 혼합물도 아니고, 외적 자극에 의해 유발되기를 기다리는 습관도 아니다. 그것은 자신이 누구인지에 대한 내적 감각을 구성하는 대상관계의 복잡한 형태다. 어떤 대상관계 이론가가 말한 것처럼, "우리는 우리의 타인들이다." 이것이 사실이라면 우리는 의미 있는 타인들을 합병함으로써, 그리고 심리적으로 그들을 자기로 변형시킴으로써 우리의 타인들이 되는 것이다.

그러므로 우리의 언어와 타인들과의 상호작용이 자기 참조를 포함하는 용어 속에 스며들어 있다는 것은 놀랄 만한 일이 아니다.

자기 존중, 자기 가치, 자기 존경의 개념을 포함하지 않고 우리 자신이 어떤 사람이라고 말하기는 어렵다. 사람들이 "나는 나 자신을 사랑해."라거나 "나는 나 자신을 증오해."라고 하면서 자기-수용이나 자기-실현에 대해 말하는 것을 듣는다. 사람들이 성숙해지고 "자기들"이 존재의 중심이 됨에 따라, 자기라는 단어는 그들이 누구인지, 어떻게 느끼는지, 그들이 타인들과 어떻게 관계하는지 묘사하면서 발전한다.

이러한 자기-상호작용은 대화 상호작용의 한 유형으로 볼 수 있다. 우리의 내적 타인들과 "이야기" 하는 대신에, 우리 자신과 이야기한다. 이런 유형의 상호작용은 매우 사적이며, 외부 세계의 사람들 혹은 얼굴을 맞댄 사람들과 하는 공적인 상호작용과는 대조를 이룬다. 그러나 그것은 여전히 대인간 의사소통의 한 형태를 이루고 있다. 한 사람이 "나는 내 자신이 싫다."라고 말할 때 깨닫지 못할 수 있지만 그의 내부 세계에 그를 짓누르고 경멸하는 사람이 있다는 것을 의미하고 있을 수 있다.

결국 자기는 아동기에 시작된 내면화된 관계의 언어적 파생물이다. 시간이 지남에 따라 더 많은 관계들이 포함되지만, 어머니와의 초기 관계가 가장 영향력이 있다. 시간이 지나면서 이러한 관계는 수많은 변형을 해 나간다. 비록 처음에는 감각적 통로를 통해 심리적 존재감이 인식되지만, 결국에는 통합된 자기가 되기 위해 언어적 변형을 거치게 된다.

그러나 어머니의 초기 분열이 내적 어머니 존재의 분열을 만들어내는 것과 같이, 내적 어머니 존재 안에서의 분열은 자기 안에서의 분열을 만든다. 초기 분열들은 후기 분열들을 낳는다. 그 결과 사람들은 초기에 이루어진 분열경험의 질에 따라 자기 자신을

"좋은 것" 또는 "나쁜 것"으로 여기게 된다. 이것을 자기-가치, 자기-존중 또는 자기-존경 어떤 것으로 부르든지 간에 그것은 우리 전 존재에 영향을 미치는 대인간 유산이다. 이 유산을 다루는 방법은 사람들이 자신들의 삶을 어떻게 조직할지, 그리고 인간으로서의 자기 자신에 대해 좋게 느끼며 살아갈지 나쁘게 느끼며 살아갈지를 결정한다.

제4단계 : 정체감 분열

자기 발달의 네 번째 단계는 아동기에서부터 전 성인기로 확장되며 성인의 전체 발달단계를 포함하고 있다. 이 단계를 시작할 때쯤 유아의 자기는 비교적 손상되지 않은 상태다. 아이는 대상항상성을 성취하고 점차 언어를 쉽게 사용할 수 있게 된다. 자기는 아이에게 안전감의 원천이 되고 타인들과 관계하려는 노력을 증가시키도록 해준다.

자신이 누구인가에 대해 안전감을 느낄 수 있는 능력이 아이로 하여금 점차 대인관계를 시작할 수 있게 해준다. 이것은 심리적으로 타인과 관계하려는 인생의 긴 노력의 시작이라고 볼 수 있다. 그것은 지금까지 어머니나 얼마 안 되는 의미 있는 타인들과의 상호작용에 전적으로 의지해서 만들어진 자기를 확장시키기 위한 노력의 신호로 볼 수 있다. 인생의 나머지 부분은 의미 있는 관계들을 내면화하고, 좋음-나쁨의 분열을 조화롭게 하기 위해 이 관계들을 사용하는 과정으로 구성된다.

이것은 어떻게 성취되는가? 성인 자기는 단지 유아적 자기의 거울 이미지인가? 성인은 단지 다른 환경에서 유아기 때의 주제들을 상연하는 좀더 자란 아이란 말인가? 이러한 입장에 동의한다면, 성인 관계의 풍부함과 스스로의 힘으로 만든 자기의 기여를 무시하게 된다. 성인의 성, 일에서의 성공, 그리고 결혼생활을 유지할 수 있는 능력 등을 둘러싼 것들은 고유한 성인의 영역이며, 그들 자신의 힘으로 얻은 것이라고 볼 필요가 있다. 모든 사람들이 초기 유아기 분열에 뿌리를 둔 갈등을 가지고 있을 수 있지만, 그들은 유아기 때와는 질적으로 다른 인간 상호작용의 요소들을 도입한다.

성인의 입장에서 유리하게 접근하고자 하는 대상관계 접근이 있는데, 그것은 "상징적 상호작용주의(symbolic interactionism)"다. 사회학 사상의 한 분야인 이러한 시각은 사회학자 조오지 허버트 미드(George Herbert Mead)에 의해 발전되었고, 성인 자기가 언어적으로 기호화되는 방식에 초점을 두고 있다(Blumer, 1969; Mead, 1934; Strauss, 1956). 이 관점의 핵심은 성인 자기는 대인관계에 기초한다고 보는 것이다. 이러한 시각이 거의 전적으로 어머니-아동 관계와 아동발달의 전언어적 시기에 초점을 두고 있는 대상관계 이론에 확장되었다.

미드에 의하면, 개인적 자기는 사회가 인간 정신으로 통합되게 하는 기제다. 자기는 타인과의 관계에서 만들어지고 사회적 양식과 관습의 내면화를 수반하기 때문에 자기는 개인 내에 있는 작은 사회라고 할 수 있다. 더 넓은 사회가 그 제도들을 움직이게 이끄는 것처럼 내부의 작은 사회는 개인의 행동을 이끈다. 어머니와 아이가 대상관계이론으로 복잡하게 묶여 있는 것처럼, 자기와 사회는 상징적 상호작용으로 묶여진다.

만일 자기가 축소된 사회라면, 그것을 구성하고 있는 요소들을 묘사할 방법이 필요하다. 미드는 자기 안에 포함되어 있는 대인간 요소들을 두 가지 심리내적 구성요소로 분류함으로써 묘사했는데, 이 두 요소는 "나(I)"와 "나를(Me)"이다. 그는 자기 안에 적극적이고 주도적인 요소를 칭하기 위해 "나"라는 용어를 사용한다. 그것은 외부 세계의 변화에 자발적이고 즉각적인, 즉 깊이 생각하지 않고 열정적으로 반응하는 자기 부분이다. 비록 "나"가 결과적으로 특정한 행동으로 표현되겠지만, 처음에는 감정이나 쉽게 변하는 충동으로 경험된다.

결국 "나"에 내포된 잠재적인 행동이 성취될 것인지 아닌지는 미드가 "나를"이라고 표현한 용어에 포함된 일련의 내부 요소들에 달려 있다. 이것은 각 개인과 모든 개인 안에 상징적으로 새겨진 표상적 사회를 지칭하는 미드의 용어다. 전체 세상에 대한 상상적 반응인 "나를"은 "나"와 상징적으로 상호작용하며 최초의 충동들이 표현될 것인지 억제될 것인지를 결정한다.

미드는 과장된 은유를 사용하여 "나"와 "나를" 간의 상호작용 관계를 연속되는 내부 상연으로 보고 있다. "나"가 의도한 행동이 표면에 나타나기 전에 상상적 청중("나를")에 의해 지배되고 수정된다. "숙고한(Minded)" 행동, 즉 사회적으로 반응하는 행동인 "숙고한" 행동은 내부 행동과 내부 반응의 양식에 의해 만들어진 행동이다. "나를"이 사람들에게 자신의 지속적인 행동을 객관적으로 볼 수 있게 해주는 정도에 따라 그것은 반성의 역할을 할 수도 있고, 궁극적으로 "자기-통제"의 기초를 만들 수도 있다.

"나"와 "나를"은 자기를 구성하기 위해 협력한다. 대략적으로 말해 "나"와 "나를"은 대상관계이론의 "자기-타인" 구분에 해당

된다. 아이가 대상관계에서 자기감을 만들기 위해 표상적 타인들과 내적으로 상호작용하는 것처럼, 그렇게 "나"는 상징적 상호작용주의에서 말하는 자기감을 만들기 위해 상징적으로 "나를"과 상호작용한다. 이 두 관점은 본질적으로 동전의 양면과 같은데, 대상관계이론은 아동기의 내면화에 초점을 맞추고 있고 상징적 상호작용주의는 성인기의 내면화에 초점을 맞추고 있다.

그러나 좀더 정확하게 "나"와 "나를"이 어떻게 상호작용하는가? 간단하게 말하면, 그 대답은 대화를 통해서다. 상징적 상호작용주의자들에 의해 "정신적 활동"이라고 여겨진 많은 부분은 타인과의 상호작용을 위한 언어적 양식을 필요로 한다. 보통 "사고"라는 범주에 속하는 인지활동들은 사람들이 그들의 삶에서 중요한 타인들과 취하고 있고 해왔던 대화의 변형으로 간주된다. 미드에게, "나"와 "나를"은 근본적으로 그가 자기의 본질로 여겼던 "내부 대화의 장(inner forum)"으로 이루어져 있다.

내부 대화의 장의 구체적인 구성에 관해서는 여전히 의문점이 있는데, 특히 "나를"에 대해 그렇다. 미드는 이것에 대해 다소 모호한 입장을 취한다. 그는 "나를" 안에 있는 힘들을 "일반화된 타인"으로 이루어진 것으로 보는데, 즉 사람들에게 영향을 미치는 사회 안에 있는 다양한 힘들의 복합체를 대표하는 것이다. 우리는 미드가 "일반화된 타인"이란 개념을 결혼, 학교, 가족과 같은 다양한 사회제도들을 언급하는 데 사용하고 있다고 추측한다.

그러나 사람들은 복합체나 "제도들"과 상호작용하는 것이 아니라 인간 존재와 상호작용한다. 이 중 어떤 사람들은 배우자들인데, 그들과의 상호작용은 사람들이 그들 자신을 남편, 아내로서 어떻게 보는가에 대해 말해준다. 또 다른 사람들은 동료나 환자인

데, 그들과의 관계는 사람들이 그들 자신을 선생님, 간호사, 또는 치료자로 어떻게 느끼는지에 영향을 미친다. 그리고 또 아이들이 있는데, 자녀들과의 상호작용은 사람들이 그들 자신을 부모로서 어떻게 보고 있는지에 강력하게 영향을 미친다. 이 모든 것은 자기가 단일한 "나-나를(I-Me)"의 형태가 아니라 일련의 "나-나를들(I-Me's)"의 형태일 수 있다는 점을 시사하고 있다.

사회이론가들 사이에서는 자기가 단일한 것이 아니라 일련의 하위자기들로 구성되어 있다는 인식이 증가하고 있다. 코트렐(Cottrell, 1969)은 이것들을 "자기-타인 체계들(self-other systems)"이라고 했는데, 자기는 서로 다른 자기-타인 체계의 집합이라고 주장한다. 게다가 이들 각 체계들은 그 체계와 관련된 사회적 환경에 의해 활성화된다. 아이들과 뛰어 노는 것은 **부모** 자기-타인 체계를 자극하고, 누군가와 시시덕거리는 것은 **성적** 자기-타인 체계를 자극하고, 일을 하는 것은 **직업** 자기-타인 체계를 자극한다.

"자기-타인 체계"라는 표현은 다소 어색하고 일상적으로는 잘 쓰이지 않는 경향이 있다. 그러므로 이러한 다양한 체계들을 "정체성"으로 표현하는 것이 현상학적으로는 더 정확하다고 할 수 있다. 간단히 말해 가족 정체성, 성적 정체성, 직업 정체성 등이다. 따라서 성적 정체성이 성역할이나 성적 선호라는 표현보다 더 많은 의미를 내포하고 있는 것으로 볼 수 있다. 그것은 성이라는 주제를 둘러싸고 있는 내부 · 외부 인물들과의 복잡한 상호교류에 의해 발생된 자신에 대한 감정을 말하는 것이다. 이것은 부모와의 초기 상호작용에서부터 성인 영화에 나오는 인물과의 상징적 상호작용에 이르기까지 범위가 넓다. 그것은 자신의 현재 생활 속의 인물들과의 지속적인 성적 교류와 결합되어, 전체적인 성적 자기를 나타낸다.

결국 정체성은 본질적으로 하위자기(subselves)들이다. 그것들은 관계로부터 만들어지고 살아남기 위해 관계들에 의존한다. 이것이 관계가 심리적 생존에 왜 그렇게 중요한가에 대한 이유다. 그것들은 자기를 구성하는 서로 다른 정체감들에 에너지를 공급하고 유지시킨다. 해리 건트립의 표현에 의하면, "정체감의 문제는 인간 존재에 관해 야기될 수 있는 가장 큰 유일한 주제다. 그것은 중요한 문제이지만 은밀하게 다루어져 왔는데, 우리 시대에 와서야 드러내 놓고 그 중요성을 의식하고 있다"(1971, p.119).

이 모든 것들을 보았을 때, 자기 발달의 네 번째이자 마지막 단계인 이 단계가 일생 동안 지속되는 자기-분화 단계를 설명한다는 것을 알 수 있다. 이 발달단계에서 서로 다른 유형의 상호작용을 분류할 수 있는데, 말하자면 다양한 정체감으로 분류할 수 있다. 대부분의 주요한 정체감들은 다섯 손가락 안에 꼽힌다. 앞에서 이미 언급한 정체감들(부모, 성, 결혼, 직업 정체감들)에 종족 정체감 또는 종교적 정체감을 덧붙일 수 있다. 성인들의 삶의 대부분은 이러한 정체감을 향상시킬 수 있는 관계를 형성하는 것과 관련이 있다. 그 각각이 자기의 부분이 되는 정도만큼, 그것은 사람들의 전반적인 "자기 가치감"에 기여한다.

전술한 각 발달단계의 경우처럼, 네 번째 단계 또한 다양한 분열과정을 포함하고 있다. 자신의 고유한 방식을 갖고 있는 모든 정체감은 좋음과 나쁨의 주제에 지대하게 영향을 받는다. 어머니-아동 관계에서 좋고 나쁜 경험으로 시작되어, 자기에 대한 좋고 나쁜 감정으로 발전된 것이 좋은(나쁜) 남편, 좋은(나쁜) 아내, 좋은(나쁜) 부모, 좋은(나쁜) 변호사나 선생님이 되는 감정으로 표현된다. 유아-어머니 관계에서 중심 주제로 시작되었던 것이 모든 관계에서의 주제가 된다.

[그림 2-3]은 도식의 형태로 분열의 네 단계 발달과정을 그리고 있다. 처음 세 단계는 "저기 밖"에 있는 어머니에 대한 경험에서 자기에 대한 경험으로 변형될 때의 좋음-나쁨의 분열을 묘사하고

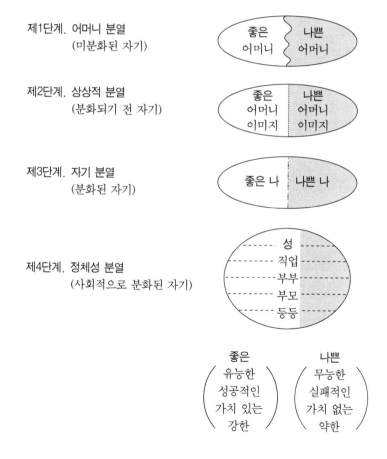

[그림 2-3] 분열의 네 단계 발달과정

있다. 네 번째 단계는 성인 자기를 구성하고 있는 다양한 정체감 안에 분열이 어떻게 새겨져 있는지 보여주고 있다.

좋음과 나쁨에 대한 관심이 결코 사라지지 않는다는 점은 분명하다. 아주 간단하게, 초기 아동기의 두드러진 주제—바람직함, 수용, 생존할 수 있는 자기의 출현—는 보다 더 풍부하고 다양한 맥락에서 반복되고 재작용된다. 이러한 주제의 해결을 통해 자기에 대하여 좀더 통합되고 만족스러운 시각을 어느 정도 갖게 되느냐 하는 것이, 개인이 심리적으로 어느 정도 건강한지를 확실하게 측정해 주는 보다 믿을 만한 방법이 된다.

대상관계이론에서 정신병리라고 여겨지는 대부분은 내적 세계의 좋음-나쁨의 균형을 고치고자 하는 부적응적인 노력을 중심으로 하고 있고, 전형적으로 투사적 동일시라고 불리는 심리적 기제에 의해 이루어진다. 사실상 광범위하게 뿌리박혀 있는 불만족스런 대상관계를 다루려는 목적 때문에, 투사적 동일시는 환자의 현재 관계를 왜곡시키고 손상시킨다. 다음 장에서는 이러한 투사적 동일시의 서로 다른 형태들과 그리고 개인들이 그들의 내적 세계에 존재하는 결핍감을 다루기 위해 투사적 동일시를 사용하는 방법을 설명할 것이다.

제 **3** 장

대상관계 병리

무엇이 정신병리를 만들어내는가에 대한 질문은 인간 행동에 대하여 체계적으로 접근하려는 모든 접근에서 중요한 문제다. 정신분석 관점에서, 정신병리는 심리성적 고착과 리비도의 긴장을 적절히 방출하지 못하는 데서 오는 것으로 정의된다. 인지행동수정과 같은 인지적 측면을 강조하는 관점에서는, 환자가 사건들을 잘못 해석하거나 비현실적인 기대를 갖게 됨으로써 정신병리가 발전된다고 본다. 그리고 현상학적 접근에서는, 정신병리가 환자의 존재경험의 불일치에서 야기된다고 본다. 우리가 정신병리에 대하여 취하는 독특한 입장은 자신이 동의하는 이론적인 관점에서 나온 바로 그 파생물이다.

대상관계이론에서, 정신병리는 자기구조에 장애가 생긴 것으로 본다. 증상들, 감정기복, 세상에 대한 왜곡된 지각 등 이 모든 것은 개인의 대상관계들과 대상관계들이 내면화되어온 방식에 의하여 해석된다. 환자가 갖는 어려움의 본질은 발달상에서 자기 발달의 정지를 가져온 것이 무엇인지, 그리고 분열의 이상을 초래한 것이 무엇인지를 통해 밝혀질 수 있다. 여기서 중요하게 고려해야 할 점은 어떻게 초기 정지가 발생하는지, 분열의 정확한 성격이 무엇인지, 그리고 이 두 가지가 환자의 다양한 정체성에 어느 정도로 영향을 미치고 있는지에 대한 것이다.

자기는 대인관계를 통해 형성되기 때문에 소위 "정신장애"는 대인관계에서 생긴 장애와 동일하다. 만약 개인의 초기 대상관계에서 특별히 문제가 있었다면, 예를 들면 어머니와의 관계가 만성적인 분리의 문제, 명백한 유기의 성격을 띠었다면, 실제로 자아 기능의 모든 영역에서 어려움이 발생할 가능성이 있다. 이것은 제2장 앞부분에 서술되어 있는 로이의 사례에서도 볼 수 있다. 양부모들, 또래들, 그리고 선생님들과 맺은 그의 관계는 모두 다 자기감에 미치는 초기 유기의 영향을 드러내고 있다.

그러나 초기 관계들만이 유일하게 자기 가치감에 영향을 미치는 것은 아니다. 생의 전반에 걸쳐서 내면화 과정을 중재하면 생후 초기에 발생한 자기의 단순한 반영이 아닌 그 이상의 자기를 만든다. 자기의 구조가 갖는 성격상, 비판적이고 가혹한 양육을 경험한 개인들도 이후에 긍정적이고 보상적인 상호작용을 경험하게 된다면 전문 직업인으로 성장할 수 있을 것이다.

성인 대상관계의 보상적인 속성은, 비교적 가볍지만 반복적인 우울증 때문에 치료를 받으러 왔던 신시아란 이름을 지닌 환자에게서 볼 수 있다. 경제학을 전공하고 있는 26세의 대학원생인 신시아는 남자들, 특히 그녀가 낭만적인 관계를 가졌던 사람들과 성관계를 잘 못하였다. 그녀는 남자를 만나서 관계를 확립하는 데 엄청난 노력을 기울였지만, 그 남자들은 그녀에게 관심을 잃어간다는 것을 발견하곤 했다. 이러한 일이 어느 정도 반복적으로 발생했으며 일정한 형태의 유형을 보이는 것 같았다.

그런 반면 신시아는 학업 면에서는 매우 뛰어났다. 그녀는 수석을 했으며 교수와 동료 학생들에게서 상당한 평가를 받고 있었다. 그녀는 학위논문을 거의 끝마쳐가고 있었고, 치료를 받기 시작했던 시점에 그녀가 학위만 받으면 일할 수 있는 마음에 드는 일자리를 몇 군데 이미 제의받아 놓은 상태였다.

신시아는 남부에서 성장했는데, 그녀의 가족들이 그녀 인생의 대부분을 계획해주었다고 치료 초기에 보고했다. 그들은 그녀가 (졸업한 학교와 비슷한) 지역의 조그마한 대학에 입학해서 그 지역의 적당한 사업가들 중 한 명과 결혼하여 고상한 남부 미인의 삶을 살기를 정말 기대했다.

그러나 신시아는 주립대학에 입학하기로 결정했다. 그녀는 거기서 그녀가 비상한 잠재력을 갖고 있음을 눈치 챈 수학 교수를 만났다. 그는 그녀를 제자로 받아들였으며 그녀가 대학원에 가도록 격려했다.

치료가 진행되던 어느 날 신시아의 우울증은 그녀가 자신의 파트너를—성적으로 그리고 그 밖의 것으로—기쁘게 해주려는 과도한 노력으로 인한 것이었음이 분명해졌다. 또한 이렇게 바람직한 여성이 되는 것이 의미하는 바가 자신의 어머니에게서 받았던 미묘한 메시지와 관련되어 있음이 분명해졌다. 이것들은 그녀가 남자들과의 관계에서 주로 종속적인 입장을 취해야 할 필요와 관계가 있었다. 당연히 이것은 그녀의 어머니가 어머니 자신의 삶에 적용해 왔던 태도였다.

신시아가 겪는 어려움이 학업에까지 영향을 미치지 않은 이유가 드러나고 있었다. 대다수가 남성인 경제학과에서 남자들과 지내야 했기 때문에 온순하고 복종적인 자세를 취하기 쉬웠을지도 모른다. 그러나 그녀는 그렇게 하지 않았다. 그녀가 학문 영역에서 가졌던 확신은 학부에서 공부하는 동안 그녀의 멘토 역할을 했던 남자에 의해 분명히 영향을 받았다. 치료의 어느 시점에서 그녀는 이 남자가 "그녀의 내면에 살아 있으며", 그의 존재가 몇 해 동안 그녀를 지탱시켜 주었음을 나에게 이야기했다.

대상관계이론 내에서 중요한 타인들과의 상호작용은 사람들이 다양한 정체성을 갖고 살아갈 수 있도록 해준다. 예를 들면, 남편과 부인이 서로를 정당화시키는 미묘한 반응들 전부가 부부간의 정체감을 유지하는 것과 관련될 수 있다. 결혼을 구성하는 다양하고도 무해한 것처럼 보이는 일들을 통해, 아내는 배우자의 정체성을 "남편"으로, 반면 남편은 배우자의 정체성을 "아내"로 지속하는 결과를 가져온다. 두 정체성은 누군가 타자와 분리된 것으로 생각지 않는다면 서로 상호의존적인 관계를 갖게 된다. 남편과 아내로 서로를 변화시키는 과정에서 부부는 사회적으로 "서로를 창조"하며, 그렇게 함으로써 그들만의 부부 정체성을 창조한다 (Berger & Kellner, 1964).

이것이 의미하는 바는 사람들이 서로를 확립해 가는 관계가 생생한 자기감을 지속시키는 도구가 된다는 것이다. 인간 존재는 서로 상대적인 정체감을 보완하고 강화해주는 자기-타인 내면화 과정에 끊임없이 관여한다. 관계는 단지 인간 실존의 부가물이 아니다. 관계는 실존 자체다. 만약 인간 존재가 자신이 누구인지 또한 자신이 이 세상 어디에 적합한지에 대하여 지속적인 감각을 유지하길 원한다면, 그들은 중요한 타자들과 의미 있는 관계를 형성할 필요가 있다. 게다가 관계가 지속될 것이라고 확신할 필요가 있다.

　그러나 만일 사람들의 자기 가치감이 너무 약하다면 어떻게 될까? 사람들이 의미 있는 관계를 만들어 나갈 수 있는 능력만이 아니라 관계를 지속시키는 능력에 대해서도 의문시한다면 어떻게 될까? 그러한 사람들에게 인간관계는 기껏해야 아주 사소한 문제다. 다른 사람들이 그들과 관계를 지속하려고 할 것이라는 것을 생각조차 할 수 없다. 결과적으로 삶에서 중요했던 인물들이 여전히 그들에게 관계되어 있음을 확실히 함으로써 방법을 찾는다. 그 결과가 "투사적 동일시"라고 말할 수 있는 성인 대상관계의 형태로 나타난다.

투사적 동일시

　대상관계이론에서 투사적 동일시는 한 개인이 특정한 상황에서 다른 사람들의 행동이나 반응을 유발하는 대인관계 행동유형이다. 이것은 일차적 동일시와는 다르다. 특히 이것은 일종의 표면적 반응과는 무관한 정신작용과 욕구다. 예를 들면, 적대감 투사에서 투사하는 개인은 사람들이 실제로 어떻게 느끼고 행동하는지와 관계없이 화가 나 있거나 까다롭다고 가정한다. 더 중요한 것은 투사가 발생한 상황에서는 어떤 면대면의 상호작용도 필요로 하지 않는다는 것이다. 이와 달리 투사적 동일시는 실제로 다른 사람들을 행동이나 정서적으로 조정하려 한다는 것이다.

　투사적 동일시는 내적 세계 밖으로 투사하여 그것이 대인관계 영역에서 작용하도록 하는 것이다(Grotstein, 1981; Racker, 1968; Sandler, 1987). 다른 사람의 투사 목표가 되는 사람들은 결코 투사가 일어나고 있다는 것을 알지 못할 수 있으나 그것이 투사적 동일시의 목표는 아니다. 투사적 동일시에서 투사대상자는 투사자의 투사적 환상에 반응할 뿐이다. 그것을 깨닫지 못한다면 투사대상자는 본의 아니게 투사를 하는 개인의 감정과 내적 표상의 저장소가 된다. 그 결과 "투사대상자는 투사자의 분출된 감정과 일치하는 방식으로 생각하고 느끼고 행동하도록, 그리고 투사적 환상 속에 체화된 자아 표상과 대상 표상과 일치하는 방식으로 생각하고 느끼고 행동하도록 압력을 받는" 관계에 놓이게 된다(Ogden, 1982, p.2).

따라서 적대감의 투사적 동일시에서 그 자신의 내부에 있는 적대감을 인식하지 못하는 남편은 그의 아내에게 끊임없이 적대감을 불러일으킬지 모르며, 분노를 일으키도록 그의 아내를 자극할지 모른다. 그는 집에 늦게 오거나, 집을 엉망으로 만들거나, 약속을 지키지 않을 수도 있다. 한계점에 도달하게 되면, 아내는 남편을 거칠게 대하고 남편은 엄청나게 화를 내는 것으로 반응한다. 두 사람은 그런 식으로 마무리를 하고 그 다음에 다시 싸움이 일어나기 전까지 부드럽게 넘어간다. 남편의 투사적 동일시는 아내가 한정된 방식으로 반응하도록 조정하는 역할을 한다.

투사적 동일시에서 핵심역동은 **유도성**이다. 투사적 동일시에 매어 있는 사람들은 미묘하지만 투사의 대상이 되는 사람들로 하여금 이미 정해 놓은 방식대로 행동하도록 유도하기 위해 강력하게 조정한다. 그것은 마치 한 개인이 또 다른 사람에게 그 개인의 내적 드라마—초기 대상관계들을 포함한—의 각본대로 행하도록 강요하는 것과 마찬가지다. 조정의 대상자는 투사를 하고 있는 사람이 부인한 측면을 동일시하도록 유도된다. 이것을 "투사적 동일시"라고 한다.

투사적 동일시를 구성하는 요인들과 투사적 동일시가 발생한 일련의 결과는 아마 세 단계로 그 과정을 가장 잘 기술할 수 있을 것이다. 첫 번째 단계는 나쁜 것으로 경험된 부분 혹은 내부에서 자기를 파괴하려고 위협하는 부분 때문에 자기의 일부분을 제거하고자 하는 소망이 중심이 된다. 이러한 소망은 투사적 환상의 형태를 취하는데, 투사적 환상 속에서 개인이 다른 인간존재 속에 자신의 일부분을 "가져다 놓고" 내부에서 그 개인을 통제하려고 한다. 이러한 환상은 매우 원시적이며 대상 이전의 사고과정의 잔여물이다.

다음 단계에서 투사적 동일시를 하는 사람은 투사대상자로 하여금 투사적 환상에 적합한 방식으로 행동하게 압력을 가한다. 이것의 목적은 투사대상자가 환상과 관련된 감정―복종적이 되거나, 지배적이 되거나, 성적으로 흥분되거나 등등―을 실제로 경험해서 그에 따라 행동하게 하는 것이다. 투사대상자에게 가해지는 그 압력은 환상이 아니다. 그것은 진정한 상호작용에서 나오는 진짜 압력이다. 정의상, 투사적 동일시는 행동적, 정서적인 상호교환이 있는 곳에서만 존재한다. 투사자와 투사대상자의 상호작용이 없는 곳에서는 존재하지 않는다.

마지막 단계는 투사대상자가 조정에 의해 유도된 감정들과 반응들에 반응하는 것이다. 투사대상자는 경우에 따라 이러한 감정을 참을 수도 있고 심지어 자신의 성격구조에 통합시킬 수도 있다. 또는 그들은 그 감정들을 투사한 사람과 새로운 방식으로 관계하기 위한 기반을 형성하는 데 사용할 수도 있다(Ogden, pp.17-20).

적어도 투사자가 희망하는 것이 발생할 것이다. 투사적 동일시를 하는 사람의 비밀스런 바람은 투사대상자에게 "맡겨진" 감정들이 관계를 향상시킬 것이라는 것이다.

분명히 이러한 소망은 투사적 환상의 일부분이며 거의 실현될 수 없는 것이다. 종종 투사적 동일시의 대상이 되는 사람은 이용당하고 조종당한다고 느낀다. 무엇이 일어나고 있는지 깨달았을 때 전형적인 반응은 화가 나거나 위축되는 것이다. 이것은 투사자의 원래의 신념(그의 부분이 나쁘고 바람직하지 않다라고 하는)을 확인시켜주고 병리를 지속시킨다. 이것이 긍정적인 결과를 가져올 수 없다고 말하려는 것이 아니라 적어도 정상적인 상황 하에서는 일어날 것 같지 않다는 것이다.

투사적 동일시는 개인 내부와 대인관계에 걸쳐 있는 강력한 관계 전략으로 보일 수 있다. 개인은 나쁘고 수용할 수 없는 것에 대한 내적 투쟁을 외부 존재에게 전환함으로서 다른 사람에게 무의식적으로 자기의 일부분을 투사한다. 그 희망은 좋은 세력이 더 우세해질 것이라는 것과 개인이 자신을 인간 존재로서 더 좋게 느끼게 될 것이라는 것이다.

거의 대부분 투사적 동일시가 관계에서 좋지 않은 결과로 끝나지만 그것들이 긍정적인 측면을 가지고 있다는 사실을 간과해서는 안 된다. 투사적 동일시는 자기 안의 병리적 갈등을 없애려는 진지한 노력을 나타낸다. 문제는 그들이 지속적인 관계에서 대가를 치르면서도 그렇게 하는 것이다. 결국 투사적 동일시는 환자의 병리를 연장하고 강화할 뿐이다.

왜 사람들이 그들 자신을 투사적 동일시의 목표가 되게 하는가? 왜 투사대상자들은 분노와 좌절로 끝나게 되는 조정에 자신을 내

맡기는가? 완전히 손을 쓸 수 없게 되기 전에 왜 탈출하지 않는 가? 때때로 그들은 그렇게 하기도 하는데, 깨어진 많은 관계들은 극한 상황까지 간 투사적 동일시의 결과다. 그러나 종종 그렇지 않기도 하다. 많은 개인들은 그들이 불안하고 우울하며, 만성적인 좌절을 겪고 있음에도 불구하고 투사적 동일시의 특징을 보이는 관계에 머물러 있다. 대개 그들이 머물러 있는 이유는 죄책감, 의 무감 혹은 외로움에 대한 두려움 때문이다.

그러나 사람들이 투사적 동일시의 특징을 띠는 관계에 머무르게 되는 또 다른 이유가 있다. 그리고 이것은 모든 투사적 동일시들이 투사대상자가 그 관계에 묶여 있게 만드는 강력한 명령—약속이나 위협—을 내포하고 있다는 사실과 관계가 있다. 모든 투사적 동일시는 그 칼날에 "등등"이라고 새겨져 있는 다모클래스의 칼을 가지고 있다. 심지어 이용당하고 조정당한다 하더라도 이것이 사람들을 관계에 머무르게 할 수밖에 없게 하는 숨겨진 위협이다.

투사적 유도성은 어느 정도 정상적인 관계에서도 발견될 수 있다. 정상적인 상황에서 사람들은 가장 가까운 사람들이 자신만의 독특한 자기들을 향상시키는 방식으로 행동하게 유도한다. 그러나 그 과정에서 자신들이 "사용되도록" 허용한다. 건강한 상호작용은 관계의 향상을 양방향으로 보는 암묵적인 대응 위에 이루어진다. 병리적인 상호작용에서는 보통 한 사람만이 이익을 얻고 결과적으로 다른 쪽은 이용당한다고 느낀다.

오그덴(1982)은 투사적 동일시에 내포되어 있는 비밀스런 메시지와 은근한 위협은 어머니가 자신의 병리에 유아가 순응하도록 압력을 가하는 시도와 비슷한 것이라고 제안한다. 가장 결정적인 위협은 유아가 어머니의 요구에 따르지 않는다면 어머니에게 아이는 더 이상 존재하지 못한다는 것이다. 어머니의 행동과 정서적인 반응을 통해 그녀는 다음과 같이 이야기한다: "내가 요구하는 대로 하지 않는다면, 너는 나에게 필요 없다."

부모에 의해 학대당한 아이들이 이후 삶에서 자신을 학대자로 만드는 것처럼, 아동기의 위협 속에서 투사대상자들이 된 아이들은 그들이 성인이 되었을 때 위협을 사용하게 된다. 그러한 개인들의 상호작용 양식은 중요한 개인들이 그들과 함께 관계 속에 머물도록 강요하는 비언어적인 메시지들을 포함하는 경향이 있다. 이러한 강요적인 위협에는 "메타커뮤니케이션"이라고 알려져 있는 숨겨진 메시지들이 종종 포함되어 있다.

현대의 의사소통이론은 사람들간에 발생하는 것을 대부분 "의사소통"과 "메타커뮤니케이션"이라는 측면에서 기술할 수 있다고 제안한다. 의사소통 수준에서 우리는 많은 인간 상호작용을 구성하고 있는 행동적 메시지들 혹은 직접적인 의사소통들을 발견할 수 있다. 대부분의 의사소통은 본질상 언어적이며 사람들이 만들어 놓은, 예를 들면, "미안하지만 쓰레기 좀 버려주시겠어요?"와 같은 실제적인 요구들과 요청들로 이루어진다. 한편 메타커뮤니케이션 수준은 비언어적으로 작용하며 이해하기에 좀더 어려운 메시지들로 구성되어 있다. 이 수준에서 보통 우리는 "당신의 삶을 비참하게 만들겠어."와 같은 메시지를 발견한다. 자주 메타커뮤니케이션 수준은 관계의 정서적 특징을 정확하게 표현하고 있다.

메타커뮤니케이션은 그것들이 다양한 투사적 동일시 이면에서 압력을 행사하기 때문에, 특히 병리적인 관계에서 드러난다. 예를 들면, 의존적 투사적 동일시는 "나를 보살펴라." 혹은 "나에게 무엇을 해야 하는지 말해주시오."와 같은 형태를 취하는 의사소통 수준의 메시지를 포함하고 있다. 이러한 메시지 밑에 숨어 있는 "메타커뮤니케이션"은 더욱더 불길한 "그렇지 않으면 나는 사라질 것이다."와 같은 메시지들을 전달한다. 따라서 한 개인은 그가 무엇에 빠져 있는지 깨닫지 못하면서 관계에서 표면적인 의사소통에만 반응할지 모른다. 관계에서 한 사람이 무의식적으로 숨겨진 메시지에 반응하도록 조정당하는 만큼 관계는 불건강한, 즉 병리적 성격을 띠게 된다.

투사적 동일시들은 대부분 생의 초기에 발생했던 왜곡된 대상관계의 병리적 결과다. 이러한 관계들은 본질상 대개 전 언어적이며 의식적인 것이 아니기 때문에 종종 정확한 특성을 알아내기 어렵다. 그럼에도 우리는 여전히 각각의 투사적 동일시와 서로가 관련되어 있는 서로 다른 의사소통 유형에 의하여 다양한 투사적 동일시를 확인할 수 있다.

이제 네 가지의 중요한 투사적 동일시 유형들—의존적 투사적 동일시, 힘의 투사적 동일시, 성적 투사적 동일시, 그리고 환심을 사려는 투사적 동일시—을 특징적인 의사소통과 메타커뮤니케이션으로 기술할 것이다. 이것들은 초기 병리적 대상관계의 파생물이다. 각각은 개인들이 병리적으로 그들의 관계를 어떻게 만들어가는지 임상적으로 확인하는 방법을 보여주고 있다.

투사적 동일시 : 의존성

성인 대상관계에서 나타나는 의존적 투사적 동일시의 특징은 여러 형태로 만성적인 무기력을 호소하는 것이다. 이런 식으로 다른 사람들과 관계를 맺는 사람들의 상호작용은 다음과 같은 표현이 두드러진다.

> "당신은 어떻게 생각하세요?"
> "내가 뭘 해야 할까요?"
> "날 도와줄 수 있어요…?"
> "나는 이것을 혼자 처리할 수 없을 것 같아요."

  이러한 형태의 투사적 동일시를 사용하는 사람들은 의사결정을 해야 할 때마다 혹은 어떤 독립적인 행동을 취해야 할 때마다 다른 사람들을 쳐다본다. 우리는 종종 그들이 해야 할 일들을 할 수 있는 것처럼 보이기 때문에 그들의 요청을 받아들이지 않는다. 대개 이러한 지각은 진실과 동떨어져 있는 것이 아니다. 의존적 투사적 동일시를 사용하는 사람들은 대부분 매우 지적이고 많은 자원을 가지고 있다. 대인관계에서 이러한 형태의 조종을 사용하는 것은 실제 또는 진정한 욕구와는 관계가 없다. 대신에 그것은 내적 동기에 의해 유발된 대인관계 스타일을 보여주는 것이다.
  그것에 적합한 한 사례가 개인치료를 받으러 왔던 베티나란 여성이다. 두 명의 아이를 둔 베티나는 전기기술자인 톰과 결혼했고 지역 정치활동에 적극적이었다. 치료를 시작할 때 그녀는 지역 의회의 위원이었으며, 여성유권자연맹에서 상당한 위치에 있었다. 그녀가 치료에 온 이유는 남편이 자신을 떠날 것 같은 두려움이 점차 커지는 것 때문이었다. 남편이 이 사실을 부인함에도 불구하고 그녀는 남편이 얼마 안 있으면 떠날 것이라고 확신하고 있었다.
  첫 회기부터 베티나가 영리하며 능력 있는 사람임이 드러났다. 그녀는 명문대학을 우수한 성적으로 졸업했으며, 예술·경영 분야

에서 석사학위를 받았다. 그녀는 집에서 일어난 문제를 제외하고
는 대부분의 문제들을 다룰 수 있는 능력이 있는 것처럼 보였다.
문제는 베티나가 아주 사소한 것이라도 남편의 조언 없이는 의사
결정을 할 수 없다는 것에 있었다.

베티나가 혼자서 해내야만 하는 일들이 그녀를 꼼짝 못하게 만
들었다. 만약 수도꼭지가 망가졌다면 그녀는 배관공을 불러 고치
기 전에 남편을 찾아야 했다. 아이들의 학교일—급하게 계획된
여행허가와 같이 사소한 일조차도—에 대한 결정을 해야 할 때도
남편과 상의하지 않으면 결정하지 못했다. 그녀는 남편의 사무실
로 자주 전화를 해서 찾곤 했는데, 사소한 문제의 조언을 얻기 위
해 중요한 회의를 방해하곤 하였다. 어떤 날은 하루에도 두세 번
씩 전화를 한 적도 있었다.

남편은 비교적 느긋했기 때문에 처음에는 아내의 행동에 대해
크게 문제삼지 않았다. 결혼 초 몇 년 동안은 그가 바쁘지도 않았
고 아내의 행동이 그렇게 귀찮은 것으로 생각되지 않았다. 그러나
해가 갈수록 그녀가 그의 생활을 방해하는 것에 점점 더 화가 나
게 되었다. 베티나의 말에 의하면, 그는 점점 더 자주 그것에 대해
말하게 되었지만, 그녀는 그의 말을 무시했고 오히려 그가 너무
많은 일을 해서 지친 것이라고 주장했다고 했다.

결과적으로 톰의 인내심이 한계에 도달했고, 그는 심하게 분노
를 터뜨렸다. 그 점에 대해서 그는 베티나가 마치 두 살난 아이처
럼 행동한다고 비난했다고 한다. 그녀는 심각한 상황을 직면하고
자신이 변할 것을 약속했다. 그러나 그녀는 동일한 패턴을 반복하
고 있었다. 그 문제는 결혼생활에 타격을 주고 있었고, 아마도 그
래서 베티나가 도움을 받아야겠다는 현실적인 결정을 내리게 된

것 같았다.

베티나의 행동은 의존적 투사적 동일시를 보이는 사람들의 성격적 특성을 잘 보여주고 있다. 그들은 자신이 스스로 할 수 있다는 것을 믿지 않는다. 항상 무기력감을 느끼지만 표면적으로는 매우 경쟁적인 사람처럼 보인다. 그런 사람들은 특히 친밀한 사람들과의 관계에서 성공하려면, 자신이 혼자 살아갈 수 없다는 것을 사람들에게 믿게 만드는 능력을 가지고 있어야 한다고 확신한다. 결과적으로 그들은 정서적으로 어린아이와 같은 태도를 취하며, 사람들이 그들을 돌봐주도록 만든다.

의존적 투사적 동일시를 구성하는 구체적인 메시지나 의사소통으로는 조언 구하기, 지도 요청하기, 그리고 표면적으로는 해가 없어 보이는 도움을 구하는 표현들이 포함된다. 대개 환자들은 누군가—배우자 혹은 친구, 정신적 지도자 혹은 때때로 치료자—를 목표로 삼아 그 사람에게 도움과 지지를 얻기 위해 의지한다. 표면적으로 그것들 모두 무해하고 자비로운 것처럼 보인다. 그러나 이 모든 것 밑에는 매우 악성적인 메타커뮤니케이션이 있다. 그 메시지에 전형적으로 담겨 있는 내용은 "나는 혼자 힘으로 살아갈 수 없다."란 형태를 취한다. 의존적 투사적 동일시를 사용하는 개인들은 만약 필요로 하는 도움이 이루어지지 않는다면 극단적인 결과가 발생할지 모른다고 사람들에게 확신시키고자 한다.

이것의 결과는 무엇일까? 메타커뮤니케이션 속에 만들어진 "그 외의 것"의 특성은 무엇인가? 하나는 통제력의 상실이다. 의존적 투사적 동일시를 사용하고 있는 사람들은 짜증, 히스테리컬한 울음, 그리고 그들의 세계가 무너지고 있다는 것을 알리는 분노폭발을 보여준다. 또 다른 일반적인 반응은 우울증이다. 투사하는 사람은 혼자 남겨졌다고 느끼며, 관계에서 철수하여 절망하게 된다. 자살하겠다고 말하거나 심지어는 실제로 자살을 기도한다. 사실 이러한 자살기도는 그들이 "혼자 힘으로" 할 수 없다는 결정적인 증거를 제시하는 것으로, 메타커뮤니케이션에 포함된 내적인 위협을 표현하는 가장 좋은 방법이다.

　의존적 투사적 동일시는 분명히 수많은 정신과적 증상을 포함하고 있다. 가장 분명한 예는 심각한 주요 우울증 사례에서 볼 수 있는데, 이 경우 환자들은 옷을 입거나 먹는 것과 같은 기본적인 일조차도 할 수가 없다. 이러한 일이 발생했을 때 친구들, 친척들, 그리고 간호사들은 환자가 일상적으로 해오던 자기를 돌보는 기능을 떠맡아 하게 된다. 우리는 그러한 사례에서 초기 유아-양육자 관계가 재구성되는 환자와 다른 사람들과의 관계 형식을 볼 수 있게 된다.

　또 다른 좀더 미묘하면서도 분명한 의존적 투사적 동일시를 나타내는 사례를 아래 기술된 여성에게서 볼 수 있는데, 그녀는 심각한 불안반응장애로 정신과에 오게 되었다:

성공한 변호사를 남편으로 둔 26세의 한 여자가 "신경과민"에 걸렸다고 불평하면서 정신과에 왔다. 그녀는 산산조각날 것 같다고 말했다. 그녀는 혼자 남겨질까봐, 비명을 지를까봐, 뛰쳐나갈까봐, 자살을 할까봐 두려워했다… 한번은 남편이 그녀를 남겨두고 시내에 나갔던 어느 날 한밤중에 이러한 발작이 일어났다. 그녀는 격렬하게 울면서 몸을 흔들고 깨어나 "나는 여기에 아픈 채 혼자 남겨졌으며 남편은 떠나고 아무도 내가 누구인지 모른다."는 두려운 생각에 휩싸였다 (Cameron & Magaret, 1951, p.307).

불안이 그녀를 너무나 무력하게 만들었기 때문에 결국 병원에 입원하게 되었다. 그 환자의 남편에 대한 극도의 의존성은 입원 중에 더 분명해졌다. 남편에 대한 극단적인 의존적 행동에는 그녀가 그 없이 혼자서는 살 수 없다는 느낌이 표현되어 있었다. 만약 남편이 그녀를 돌보기 위해 거기에 있지 않다면 그녀의 존재감 전체가 흔들리게 될 것이다("아무도 나를 모른다"). 입원해 있는 동안 줄곧 도망치는 것에 대해 생각한다고 했는데, 어디로 갔을 것 같으냐고 물으면 그녀는 "아마 남편의 사무실"로 갔을 것이라는 대답을 했는데, 이 점 또한 그녀의 의존성에 대해 말해주는 것이다 (p.309).

의존적 투사적 동일시가 중요한 역할을 하는 것처럼 보이는 또 다른 증상은 광장공포증이다. 이러한 장애로 고통받는 사람들 대부분이 가정주부라는 흥미있는 인구통계학적 특징을 갖고 있다. 그러나 이들은 평범한 가정주부들은 아니다. 그들은 결혼과 아내의 정체성에 전적으로 자기를 투신하고 있는 여성들이다. 그들은 강하게 남편과 연결되어 있다. 그들의 관계는 의존성에 깊이 뿌리박혀 있는 것처럼 보이며, 항상 그들 주변의 누군가를 돌보는 데 상당한 에너지를 소비하고 있다. 그들이 위협받는다고 느낄 때면 언제든지 남편이 돌보는 역할을 하도록 만든다. 극단적인 경우, 이것 자체가 광장공포증을 유발하며, 글자 그대로 그들은 혼자 집 밖으로 나갈 수가 없다.

그 사람이 우울증이든 불안반응으로 고통을 받든 또는 광장공포증 증상을 갖고 있든 간에 의존적 투사적 동일시를 사용하는 것은 관계를 구조화하고 유지시키는 하나의 방법이 된다. 의존적 투사적 동일시를 사용하는 환자들은 재정적인 문제(새 차를 사는 것, 돈을 투자하는 것)에서부터 읽을 책이나 볼 영화의 종류에 대한 것에 이르기까지 치료자에게 조언을 해달라고 자주 졸라댄다. 나의 환자 중 한 명은 자기-조력에 관한 심리학 책들에 빠져서 어떤 책이 그녀에게 가장 도움이 되는지 조언해달라고 졸랐다. 내가 거절하자 그녀는 화가 나서 악담을 퍼부었다. 때때로 별것 아닌 것처럼 보이는 요구도 치료자를 의존적 상호작용에 끌어들이려는 위장된 시도일 수 있다.

의존적 투사적 동일시의 대상들이―그것이 치료자이든 환자의 생활 속에 있는 다른 사람들이든―도움이나 충고를 제공하는 정도에 따라 투사적 동일시는 활성화된다. 이것은 투사적 환상을 영속시키는데, 동일시의 목표가 되는 사람들은 실제로 돌볼 필요가 없는 사람들을 돌보는 별볼일 없는 입장에 있는 자신을 보게 된다. 그러나 결국에는 이것으로 인해 사람을 잃게 된다. 모든 것을 일방적으로 주는 관계를 유지한다는 것은 상당히 힘든 일이다. 의존적 투사적 동일시의 목표가 되는 사람들은 결과적으로 에너지가 고갈되거나 착취당한다고 느끼게 된다. 의식적으로든 무의식적으로든 그들은 어머니만이 해줄 수 있는 일들을 제공해 줄 것을 요구받는 관계 속에 빠지게 된다.

대부분의 다른 투사적 동일시와 마찬가지로 의존적 투사적 동일시 또한 개인의 초기 대상관계에 기원을 두고 있다. 우리가 예상하듯이 충고와 지도는 이러한 관계에서 보이는 어머니-아동 상호작용의 두드러진 특징들이다. 예를 들면, 베티나는 그녀가 비록 어머니와 자신이 매우 친밀했다는 점을 기억해낼 수 있었지만 아주 어린시절에 대해서는 희미한 기억들만을 가지고 있었다. 그러나 그녀는 사춘기 직전에 있었던 중요한 사실들을 기억해낼 수 있

었다. 특히 어머니가 끊임없이 그녀에게 해야 할 것에 대해 얘기
했던 것, 그리고 심지어 그녀의 삶에서 결정해야 할 사소한 선택
들까지도 조언했다는 것을 기억해낼 수 있었다. 이것들은 "알맞
은" 옷을 선택하는 것에서부터 그 옷에 어울리는 치장을 하는 것
에 이르기까지 관여되어 있었다.

베티나의 설명에서 놀라운 부분은 베티나가 기억하기에, 그녀가
성장함에 따라 "공중에 떠 있는 헬리콥터"처럼 그녀를 따라다니
며 조언하는 어머니의 태도가 감소하기는커녕 더 증가했다는 점
이다. 베티나가 나이가 들어감에 따라 그녀는 남자친구만이 아니
라 여자친구를 선택할 때도 어머니의 조언을 구했다. 다소 당황스
러워하면서 베티나는 톰과의 결혼이 자신의 결정보다는 어머니의
결정에 의해 이루어진 것이라는 것을 인정했다. 성장기 전반에 걸
쳐 베티나는 자신의 판단을 믿을 수 없고, 스스로 결정을 내릴 수
없다고, 미묘하면서도 때로는 너무나 노골적으로 가르쳐졌다.

다양한 투사적 동일시들 가운데 발견한 한 가지는, 해결되지 않
은 의존성에 뿌리를 두고 있는 것들이 가장 우세한 것처럼 보인다
는 것이다. 의존성이 초기 아동기의 기반임을 생각한다면 이것이
그리 놀랄 일은 아니다. 만일 생의 초기 동안에 무엇인가 잘못되
어 가고 있다면, 대부분은 아이들의 어머니에 대한 초기 의존성의
맥락에서 발생할 것이다.

위니컷의 "충분히 좋은 어머니"는 아이 안에 의존적 투사적 동
일시의 감정을 심어주는 어머니와는 반대다. 충분히 좋은 어머니
는 단순히 만족시켜주는 대상이 아니라 아이의 욕구를 선택적으
로 좌절시킬 수 있는 사람이다. 위니컷은 다음과 같이 쓰고 있다:

충분히 좋은 어머니는… 유아의 욕구를 거의 완전하게 충족시키는 것
에서 시작하여, 시간이 흐르면서 어머니가 주는 좌절을 다룰 수 있는
유아의 능력이 성장해 감에 따라 점점 덜 완전하고 점진적으로 충족
시켜준다(1971, p.10).

결정적인 과도기 단계에서, 충분히 좋은 어머니는 아이에게 반
응하지 "않음으로써" 아이의 자율성을 잘 격려한다.

초기 아동기의 중요한 역설은 자율성이 매우 의존적인 관계에서
자라난다는 점이다. 건강한 어머니-아동의 상호작용에서 아이의
자율적인 행동은 환영받고 칭찬받게 된다. 건강하지 못한 상호작
용에서는 같은 행동이 정서적으로 철수되고 처벌받고, 심지어 버
림받는 결과까지 낳게 된다. 이것은 마치 어머니가 아이가 약하고
절박할 때만 아이를 돌봐주는 것과 같다. 그리고 아이가 약하고
절박하게 반응하는 만큼 어머니는 줄 수 있는 어떤 사랑이나 애정
을 베푼다. 이런 종류의 경험을 통해 아이가 배우게 되는 것은 좋
은 것(사랑받고 수용받고 그것이 유지되는 것)이란 약하고 무력하게
되는 것이라는 것이다. 이것은 내적 자기-대상 표상과 자기의 통
합된 부분을 구별하는 특징이 된다. 그것이 내적 세계의 한 부분
이 될 때 그것은 외적 상호작용의 기초를 만든다. 그렇게 되면 그
런 사람들은 "무력함"이라는 주제가 지배적인 관계를 찾게 된다.

의존적 투사적 동일시를 사용하는 사람들은 때때로 다른 사람들
을 돌보는 것이 삶의 목적인 사람을 찾는다. 만일 그들이 그런 사
람을 찾게 된다면, 모든 것이 순조롭고 좋을 것이다. 반면, 다른
사람들과의 상호작용이 양육자-아이의 특징을 만드는 데 실패한
다면, 그들은 그들 스스로 이런 종류의 관계를 다시 만들어내고자

할 것이다. 이것이 의존적 투사적 동일시가 성취하고자 하는 것이다. 이런 방식으로 관계를 하는 사람들은 가장 가까운 사람들을 양육자가 되도록 만들기 위해 그들 생의 대부분을 보내는데, 왜냐하면 이런 종류의 상호작용이 관계를 지속하는 토대를 형성한다고 믿기 때문이다.

투사적 동일시 : 힘

힘의 투사적 통일시는 지배와 통제가 관련되어 있는 내적 싸움에 근거를 두고 있다. 싸움은 수용 가능성과 좋음의 주제와 연결되어 있는 힘에 대한 초기 대상관계에 뿌리를 두고 있다. 그것은 대인관계 영역에서 약하고 무능력하다는 감정을 유발하는 식으로 드러난다.

이런 종류의 투사적 동일시를 사용하고 있는 사람들의 행동을 조사해보면 다음과 같은 형태의 말을 하는 것을 볼 수 있다:

"내가 말하는 대로 정확하게 해라."
"나를 따르라."
"이렇게 해."
"내 명령에 복종해라."

이런 종류의 의사소통들의 전반적인 목적은 투사대상자가 복종적인 역할을 할 수밖에 없는 관계를 만들어내는 데 있다. 이 관계에서 일어나는 것이 무엇이든 간에 힘과 통제가 지배적인 주제이다.

힘의 투사적 동일시의 예는 11살 난 딸 멜라니와 관련된 문제 때문에 처음 의뢰된 부부간에 일어난 상호작용에서 볼 수 있다.

멜라니는 며칠 학교를 빠지고 나서 결석사유서를 위조해서 제출한 것으로 보였다. 또한 그녀는 가게에서 도둑질하다 잡혔다. 부모를 알고 있는 상점 주인은 멜라니가 가게에서 작은 물건들을 가져갔다고 말했다. 그녀가 어떤 때는 색깔이 있는 구두끈을 훔치려다 잡혔고 또 어떤 때는 플라스틱 머리핀을 훔치려다 잡혔다고 했다. 상점 주인이 가족의 친구였기 때문에 그는 경찰에 알리는 것과 같은 엄격한 조치를 취하기 전에 부모에게 먼저 주의를 주기로 결정했다.

처음에는 멜라니와 부모가 무슨 일이 일어났는지 함께 시시비비를 가리려는 것처럼 보였다. 처음에 소녀는 도둑질을 부인했지만 어머니가 상점 주인과 만나게 하겠다고 위협하자, 자백하게 되었다. 몇 회기 후에 멜라니가 비행청소년이 아니었음이 분명해졌다. 그녀의 행동은 부모들 때문에 고통받고 있다는 사실을 알리려는 한 가지 방법이었다. 가족 내에서 고조된 부부 갈등의 긴장으로 인해 부모들을 각각 만나기로 결정하였다. 아버지는 이러한 결정에 대해 만족해하지 않았지만 "만일 멜라니에게 도움이 된다면"이라고 하면서 아내와 함께 만나는 것에는 동의했다.

멜라니의 부모들이 치료 상황에서 서로 상호작용하는 방식을 통해 아버지가 관계에서 시배석이라는 것을 볼 수 있었다. 그는 아내보다 나이가 좀더 많고 전에 결혼을 한 번 했었으며, 이 결혼생활을 잘해 나가려고 노력하였다. 결혼을 성공적으로 만들겠다는 결심이 아내의 생활을 전적으로 통제하게 했다. 예를 들면, 아내가 어떻게 집안을 꾸려가는지 모든 면에서 실제적으로 감독해야 한다고 확신하였다. 그는 집안청소에 대해 잔소리를 했고, 책을 정리하는 것에 대해 고쳐주었고, 심지어는 시장에 가기 전에 쇼핑

목록까지도 점검했다. 그녀 스스로 아무것도 할 수 없다고 믿는 것이 분명했다.

부부치료가 진행되면서 부부관계가 탐색되었으며 부부 상호작용의 특징, 특히 치료실에서 일어났던 상호작용을 다루었다. 치료 회기 동안 나는 종종 아내가 해야 할 답을 대신하는 남편을 저지시켰다. 그녀는 습관적으로 남편을 따르고 있었기 때문에 그녀가 스스로 말을 하도록 하는 데 상당한 노력을 기울여야 했다. 치료가 진전됨에 따라 아내는 느리지만 좀더 주장적으로 되어갔고, 남편의 말에 반박하기 시작했다. 또한 그녀는 남편의 대변자가 아니라 자신도 한 인간으로서 권리를 갖고 딸과 좀더 관계하기 시작했다고 말했다.

아버지는 이 모든 것을 편안하게 받아들일 수 없었다. 그는 치료에 참여하지 않기 위해 핑곗거리를 찾기 시작했다. 내가 치료 초기에 그들이 함께 오지 않으면 안 된다는 것을 조건으로 명시했기 때문에 몇 회기를 건너뛰어야 했다. 한 회기에서 그는 내가 그의 결혼생활을 방해하고 있다고 불평하면서, 만약 내가 물러서지 않으면 함께 치료받으러 오지 않겠다고 위협했다. 그의 아내는 만약 남편이 그렇게 한다면 그를 떠나겠다고 했다. 그는 그녀를 비웃었지만, 그녀가 자신이 말한 대로 행동할 수 있을 정도로 적극적인 의지를 가지고 있었기 때문에 그는 한 발 뒤로 물러났다. 그녀의 진심이 매우 분명해지자, 그는 "계속해봐, 당신이 떠난다면 어떤 일이 일어날지 생각해봐. 당신 혼자서는 할 수 있는 일이 없을 걸."이라고 대응했다. 그는 잠시 말이 없다가 "당신 일주일 안에 나한테 네 발로 기어와서 돌아오게 해 달라고 빌게 될 걸."이라고 덧붙였다.

이 결혼에 대해 말할 수 있는 것이 무엇이든 간에 이것은 힘의 투사적 동일시를 보여주는 대표적인 사례였다. 이러한 유형의 투사적 동일시에 기초한 관계에서 보이는 직접적인 메시지들은 전형적으로 명령하기, 비난하기, 그리고 투사적 환상의 대상이 된 사람의 능력에 도전하기 등이다. 표면적인 메시지 이면에 있는 메타커뮤니케이션은 "너는 나 없이는 살 수 없어."다.

이것이 모든 힘의 투사적 동일시 밑에 깔려 있는 감추어진 위협이다. 이 부부에게서는 관계의 존립 자체가 위협받는 상황에서 그 사실이 표면화되었다. 그러나 그것은 아마도 결혼생활 초부터 시작되어 내내 계속되어왔으며, 아내가 혼자서는 기능할 수 없는 사람이라는 것을 믿게 만들곤 해왔을 것이다.

아마도 힘의 투사적 동일시는 의존적 투사적 동일시의 반대임이 분명하다. 후자의 경우 투사적 동일시가 투사대상에게 보호자의 역할과 책임을 부여하는 반면, 전자의 경우는 투사대상자가 돌봄을 받거나 보호받을 필요가 있음을 확신시키기 위해 노력한다. 위의 투사적 동일시 둘 다 자신의 내적 대상관계에서 생긴 미해결된 갈등을 다루기 위해 외부 관계를 조정하려고 한다는 점은 비슷하다. 그러나 의존적인 경우의 의사소통이 "나를 돌보아라."라는 신호를 보내는 것이라면, 힘의 의사소통의 경우는 "너는 내가 돌봐야만 해."란 신호를 보내고 있다는 측면에서 다르다.

결혼만이 유일하게 힘의 투사적 동일시가 드러나는 장면은 아니다. 남편과 아내는 정서적으로 신체적으로 가깝기 때문에 결혼은 참여자의 초기 대상관계에서 존재했던 장애물들이 무엇이든 그것들을 더 크게 만드는 경향이 있다. 그러나 힘의 투사적 동일시가 남자와 여자 관계의 본질을 얼마나 파괴하기 쉬운지를 보여주는 수많은 사례들이 있다.

여성혐오증이 있는 남자들에 대한 연구에서 수잔 포워드(Susan Forward, 1986)는 극악하면서도 너무나 일반적인 모든 것을 보여주는 사례를 제시하고 있다. "여자들을 증오하는 남자들"에 대한 그녀의 연구는 상당히 많은 남자들이 그들과 관계된 여자들을 학대하기 위하여 관계를 맺는 일정한 방식을 보여준다. 이러한 학대는 암암리에 이루어지는 위협에서부터 신체적 폭행에 이르기까지 광범위하며, 종종 무자비한 비난과 악의에 찬 언어적 공격이 포함된다. 역설적이게도 "그 남자들을 사랑하는" 여자들은 이러한 남자들의 행동을 용서한다.

이러한 파트너들간의 상호작용을 살펴본 포워드의 연구에서 드러난 것은 그들의 관계가 남자가 여자를 지배하고 제압하지 않으면 안 되는 강력한 힘의 역동에 의해 부추겨진다는 점이다. 그것의 핵심적인 요소는 통제하는 것이다: "여성혐오증인 사람은 상대 여자가 생각하고 느끼고 행동하는 방식과 그녀와 관계된 사람과 일 등을 통제해야만 한다." 포워드는 이러한 남자들은 여자들이 그들을 버림으로써 그들을 파괴할 것처럼 느낀다고 주장한다. 이러한 두려움을 없애기 위해 그들은 여자들이 힘을 발휘할 수 없게 만들어야만 한다. 만약 여자가 약하고 무력하다면 어쩔 수 없이 그에게 의존하게 될 것이기 때문이다. 포워드의 기술은 힘의 투사적 동일시의 기초인 노예-주인 관계를 본질적으로 묘사하고 있다.

성역할이 일차적 요인이 아닌 관계에서 유사한 투사적 동일시를 볼 수 있다. 예를 들면, 공동의 삶은 힘의 불균형이 어떻게 관계의 파국을 초래하는지―그리고 또한 생산적인 능력에 어떻게 영향을 미치는지에 대한 풍부한 사례들을 포함하고 있다. 모든 조직체는 책임을 위임할 수 없을 것 같은 중간관리자들과 중역들이 서로 책임을 나누고 있다. 그런 사람들은 항상 부하직원들이 "제대로 일을 할 수 없는 것처럼" 보고, 그들을 마치 거의 능력이 없는 것처럼 대우한다. 많은 조직체 자문회의는 힘의 투사적 동일시가 유리한 위치를 얻는 것처럼 보이는 제도적 관계를 해결하려는 데 초점을 두고 있다.

힘의 투사적 동일시의 기원은 의존적 투사적 동일시의 기원과 마찬가지로 초기 대상관계에서 찾아볼 수 있다. 이러한 발달을 가져오는 특별한 상호작용들은 양육자가 아이를 돌볼 수 없다는 식으로 의사소통하는 것이다. 대신에 그들은 그들이 돌봄을 받을 필요가 있다고 말한다. 이러한 역전은 부모와 아이 간에 정상적인 돌봄관계를 뒤집어, 역설적이게도 아이를 부모의 대리자 위치에 놓게 된다.

가족치료에서 이런 종류의 패턴을 "부모화된 아이"(Boszormenyi-Nagy & Spark, 1984; Karpel & Strauss, 1983; Minuchin, 1974)라고 한다. 부모화된 아이들은 그들을 정서적으로(때로는 신체적으로) 돌볼 수 없는 부모를 돌보는 역할에 떠밀려진 아이들이다. 보조메니-네기와 스파크가 "아이의 인격은 먼저 상상의 어른의 인격으로 변형되어야만 한다."(p.152)고 한 것처럼, 이것은 심리적으로 큰 혼란을 야기시킨다.

이런 종류의 유형은 종종 알코올중독자 가정에서 볼 수 있다. 그런 가족 안에서는 부모 중 적어도 한 명은 전형적으로 대부분 자신을 돌볼 수 없다. 성장과정에서 아이는 자신과 가장 가까이에 있는 사람들은 약하고, 만일 무능하지 않다면, 믿을 수 없다는 것을 배우게 된다. 결과적으로 아이는 자신을 돌보아야 할 뿐 아니라 부모 또한 돌보아야만 한다.

부모화된 아이들이 있는 가족에서 좋고 긍정적인 자기 존중감을 찾아보기 어려운 것은 그리 놀랄 만한 일이 아니다. 부모화된 아이들은 자신에게 일어난 일을 조절할 때에만 능력감과 자기-가치감을 느낀다. 성공을 확신하기 위해 아이는 "작은 부모"가 되어서 모든 일이 제대로 이루어지게 하는 책임을 진다. 이것은 부모가 하루에 제대로 된 식사를 두 번이나 세 번은 했는지에서부터 밤에 잠자리에 드는 일을 확인하는 것까지 광범위하다. 마치 아이가 너무 일찍 미래로 내몰려져 늙은 부모를 돌보는 것과 같다. 이런 부모들은 늙었기 때문이 아니라 단지 그들 스스로를 돌볼 수 없기 때문이다.

알코올중독자 가정이든 아니든 부모화는 아주 잘 발달된 힘의 투사적 동일시의 모습이다. 그것은 아이에게 양육자로서 행동하기를 요구하기 때문에, 아이는 비교적 성숙한 발달 수준에 도달해야만 한다. 일곱 살의 아이는 부모에게 잠자리에 들기 전에 옷을 벗으라고 가르칠 수 있지만 유아는 그렇게 할 수 없다. 그럼에도 불구하고 구체적인 부모화 행동과 관련되어 있는 기대나 감정의 형태가 훨씬 초기에 경험했던 감정을 반영하고 있다는 점은 누구든 쉽게 가정해볼 수 있다. 알코올중독자 부모가 하룻밤 사이에 알코올중독자 부모가 되는 것은 아니다.

힘의 투사적 동일시의 발달을 가져오는 초기 유아-어머니 상호작용의 또 다른 유형은 무력하기보다는 철수되어 있거나 가용하지 않은 어머니들과 관련되어 있다. 포워드는 여성혐오증을 가지고 있는 남자들의 초기 대상관계 유형이 어머니가 사랑과 애정을 철회해서 아이에게 마치 원치 않는 존재가 된 것 같은 감정을 느끼게 만드는 것과 같다고 주장하고 있다. 버려짐에 대한 두려움은 아이의 머리에 남아 절박한 불쾌감을 느끼게 만든다. 이러한 감정들을 다루기 위해 아이는 환상을 통해 어머니의 행동을 조절하려고 애쓴다. 성인기에 그러한 개인들은 여성과의 관계에서 통제 환상들을 나타낸다. 그들은 그들 주변에 있는 여성들이 스스로 기능하는 것에 대해 부적절감과 두려움을 느끼게 만들어서 그들이 버려지지 않을 것임을 확신한다.

　힘의 투사적 동일시가 치료장면에서 어떻게 작용하는지에 대한 일례를 셀리아란 환자에게서 볼 수 있다. 전문가로서 치료자가 본 셀리아는 주지화하는 경향이 있으며 끊임없이 치료에서 일어나고 있는 것을 성찰하곤 했다. 그녀는 나의 말에 "훌륭한 해석이에요. 정말 잘 알아맞추시네요."라고 대답하곤 했다. 어떤 때는 그녀가 "그건 정확하지 않아요. 제가 한 말을 충분히 생각하시지 않는 것 같네요."라는 식으로 말하곤 했다. 때때로 나는 내가 대학원생으로 되돌아가 있고, 이상하게 환자가 내 슈퍼바이저들 중 한 사람이 된 듯한 감정을 느낄 때가 있었다.

　치료에서 힘의 투사적 동일시가 존재한다는 단서는 치료를 하는 동안 비판이 만연한 데서 찾아볼 수 있다. 셀리아처럼 어떤 환자들은 치료자의 개입에 대해 옳다, 그르다라고 날카롭게 비평한다. 그들은 만일 그들이 담당하고 있다면 일을 어떻게 더 효과적으로 할 수 있는지 알고 있는 것처럼 느끼는 것 같다. 어떤 환자들은 주변의 사소한 것들이나 심지어 치료자의 옷차림에 대해서도 언급한다. 내 환자들 중 한 명은 나에게 치료과정에서 "선생님은 옷을 골라줄 사람이 필요한 것 같아요."라고 말했다. 아마 그럴지도 모른다. 그러나 피그말리온과 같은 특징을 지닌 환자의 말은 그녀가 내게 도움이 되는 단순한 충고 이상을 하고 있음을 나타낸다.

힘의 투사적 동일시 속에 있는 메타커뮤니케이션의 "당신은 혼자 힘으로 생존할 수 없다(혹은 적어도 관리를 잘 못한다)."는 신호는 이런 투사의 목표가 되는 사람들을 불편하게 만든다. 능력과 통제와 힘이 항상 주제가 되는 것 같다. 이것은 관계에 있어 좋은 징조가 아니다. 머지 않아 반항적인 직면과 분노 폭발로 나타나기 시작한다. 만일 사람들이 싫어하는—그리고 정말로 싫어하는—한 가지가 있다면 그들이 부당하다는 소리를 듣는 것이다. 그러나 그들이 무능력할지라도 인간은 자신 스스로 할 수 없다는 소리를 들으면 분개한다.

예상할 수 있는 것처럼 힘의 투사적 동일시는 여자보다는 남자들에게서 더 우세한 경향이 있다. 반대로 여자에게는 의존적 투사적 동일시가 많다. 제시카 벤자민(Jessica Benjamin)(1986)은 이러한 차이는 가부장적인 서구사회에서 성역할 정체감이 구성되어온 방식에서 기인한 것이라고 말한다. 남자와 여자가 자신의 문화에서 "대상 지위"를 획득해온 방식을 언급하면서, 벤자민은 자기다움과 바람직함에 대한 추구가 여자에겐 순종적인 행동을, 남자에겐 지배적인 행동을 이끌어낸다고 주장한다.

만약 이것이 사실이라면, 우리는 여자들이 의존적 투사적 동일시를 더 사용하는 경향이 있다고 생각할 수 있다. 그러한 양식은 여자들이 욕구의 주체가 되기보다는 대상이 되어야 했던 발달적 경험에서 나온다(Benjamin, 1986, pp.87-88). 반대로 통제와 지배가 더 가치 있다는 경험에 뿌리를 두고 있는 남성의 자기감은 힘의 투사적 동일시를 통해 표현되는 것 같다. 분명히 거기엔 예외들이

존재한다. 그러나 임상작업에서 광범위한 문화적 양식들이 발견
된다는 것은 그리 놀랄 만한 일이 아니다.

투사적 동일시 : 성

성적 투사적 동일시는 성을 수단으로 관계를 확립하고 유지하려
는 대인간 역동이다. 특히 그것은 자신이 관심이 가는 사람에게
성애적인 반응을 유도하고 이것에 기초하여 관계를 유지하기 위
해 만들어진다. 따라서 성적인 각성이 관계의 버팀목이 되고 그런
관계가 투사적 동일시의 대상이 되는 사람에게 매력적일 것이라
고 확신한다.

성적 투사적 동일시를 구성하는 행동들은 우리가 성적으로 친밀
한 관계에서 볼 수 있는 성적인 행동과 그렇게 다르지 않다. 이것
에는 시시덕거리고 도발적인 옷을 입는 것에서부터 매우 대담하
게 유혹하는 몸짓에 이르기까지 다양한 것이 포함될 수 있다. 정
상적인 관계와 성적 투사적 동일시가 특징인 관계와의 차이는 무
리한 성적 활동과 그것의 배타적인 성격에 있다. 성적 투사적 동
일시가 작용하는 관계에서, 성은 다른 모든 것을 가린다. 관계의
일부분으로 성을 생각하는 것이 아니라 성이 관계다.

이러한 종류의 관계에서는 성이 모든 일을 질서정연하게 돌아가
게 해주는 아교와 같은 것이라는 무언의 가정이 존재한다. 만약
성이 관계의 주요 구성요소가 아니라면 악화되어 마침내 깨질 것
이라는 무언의 두려움이 있다. 우리는 이것을 성적 투사적 동일시
가 관계 형성의 기초를 이루었던 두 개의 다른 사례들에서 볼 수
있다. 첫 번째 사례는 지속적인 관계를 맺지 못하면서 만성적인
불면증과 불행감 때문에 치료받으러 온 인그리드라는 여성이었

다. 두 번째 사례는 이혼 후 여성을 만나는 데 어려움을 겪고 있던 잭슨이라는 환자였다.

36세의 초등학교 교사인 인그리드는 아버지가 죽고 난 후 미국에 살고 있는 아줌마, 아저씨와 살기 위해 12세 때 노르웨이를 떠났다. 그녀는 매력적이었으며 정기적으로 남자를 만났지만 시간이 지나도 지속적인 관계를 맺지 못하였다. 그녀가 남자와의 관계를 모호하게 설명했기 때문에 남자들과 어떻게 상호작용하는지 정확한 모습을 그리기가 어려웠다. 치료 초기에 그녀는 과거 몇 년 동안 다양한 남자들과의 만남을 자세히 설명하느라 많은 시간을 소비했다.

인그리드의 교제방식에는 부적절한 특성이 있었다. 그녀는 남자를 만나 그와 외출을 하고, 처음이나 두 번째 만남에서 반드시 잠자리를 가졌다. 이것은 이러한 만남이 거의 강박적인 규칙성을 갖고 일어났다는 점을 제외하고는 그 자체로 이상한 것은 아니었다. 정말 이상한 것은 그녀가 아침이 되고 난 후 하는 행동이었다.

만약 두 사람이 그 남자의 아파트에서 밤을 보냈다면, 그녀는 떠나고 싶어하지 않곤 했다. 만약 그들이 그녀의 아파트에서 밤을 보냈다면, 그녀는 남자에게 그녀와 하루 종일 혹은 아침시간만이라도 함께 보낼 것을 고집하곤 했다. 종종 그녀는 남자에게 함께 있길 간청하곤 했는데, 대개 소용이 없었다. 그녀는 자신의 행동이 교제하던 남자들에게 어떻게 영향을 미치는지 이해하지 못했을 뿐만 아니라 그들이 왜 다시 그녀를 찾지 않는지에 대해서도 눈치채지 못했다.

치료과정에서 인그리드는 만성적인 불면증과 관련된 것들을 더 많이 드러냈다. 그녀의 불면증은 반복적으로 꾸고 있는 특정한 내용의 악몽과 관련되어 있음이 밝혀졌다. 처음에 그녀는 성적이고 두 사람이 성교하는 생생한 장면과 관련된 것만 단지 말하곤 했다. 그녀는 나중에 그녀가 꿈에서 그 여인이었고 그 남자가 그녀의 아버지였음을 털어놓았다. 비록 그 꿈을 자주 꾸진 않았으나, 적어도 그 꿈을 다시 꾸게 될까봐 잠들기 불안해 했다. 그녀는 만약 그 꿈에 대해 무언가를 하지 않는다면 결국에는 "미칠 것" 같아 두렵다고 나에게 말했다.

인그리드의 꿈과 그녀의 남자들과의 상호작용 간의 연관성이 그녀가 초기 아동기에 대해 말하기 시작하면서부터 이해되기 시작했다. 그녀는 상당히 부유했고 오슬로 지방에서 유지였던 부모들의 늦둥이면서 무남독녀로 태어났다. 그녀의 아버지는 대기업 사장이었고 대부분의 시간을 사무실에서 보내거나 그렇지 않으면 사업상 다른 나라를 돌아다녔다. 어머니에 대한 기억은 거의 없었는데, 그녀의 어머니는 인그리드가 두 살도 되기 전에 죽었다. 아버지는 재혼하지 않았고 인그리드는 주로 유모가 길렀다.

인그리드의 생생한 어린 시절 기억 중 하나는 그녀의 집을 거쳐 갔던 아름다운 여인들에 대한 것이었다. 그녀들은 저녁에 오곤 했는데, 때때로 아버지와 인그리드와 함께 저녁식사를 하기도 했고, 그리고나서 다음날 아침까지 다시 나타나지 않았다. 그녀는 멀리에서 그 여자들에게 감탄하면서, 동시에 그녀가 그렇게도 절박하게 원했던 아버지의 사랑과 관심을 얻을 수 있었던 그들의 능력을 부러워했다고 말했다.

인그리드는 나이가 좀더 들어서야 그 여인들이 아버지의 정부였음을 깨닫게 되었다. 그녀의 아버지는 매력적이고 부유한 남자였으며, 그것은 그가 젊고 아름다운 여인들을 유혹할 수 있게 해주었다. 또한 그녀는 주로 성적인 것이 이러한 관계의 기초였다는 것을 알 수 있었다. 그 꿈은 어떻게 하면 남자들에게 매력적이 되는가에 대한 성장한 여인의 생각과 융합되어 나타난 아버지에게 사랑받고자 한 어린아이의 소망의 대상관계적 표현이었다. 그녀가 성적 투사적 동일시를 사용한 이면에는 동일한 역동이 놓여 있었다.

비록 어떤 면에서는 비슷해 보이지만 잭슨의 사례는 인그리드만큼 극적이진 않다. 잭슨의 14년 동안의 결혼생활 중 행복했던 부분은 만나고 헤어진 다른 여인들과 관련되어 있었는데, 그의 아내는 10년 정도 지나서야 이 사실을 알게 되었다. 그녀가 처음 그의 외도를 알아챘을 때 그녀는 그와 헤어지겠다고 위협했다. 그러나 그녀는 잭슨이 다른 여자를 만나지 않을 것이라고 약속한 후 그 결심을 포기했다. 그는 약속을 지키지 못했으며 그의 아내는 2년 동안의 심한 비난과 끊임없는 싸움 끝에 마침내 이혼수속을 밟았다.

치료를 받겠다고 잭슨이 결심하게 된 것은 여자들과 지속적인 관계를 맺지 못하고 심하게 우울해져 술을 지나치게 마시는 것이 계기가 되었다. 이혼 후 그는 혼자 사는 삶을 즐길 것이라고 생각했다. 처음엔 그랬으나 거의 3년 동안 무의미하게 여러 여성들과 교제하고 난 후 그는 좀더 본질적인 무언가를 원하고 있음을 깨닫게 되었다. 그러나 그가 찾고 있는 것을 발견하기가 쉽지 않다는 것을 알았다. 그가 지대한 관심을 보이는 여자들에게 결혼 얘기를 꺼내면 그 여자들은 그에게서 달아나곤 했다. 결혼하려고 만났던 여자들 중 몇몇은 그에게 별로 호감을 느끼지 않았으며 그래서 현재 그는 혼자였다. 시간이 지나면서 잭슨이 말한 것처럼 그는 점점 혼란스러워졌고 그는 "혼자" 남게 되었다.

잭슨의 주요한 관심은 왜 여자들과의 관계에서 심각한 공허감을 느끼게 되는지였다. 그가 관계하는 방식은 성적으로 자극을 시키는 것이었지만, 이러한 방식들이 여자들에게 효과적이지 않은 것 같았다. 그가 여자들과의 관계를 설명하면서 이러한 이유들이 분명해졌는데, 특히 성과 관계없는 측면에서 보다 더 분명해졌다.

그 문제의 단순한 진리는 잭슨에게 관계는 성을 의미했다는 점이다. 이것은 가벼운 만남만이 아니라 진지한 만남들에서도 그랬다. 그는 자신을 성적인 대상으로 본 반면 여자들을 성적인 대상으로 보았던 것은 아니었다. 잭슨은 성적인 맥락 이외의 상황에서는 자신을 매력적이거나 바람직한 사람으로 보지 않았다. 다른 무엇보다도 이것이 그의 성적 투사적 동일시의 기초를 형성했다.

성적 투사적 동일시를 이해하는 열쇠는 성적 투사적 동일시를 구성하고 있는 의사소통과 메타커뮤니케이션의 형태에서 찾아질 수 있다. 의사소통 수준에서는 이중적인 의미를 띠고 성적인 자세를 취하며 투사대상자를 유혹하고 성적으로 만들려는 여러 형태의 성애적인 전략들이 있다. 투사자는 부부들이 밤을 보내는 것만큼 재미와 흥분을 주고, 권태에서 벗어나게 해주는 성사탕 가게의 주인이다.

다른 한편, 메타커뮤니케이션은 감각적인 즐거움 이상을 제공한다. 메타커뮤니케이션에는 격렬한 흥분을 주는 성적인 만족 이상의 성적 충만감과 관련된 메시지가 있다. 그것은 "나는 너를 성적으로 흥분시킬 것이다."라는 것 이상을 의미한다. 그것은 "나는 너를 성적으로 유능한 사람임을 느끼게 해줄 것이다."라고 약속한다. 요컨대 메타커뮤니케이션은 투사대상자를 성적으로 완전하게 만들 것임을 약속한다. 반대로 또한 그것은 만약 투사대상자들이 메타커뮤니케이션에 포함된 내용에 반응하지 않는다면, 투사대상자들이 덜 완전하고 성적으로 덜 유능하다고 느끼게 될 것이라는 무언의 위협이 포함되어 있다.

성적 투사적 동일시를 사용하는 환자들의 전반적인 의도는 그들이 성적으로 가치 있다는 것을 확실히 함으로써 대인관계가 바람직하다는 것을 보증하려는 것이다. 다른 투사적 동일시의 사례에서처럼 이러한 형태의 관계 병리는 아이가 하나의 제한된 형태의 행동에 절대적으로 가치를 부여한 왜곡된 대상관계에서 기인한다. 성적인 바람직함을 함축하고 있는 메시지가 초기에 전달될수록 그리고 초기 대상관계가 병리적일수록 그 결과는 더 심각한 것이 될 것이다.

이러한 예는 삶이 성적 병리로 가득 차 있었던 매우 혼란된 7세 아이 사례에서 볼 수 있다. 그 소년은 아주 어렸을 때부터 자신을 노출하려는 경향이 있었는데, 나이가 들어가면서 사람들 앞에서 자위행위를 하곤 했다. 이러한 행위는 그가 학교에 입학한 후부터 더 빈번해졌다. 그 아이는 성에 전적으로 몰두되어 있었으며, 결과적으로 아동정신병원에 입원하게 되었고, 아동기 정신분열증이라는 진단을 받았다.

비록 내가 그 아이를 치료하진 않았지만 종합 치료 프로그램의 일부분을 맡고 있었기 때문에 나는 그 어머니를 만날 기회가 있었다. 첫 면접에서 나는 아이의 아버지가 몇 년 전에 가족을 버리고 떠났으며 그녀 혼자 부모 역할을 했다는 것을 알게 되었다. 그러나 우리가 처음 만났을 때부터 그녀는 부모의 자질이 없음이 분명해 보였다. 그녀는 거의 정신병 상태였다. 그녀의 사고는 매우 혼란되어 있었고 아이를 마치 하나의 물건인 것처럼 말했다. 그녀는 왜 그 아이가 병원에 있는지 정말로 이해하지 못했으며, 단지 학교 당국의 압력을 받았기 때문에 거기에 두는 것에 동의했을 뿐이다.

치료하면서 나는 그 어머니가 아이가 태어난 때부터 아이를 성적 대상으로 다루어 왔다는 것을 알게 되었다. 그녀는 목욕시키고 기저귀를 채울 때 아이의 성기를 만지며 놀았고, 어떤 때는 그녀의 몸에 그 아이를 맞대어 문지르곤 했다고 말했다. 그녀는 그녀가 무엇을 말하고 있는지 자각하지 못했으며, 이러한 에피소드들을 대부분 킥킥 웃으며 말했다. 그녀가 관계를 성적인 것으로 만드는 가장 병리적인 예는 놀이 속에 반복되는 특정한 사건들과 관련되어 있었다.

그녀는 그들이 사는 곳에서 멀지 않은 놀이터에 그 아이를 데려가곤 했던 때를 이야기했다. 그 당시에 그 아이는 한 살이나 두 살쯤이었는데, 특히 그녀는 그 아이와 시소놀이를 즐겨 했다. 그녀는 우선 시소 끝에 그녀가 앉고 시소가 위 아래로 움직이는 동안 다리 사이에 아이를 앉혀 놓고 시소를 탔다. 그녀가 음탕한 표정으로 킥킥거리면서 그때 일어난 일을 이야기하는 것을 듣고, 나는 그녀가 자위행위를 하는 데 아이를 이용했음을 확신했다. 그녀는 나중에 이것을 상당 부분 인정했다. 이렇게 어린 나이에는 유아가 무엇이 일어나고 있는지 모를 거라고 주장할 수 있지만, 무언가가 성적인 경로를 따라 전달되었음이 틀림없다.

성적 투사적 동일시를 활용하는 사람들은 어른들에게 성적 각성을 제공하는 동안 그들이 필요한 존재가 된다는 것을 어릴 때부터 배운다. 의사소통이 어떤 식으로 이루어지든 아이가 받은 메시지는 "네가 나를 흥분시키는 동안 너는 바람직하다."는 것이다. 이것이 유아의 표상적 세계로 통합된 기본적인 메시지이며 궁극적으로 이후에 다른 사람들과의 상호작용에 기초를 형성한다.

자신의 세계를 성적인 선상에서 전적으로 구조화하는 것은 자신이 가치 있다는 것을 확인하는 하나의 방식이다. 이것이 다른 사람들과의 상호교류의 범위와 속성에 심각한 제한을 갖게 만든다는 사실은 이차적으로 고려되어야 할 점이다. 이러한 종류의 내적 대상관계가 자기로 통합되면 개인은 선택의 여지없이 내적 대상관계들의 지시를 따를 수밖에 없다.

투사적 동일시 : 환심사기

투사적 동일시의 네 번째 주요한 형태는 중요 정서적 요소가 자기 희생적이 되도록 관계를 구조화하는 것이다. 환심을 사려는 투사적 동일시에서, 다른 사람들로 하여금 투사를 하고 있는 사람이 무언가를 포기하고 있거나 자신의 관심보다 투사대상자의 관심을 더 우선시한다고 항상 인식하도록 관계가 만들어진다. 자신이 하고 있는 일과 자신이 희생하는 것에 대해 다른 사람들이 감사히 여기도록 만든다.

환심을 사려는 투사적 동일시를 사용하는 사람들과 상호작용할 때 다음과 같은 말을 들을 수 있다:

"나는 너를 편하게 해주려고 매우 애쓰고 있다."

"나는 손이 문들어질 때까지 일한다."

"내가 너를 위해서 얼마나 많은 일들을 하는지 전혀 모른다."

"너는 항상 당연하게 받아들인다"

그것이 자신에 대해 "나는 너무 힘들게 일하고 있어."라고 표현하든 상대방에 대해 "너는 항상 부족해."라고 표현하든 그것은 관심을 두고 있는 사람에게서 고마움을 이끌어내려는 것이다.

환심을 사려는 투사적 동일시의 대상이 되는 사람들은 고마움과 감사함이 기대되는 상황에 놓여 있는 자신을 항상 발견하게 된다. 그들은 투사자가 제공한 지속적인 관심으로 인해 그들의 삶의 많은 부분들이 얼마나 편해졌는지 이야기해주기를 요구받는다. 표면적이고 암묵적인 다양한 방식으로, 그들은 투사자가 하거나 말한 것은 무엇이든 삶을 더 편안하게 만들어준다고 그에게 확신시켜 주기를 강요받는다. 무엇보다도 환심사기 투사적 동일시를 따르는 사람들은 자신들이 도움이 되고 있다는 것을 알기 원한다.

중년의 편모인 헨리에타는 십대의 두 아들과 함께 가족치료를 받으러 왔다. 가족치료에 온 이유는 두 아들이 학교에서 문제를 일으켰기 때문이었다. 그 두 아들을 맡고 있는 선생님은 아들 중 하나는 매우 호전적이며 학교에서 사사건건 싸움을 일으키고 있는 반면 다른 아들은 점점 더 위축되어가고 있다고 보고했다. 처음에는 그 문제가 전적으로 학교와 관련된 것처럼 보였지만, 그것이 가정에서 겪는 어려움 때문이라는 징표들이 있었고 그로 인해 가족 치료가 권해졌다.

가족 역동을 탐색하는 과정에서 가족 내에 상당한 분노가 잠재해 있음이 드러났는데, 상당 부분 아이들을 대하는 헨리에타의 방식과 관련이 있었다. 어려움의 일부는 아이들이 점점 더 성장하고 있다는 단순한 사실 때문에 일어났다. 그러나 많은 부분은 그녀가 아이들을 위해 얼마나 많은 일들을 했는지에 대해 고마워해야 한다는 헨리에타의 요구에 마지못해 반응하는 것과 관련되어 있는 것 같았다. 헨리에타의 "희생"에 아이들은 화를 내고 거절했으며, 이러한 반응이 그녀를 낙담시켰고 필요 없는 존재라고 여기게 했다.

가족들이 차를 타고 가는 차 안에서 이러한 가족 역동들이 확연히 드러났다. 아이들은 면허증이 없었고 어디로 가려면 헨리에타에게 의존해야 했다. 그들이 차에 타면 언제나 헨리에타는 좌석벨트를 착용하고 문을 잠글 것을 상기시키곤 했다. 그러나 아이들이 그렇게 하기도 전에 그녀는 먼저 손을 뻗쳐 모든 문을 잠갔다. 이러한 행동은 습관적으로 행해졌다. 아이들은 그것을 필요 없는 간섭이라고 생각했으며 그것이 부당하고 화나게 만든다고 이야기했다. 어떤 때는 아이들이 화가 나서 차에서 내려 어머니와 함께 차를 타고 가지 않겠다고 했다.

한 치료회기에서 차 안에서 일어나는 일들에 대해 오랜 시간 이야기했다. 한 사람씩 자신의 입장에서 그 이야기를 했다. 처음엔 그것이 큰 문제처럼 보이지 않았다. 결국 누가 문을 잠그는 것이 무슨 문제이겠는가? 그러나 가족 구성원들이 일어났던 일에 대해 다시 이야기하면서 상호작용이 점점 격해졌다. 아이들은 그들 스스로 문을 잠글 수 있다고 주장하였고, 헨리에타는 단지 도우려 했을 뿐이었다고 우기면서 문을 잠그는 것과 관련하여 치열한 말다툼을 벌였다.

이 순간 나는 헨리에타에게 만약 그녀가 아이들에게 문을 잠그라고 이야기하지 않는다면 어떤 일이 발생할 것 같은지 물었다. 그녀의 얼굴에 우울한 빛이 스쳤으며 오랫동안 말이 없었다. 그 순간 나는 그녀가 눈물을 감추고 있다는 생각까지 했다. 시간이 조금 지나 나는 그녀에게 무엇을 생각하고 있는지 물었다. 그녀는

매우 낙담한 목소리로 "그렇다면 내가 무엇에 도움이 될까요?"라
고 말했다.

가족을 부양하는 데 자신의 삶의 대부분을 보낸 한 여성이 "무
엇인가를 해서" 그들로부터 인정받는 것으로 전적인 가치감을 얻
는다는 것은 슬픈 일이다. 이러한 상호작용의 양식이 그녀가 그토
록 절망적으로 갈망했던, 그녀가 하는 일에 의해서가 아니라 그녀
자체로 사랑받는다는 감정을 오히려 손상시킨다는 것이 더 슬픈
일이다. 돌봄에 기초한 상호작용을 촉진시키기보다 인정받고 있
다고 확신하는 데에 많은 에너지를 소비하고 있다. 그리고 환심을
사려는 투사적 동일시의 본질적인 특징은 이러한 방식으로 다른
사람과 관계를 맺는 것이다.

환심을 사려는 투사적 동일시를 사용하는 사람들은 그들이 하고
있는 많은 자기 희생의 행위에 대해 인정받기를 원한다. 투사자들
은 자신들이 투사대상자들을 위해 하고 있는 것을 그들이 알고 있
는지 궁금해 한다. 그러나 이 모든 것들 밑에는 생각지도 못한 숨
겨진 거래에 대해 말하고 있는 더 심층적이고 잠재적인 의사소통
이 있다. 거기에는 "너는 나에게 빚을 지고 있다."라는 메타커뮤
니케이션이 포함되어 있다. 환심을 사려는 투사적 동일시를 사용
하는 사람들은 무언가 보상받기를 기대한다. 그리고 그 "무언가"
는 다른 사람들이 어떤 경우에도 그들과 관계를 지속할 것이라는
보증인 것이다.

물론 이것은 우리 모두가 우리와 가장 가까운 사람들에게서, 즉
가장 친밀한 관계에서 믿고 싶은 것이기도 하다. 우리 모두 우리
가 가치 있는 인간이라고 믿고 싶어하며, 우리와 가장 가까운 사람
들이 우리가 가치가 있다고 느끼는지 알고 싶어한다. 환심을 사려

는 투사적 동일시로 관계를 맺는 사람들은 이런 식으로 세상이 돌아가고 있다는 것을 거의 믿지 않는다. 그들은 다른 인간 존재가, 심지어 자신의 가족들조차도 그들을 있는 그대로 사랑한다고 정말로 믿지 않는다. 그들은 계속 필요한 존재임을 확인받기 위해 그들 스스로 환심을 살 필요가 있다고 확신한다. 그리고 이러한 일이 일어나고 있는지 확인하기 위해, 다른 사람들이 그들에게 빚지고 있다는 느낌을 갖도록 하는 방식으로 관계를 형성한다.

이후에 환심을 사려는 투사적 동일시를 사용하게 되는 아이들에게 주입된 어린 시절 어머니의 메시지들은 그들을 돌봐주는 사람들을 위해 무언가를 하지 않으면 사랑받지 못할 것이라는 것이다. 그러한 아이들은 그들의 본질적인 가치가 도움을 줄 수 있는 그들의 능력에 달려 있다고 배운다. 다양한 실용적인 행위들을 함으로써만 그들은 그들 스스로를 "좋은" 사람이라고 확신할 수 있다. 결과적으로 그들은 관계에 머무르기 위한 방식으로 다른 사람들에게 환심을 사려하면서 그들의 삶의 많은 부분을 소비하게 된다.

투사적 동일시들과 대인 병리

요약하자면, 투사적 동일시들은 병리적 대상관계에 기원을 두고 있는 투사적 환상의 행동적 파생물이다. 병리적 관계들은 투사적 동일시가 발생하고 그것들 안에서 일어나는 것의 방향을 정해주는 관계들을 제한하는 기능을 한다. 의존적 투사적 동일시에서 중요한 관계 주제는 무기력함과 관련이 있다. 힘의 투사적 동일시는 통제에, 성적 투사적 동일시는 성애적 경향에, 그리고 환심을 사려는 투사적 동일시는 자기 희생에 집중되어 있다. 이러한 모든 것들은 각각의 투사적 동일시들이 확실하게 성공할 수 있도록 고안된 잠재적 메타커뮤니케이션에 의해 움직여진다.

이 장의 처음 부분에서 말했던 투사적 동일시의 구성요소들을 생각해보면, 이제 우리는 각각의 투사적 동일시들이 대인간 병리를 어떻게 지속시키는지 알 수 있을 것이다. 예를 들면, **투사적 환상**이 메타커뮤니케이션 안에 내포되어 있다. 메타커뮤니케이션은 그 관계가 정말 어떤 관계인지 비밀스럽게 신호를 보낸다. 투사적 환상을 조성하는 대상관계적 소망은 투사대상자의 행동을 통제하고 제한하기 위한 숨겨진 메시지들로 변형된다.

행동 유발이 투사적 동일시를 구성하고 있는 다양한 의사소통 안에 포함되어 있다. 그것들은 지속적인 관계의 특징을 규정하는 구체적인 상호조종을 만들어낸다. 투사자와 투사대상자간의 순간순간의 상호작용을 구성하는 실제적인 메시지들은 이제까지 상상 속에서만 존재했던 것에 행동의 형태를 제공한다. 본질상 그것이 성적인 것이든 의존적인 것이든 희생적인 것이든 혹은 통제적인 것이든 그 자체의 독특한 투사적 동일시를 제공한다.

마지막으로, 투사적 동일시의 운명이 **투사대상자의 반응**에 깊이 새겨진다. 만약 투사적 동일시들을 사용하는 사람이 자신의 투사적 동일시의 요구에 따르는 사람을 목표로 한다면 문제가 일어날 이유가 없다. 의존적 투사적 동일시를 사용하는 사람이 우연히 자신의 삶의 욕구가 사람들을 보살피는 것이라고 생각하는 사람을 만난다면 매우 행운일 수 있다. 반면 투사대상자가 저항한다면 투사자는 투사의 엄청난 실패를 입증하는 불안, 우울, 분노와 다른 "증상들"을 경험할지 모른다. 종종 대부분의 사람들은 결국 도움을 구하게 된다.

이 장에서 논의한 네 가지의 투사적 동일시의 특징들이 〈표 3-1〉에 제시되어 있다. 각각의 투사적 동일시를 사용하는 사람들이 취하는 관계적 입장, 상대적인 메타커뮤니케이션, 그리고 투사대상자에게 불러일으키는 유발반응들이 각각의 측면에 제시되어 있다. 따라서 의존적 투사적 동일시의 사례에서 관계 입장은 무기력함이며, 메타커뮤니케이션은 혼자서는 살 수 없다는 것이고 유발 반응은 돌보게 만드는 것이다.

〈표 3-1〉 주요 투사적 동일시들

투사적 동일시	관계 입장	메타커뮤니케이션	유발 반응
의존성	무기력	나는 살 수 없다.	돌 봄
힘	통 제	너는 살 수 없다.	무능력감
성	에로티시즘 (성애적 경향)	나는 너를 성적으로 완전하게 만들어줄 것이다.	각 성
환심사기	자기 희생	너는 나에게 빚을 지고 있다.	인 정

〈표 3-1〉에 제시된 유형 외에도 의존적-성적 투사적 동일시처럼 융합된 다양한 투사적 동일시들이 있다. 이것들 중 일부가 다음 장에서 논의될 것이다. 그러나 대부분의 경우, 여기서 제시된 네 가지의 형태들이 그 자체로 독립적인 유형으로 존재하는 경향이 있다. 그것들은 임상작업에서 쉽게 확인될 수 있으며 대상관계 치료에서 주요하게 다루어지고 있다.

제 **2** 부

대상관계치료

제 **4** 장

첫 번째 단계 : 관여

치료관계 : 변화의 기초

투사적 동일시는 초기 대상관계의 잔여물로서 대인관계의 장애로 드러난다. 투사적 동일시를 사용하는 사람들은 관계를 유지하기 위하여 의존적이 되거나 통제적이 되거나 성적이거나 남의 비위를 맞추는 사람이 되어야 한다고 생후 초기에 배웠다. 이러한 방식으로 행동하기로 한 결정이 사실 합리적인 것은 아니지만, 사람들이 아주 어린 시설에 배우는 수많은 것들은 이성이나 논리에 근거하고 있지 않다. 개인의 삶에서 생후 초기에 형성된 대상관계의 양식들은 보통 지적인 요소들보다는 정서적인 요소들에 더 많은 영향을 받는다.

그러나 투사적 동일시의 사용 이면에는 또 다른 동기가 존재하는데, 심리치료에서 그것이 다루어진다면 희망적이다. 비록 병리적이긴 하지만 투사적 동일시 또한 관계의 결함을 수정하려는 노력이다. 초기 어린 시절의 병리적인 대상관계 장면을 재연하려는 것은 초기 아동기의 나쁜 결말을 바꾸고자 하는 시도다. 자신들의 관계를 구성하는 수단으로서 투사적 동일시에 의지하는 사람들은 필사적으로 "좋은" 결말을 갈망한다. 그들은 가장 가까운 사람들이 자신들의 특별한 요구들을 충족시켜주기 때문이 아니라 있는 그대로의 그들을 사랑하는지 알고 싶어한다.

이런 비밀스러운 기대가 사람들로 하여금 치료에 와서 느끼는 패배와 실망에도 불구하고 치료를 받으러 오게 하며 치료를 계속하게 만든다. 어떤 수준에서 사람들은 공황상태, 깨진 결혼, 우울증, 그리고 다른 형태의 정서적인 불쾌감을 다루기 위해 치료를 받으러 온다. 그들에게 어떤 이유로 치료를 받으러 왔느냐고 묻는다면, 그들은 "좀더 기분이 나아지고 싶다."고 대답할 것이다. 그러나 또 다른 수준에서 훨씬 더 심각한 사람들이 있는데, 그들은 타인들과의 관계에서 위협받는 느낌 없이 심리적으로 "연결될 수 있기"를 원한다. 불행하게도 그들이 허울 좋은 관계를 성취하기 위해 알고 있는 유일한 방법은 투사적 동일시를 사용하는 것뿐이다. 한 환자가 "마음속으로는 더 나은 길이 있다는 것을 안다. 그러나 나는 그것을 믿지 않는다."라고 한 말에서 분명히 드러나고 있다.

대상관계치료는 이러한 투사적 양식들에 대항하여 이와 같은 감정들을 변화시키는 방법이다. 환자의 관계 병리를 드러나게 하기 위한 준비단계로 치료관계를 사용함으로써 치료자는 환자의 투사적 동일시에 실려 있는 메타커뮤니케이션에 직면하고 그것들을 반박하는데, 물론 치료적인 태도로 그렇게 한다. 치료과정에서 환자는 현재의 대상관계에 대해 더 많이 이해하거나 과거 대상관계에 대한 통찰을 얻을 수 있다. 그러나 이것을 이해하는 것은 부수적인 현상이다. 그것이 기존 대상관계의 틀 내에서 이해되더라도 근본적인 변화와 거의 관계가 없다. 대신에 어떤 것이든 지속적으로 일어나는 변화는 치료자-환자 관계 안에서 나타나는 구체적인 변화에 달려 있다.

대상관계치료에서 치료자-환자의 관계는 특별하고도 유일한 대상관계로 보여진다. 특별히 관계를 유일하게 만드는 것은 참여자들 중 한 사람이 자신이 투사적 동일시의 목표가 될 것이라는 것을 알면서도 그 관계에 자발적으로 자신을 빠뜨린다는 점이다 (Ogden, 1982, p.54). 치료자는 환자와의 상호작용이 곧 환자에 의해 조종될 것이라는 것을 알면서도 그 관계에 들어간다. 투사적 동일시가 일어나기 쉬운 대인관계 환경을 만듦으로써 치료자는 지금-여기에서 그것들을 다룰 수 있는 생생한 기회를 갖게 된다.

말린(Malin)과 그로트스타인(Grotstein, 1966)은 치료의 근본적인 목표는 투사적 동일시를 변화시켜 환자의 내적 대상세계를 수정하는 것이라고 주장하고 있다. 이러한 신념은 오그덴(Ogden)의 진술에서도 반복되고 있다:

> …환자를 위한 치료의 본질은 환자의 투사를 받아들이고, 투사를 진행시키기 위해 좀더 성숙한 성격체계의 측면을 이용하여, 소화된 투사를 치료적 관계를 통해 재내재화할 수 있게 만드는 치료자의 능력에 달려 있다(1982, p.20).

이렇게 하기 위해 치료자는 투사적 동일시가 표면화되어 치료적 관계의 일부가 되도록 해야 한다.

일단 투사적 동일시가 치료관계의 일부가 되면, 치료자는 환자에게 익숙해 있는 방식과는 아주 다른 방식으로 반응할 수 있다. 이것이 바로 치료적 관계를 대부분의 다른 관계와 다르게 만드는 것이다. 특히 오랫동안 환자와 밀접하게 상호작용해 온 대부분의 사람들은 결국 화를 내게 되고 우울해지고 혼란스러워진다. 심지어 어떤 사람들은 관계에 대한 희망을 버리고 떠난다. 대상관계 치료자는 그렇게 행동하지 않는다. 치료자는 환자의 투사적 동일시에 전형적으로 반응하지 않고, 대상관계치료의 독특한 특징인 치료과정에 전적으로 의지한다.

실용적인 수준에서 이 대상관계치료를 하는 치료자라면 치료과정을 진전시키기 위해서 환자의 투사적 동일시에 대한 자기 자신의 반응에 의존해야 한다는 것을 의미한다. 이러한 반응들은 환자 병리의 정확한 본질에 대한 정보로서, 치료적 개입에 대한 기반으로 사용된다. 그래서 대상관계치료에서 "해석"은 과거에 일어난 것에 대한 분석보다는 환자의 현재 조종 행동에 대한 분석과 더 관련이 있는 것 같다. 환자를 적극적으로 직면시키고, 투사적 동일시에 따르는 것을 거절함으로써 치료자는 다른 사람들과 관계하는 환자의 습관적이고 자기-패배적인 방식을 변화시키기 위해 관계를 사용한다.

지금까지 한 이야기는 민감하고도 복잡한 절차에 대한 간단한 개요다. 네 단계 과정에 치료를 구성하는 실제적인 개입들인 투사적 동일시를 일으키는 것, 그것을 직면시키는 것, 그리고 일어난 관계를 재구성하는 것이 포함되어 있다. 이 과정의 첫 번째 단계는 "관여(engagement)"라고 하며, 심리치료과정에 환자를 정서적으로 관여시키고자 하는 적극적인 노력과 관련되어 있다.

환자를 관여시키기

치료에 오는 대부분의 사람들은 그들이 받게 될 치료에 대해 잘 모르고 있다. 그들은 변화를 가져오기 위해 사용하는 훈육이나 다양한 개입으로서의 치료에 대해 정확하게 모르고 있다. 대부분의 사람들은 단순히 그들의 고통을 줄일 수 있는 방법을 찾고 있을 뿐이다. 그들은 변화무쌍한 삶 가운데서 덜 불안하고 덜 우울하며, 덜 압도되기를 원한다. 그 대신에 어느 정도 그들의 시간, 소득의 일부분, 그리고 심지어는 그들의 삶의 방식을 기꺼이 포기한다.

자신들의 성격을 180도 바꾸려는 생각을 가지고 치료에 오는 환자는 거의 없다. 가끔 환자들은 그들의 오래된 행동양식을 변화시키는 것에만 관심이 있다고 말할 뿐이다. 진심으로 변화를 원하는 환자들조차도 그러한 변화가 실제로 일어나기 위해서는 얼마나 많은 고통과 불편을 경험해야 하는지 아는 사람은 거의 없다. 대부분의 환자들은 그들이 가족 주치의에게 대했던 것과 같은 방식으로 치료에 접근한다. 그들은 무엇인가 잘못되었다는 것을 알고 좀더 나아질 수 있도록 약을 주기를 원한다. 약이 적으면 적을수록 그들은 더 행복해 한다.

그러나 심리치료는 의학적 절차가 아니다. 거기에는 환자들을 치료에 오게 한 다양한 문제들을 해결할 수 있는 약도 없고 "해결책"도 없다. 불안을 완화시켜주고 우울증을 경감시켜줄 약물치료는 있지만, 좌절스럽고 만족스럽지 못한 관계를 만족스럽고 생산적인 관계가 되도록 해주는 약은 없다. 이러한 사실 때문에 특히 대상관계의 장애를 다룰 때 치료가 힘든 경험이 될 수 있을 것이다.

치료자는 처음에 환자에게 이 모든 것을 설명할 수 있다. 이것은 보통 환자보다는 치료자에게 더 도움이 된다. 심지어 치료에서 힘든 선택이 있을 수 있고 힘든 시기가 있다는 것을 아는 환자일지라도 이것이 경험적으로 무엇을 의미하는지 정확히 이해하지는 못한다. 치료가 어떤 것인지 아는 것과 실제적으로 경험하는 것은 완전히 다른 문제다.

따라서 많은 환자들은 치료가 시작된 직후 무엇인가에 그들이 말려들 것 같은 불안감을 갖게 된다. 그들은 일어나고 있는 것에 불편해 하고 치료를 하겠다고 한 자신들의 결정이 옳았는지에 대해 의문을 갖는다. 그들이 치료를 시작했을 때보다 더 불안해하는 자신을 보는 것은 종종 있는 일이다. 대상관계치료의 관여 단계는 환자가 느끼는 부조화감을 다루고 환자가 치료를 계속 받도록 확실하게 하는 단계다.

치료자는 거리가 있는 전문적 관계에서, 보살피고 헌신을 다하고 열중하는 관계로 변형시킴으로써 환자를 관여시킨다. 환자가 단지 자신들이 상처받고 있기 때문에 또는 치료자가 아주 믿을 만하기 때문에 치료를 계속 하겠다고 할지 알 수가 없다. 환자는 그들의 욕구의 정확한 본질이 아직은 모호하고 확인되지 않더라도 치료자가 그들의 대상관계의 욕구를 만족시켜줄 수 있다고 느끼기를 원한다. "치료자의 능력에 대한 충분한 신뢰가 없다면 그들은 치료를 떠나거나 치료적 상호작용에 참여하지 않으면서 치료에 남아 있을 것이다"(Beitman, 1979, p.306).

환자는 궤도에 오르기도 전에 자주 치료를 종결하려고 한다. 치료자는 환자가 다른 어떤 것을 시도하려고 결심했음을 알리는 전화나 메시지를 받는다. 때때로 그 메시지는 환자가 너무 좋아져서 전혀 도움이 필요 없다는 것일 수도 있다. 그러나 사실이 아닐 때가 대부분이다. 비록 생활환경이 때때로 급격하게 변할지라도 그들은 그렇게 급진적으로 변화되지 않는다.

환자들이 초기 단계에 치료로부터 도망가는 이유는 치료자가 치료적 관계에 그들을 성공적으로 개입시키지 못했기 때문이다. 이미 관계가 존재하고 있다는 가정 하에서 이야기들이 나오고 문제들이 제기된다. 관계가 존재하지 않으면 알 수 없는 치료의 세계에 들어갈지 말지 고민하기 시작한다. 종종 환자들은 첫 번째나 두 번째 치료회기 전에 떠날 것이다.

치료적 유대와 조기 종결

조기 종결은 치료 전반에 걸쳐 관련된 주제이지만, 특히 초기 단계에서 더욱 그렇다(Hoffman, 1985). 치료를 시작하는 치료자들의 만성적인 불평 중 하나는 그들의 환자가 정기적으로 나타나지 않고 치료가 시작되기도 전에 치료를 끝내려 한다는 것이다. 초기 회기에 일어난 것을 자세히 보면 치료자가 너무 많은 것을 너무 빨리 다루려했음이 드러나는 경향이 있다. 환자를 치료에 관여시키는 데 집중하기보다는 아직 준비가 안 된 환자에게 제안을 하거나 해석을 해준다.

이러한 예는 "애정생활"과 관련된 문제를 지닌 환자를 막 보기 시작한 나의 상담수련생 로레인의 작업에서 볼 수 있다. 비록 수많은 환자들이 낭만적인 관계가 부족하고 고갈되어서 치료를 받으러 오지만, 이 특별한 환자는 낭만적인 관계의 부족으로 고통을 받는 것이 아니라 너무나 많아서 고통을 받고 있었다. 그는 치료자에게 동시에 세 명의 여자를 만나고 있으며 그들 중 두 명과는 깊은 관계를 갖고 있다고 했다. 그는 관계를 정리하여 한 사람에게 몰두할 수 있도록 치료자가 도와주기를 원했다.

치료자는 곤경에 처한 자신의 상황에 상당히 사무적으로 접근하고 있는 환자의 태도 때문에 다소 당황하였다. 그가 자신의 문제를 설명하는 방식을 보면 그것에 대해 정말로 괴로워하는지 의심스러웠다. 그는 스스로를 돈쥬앙 같은 종류의 사람으로 상상하였으며, 그의 삶에 그렇게 많은 여자들이 있다는 것을 좋게 생각했다. 그의 문제는 논리적인 만큼 그렇게 정서적이지 않다는 데 있었다.

로레인은 처음 두 회기를 환자에 대한 정보를 요구하고 그의 생활 속에서 여자들과의 상호작용의 성격을 탐색하는 데 보냈다. 그가 여자친구를 대하는 방식을 설명하는 것에서, 로레인은 그가 관계를 다소 피상적으로 하는 자기-몰두적이고 자기애적인 사람이라고 결론지었다. 그의 이야기는 "나는 이렇게 느끼길 원한다." "나는 그것을 갖고 싶다."라는 식의 말들에 집중되어 있었다. "…나에게 매우 중요한데…"라는 식으로 보통 말을 시작하여 그가 말해야만 하거나 행해야만 하거나 혹은 가져야만 한다고 느끼는 어떤 것으로 끝마쳤다. 그는 그의 요구가 다른 사람에게 미치는 영향에 대하여는 거의 관심이 없었다. 겉보기에 자신에 대한 확고부동한 자신감과 확신에 차 있었다.

환자의 자신감과 자기-확신이 세 번째 회기에서 풀리기 시작하였다. 그는 기분이 언짢은 모습으로 다소 기가 죽은 상태에서 치료받으러 왔다. 이야기하도록 격려를 받은 후, 그는 상당히 괴로운 일이 일어났다는 것을 고백했다. 그가 관계하고 있던 여자들 중 한 명이 다른 남자를 만나기 위해 그를 떠났다는 것이다. 그는 그 이야기를 하면서 갑자기 흐느껴 울기 시작했다. 그에게 일어난 일이 너무나 충격적이어서 자살을 시도하려 했다고 말했다. 그는 여전히 자기가 자신을 해칠까봐 두려워했고 무슨 행동을 해야 할지 몰라 했다.

그것은 너무나 극적이었고 로레인은 상당히 당황하였다. 그러나 나에게 그것은 단지 허풍을 떠는 것처럼 보였다. 나는 일방경 뒤에서 그 과정을 지켜보고 있었는데, 그 눈물이 도무지 이해되지 않았다. 그가 "흐느낄" 때, 환자는 로레인이 어떻게 반응하나 보려고 반복적으로 그녀를 힐끗 힐끗 바라보았다. 환자가 첫 회기에서 보여주었던 자기 관계에 대한 멋지고 자기-확신적인 태도가 그 다음 회기에서는 완전히 조각이 나서 도저히 연결이 되지 않았다. 무엇인가 맞지 않는 것처럼 보였다.

회기가 진행되어감에 따라 로레인은 점점 더 불편해졌고 말하는 것이나 행동하는 것에 자신이 없어졌다. 그녀는 환자에게 여자친구의 거절을 실패나 그의 남성성을 위협하는 것으로 경험하고 있는 것 같다는 해석을 했다. 환자는 의자에 바르게 앉아 감정을 가라앉히고 그 주에 직장에서 어떤 일이 있었는지 이야기하며 조용히 남은 시간을 보냈다.

어느 면으로 보나 그것은 치료의 종결을 알리는 신호였다. 로레인을 더 당황스럽게 한 것은 환자가 다음 회기에 나타나지 않았다는 점이다. 한 주를 기다린 후, 로레인은 전화로 환자에게 연락을 했지만 응답이 없었다. 몇 주 후 환자로부터 감사하며, 일이 얼마나 잘 되어가고 있는지 전하는 쪽지를 받았다. 로레인과 나는 이것이 사실이기를 바랐지만, 의심하지 않을 수 없었다.

이후 슈퍼비전 과정에서, 우리 둘은 지난 치료시간에 무슨 일이 일어났는지에 대해 이야기했다. 로레인은 그가 자살을 언급했을 때 상당히 놀랐다는 점을 인정했다. 자연스럽게 그녀는 환자를 잃을지 모른다는 두려움에서, 그녀가 "치료적"이라고 할 만한 것을 필사적으로 찾았다는 것이다. 그녀는 무엇인가 해야 한다고 느꼈고 그녀가 한 일은 해석이었다. 그녀의 해석이 잘못되어서가 아니었다. 그것은 그리 동떨어진 해석은 아니었을 것이다. 문제는 로레인이 환자를 치료에 완전히 관여시키기 전에 치료적 유대와 비슷한 것이 있기도 전에 해석이 있었다는 점이다.

경험이 있는 치료자라면 환자를 치료 초기에 관여시켜야 할 필요성을 잘 알고 있다. 환자 없이는 치료를 할 수 없기 때문이다. 치료자가 최선의 의도와 고도의 기술을 가지고 있다 할지라도 높은 학력을 가진 전문가라는 것 외에 치료자와의 관계에서 환자가 어떤 것을 보지 못한다면, 치료를 받으려고 했던 처음 동기가 사라지게 된다. 이런 일이 발생했을 때, 환자는 왜 그의 흥미가 사라졌는지 탐색하는 데 일반적으로 관심이 없다. 치료자 또한 종결의 이유를 탐색하는 데 그렇게 열의를 갖지 않는다. 환자는 "치료받을 준비가 되어 있지 않거나", "심리적으로 탐색하려는 준비가 되어 있지 않다." 기회가 있다 할지라도 조기 종결의 문제는 환자의 심리적 마음가짐 또는 낮은 동기와 같은 환자의 변인보다는 치료자가 치료과정 초기에 "치료적 유대"를 형성하지 못한 것과 더 관련되어 있다.

치료적 유대가 치료의 초기 단계에서 중요한 또 다른 이유는 이후 치료과정에서 계속 일어날 일과 관련되기 때문이다. 환자가 초기에 두려움이나 걱정을 극복하고 치료를 시작한다 하더라도 그들은 치료의 이후 단계에서 맞닥뜨리게 될 여러 종류의 압력을 견딜 수 없을지도 모른다. 만일 대상관계치료가 성공적이려면 환자는 자신의 투사적 동일시에 도전해야만 할 것이다. 이것은 정말로 위협적인 것이 될 수 있기 때문에 환자는 치료를 그만두고 싶은 때가 있을 수도 있다. 정신병리와 심리치료의 특징은 종종 좋아지기 위해 치뤄야 하는 고통이 아픈 상태에 머무르는 고통보다 더 심한 것처럼 보인다. 치료의 관여 단계에서 일어나는 일들이 중요한 이유가 바로 이 때문이다.

　구체적으로 어떻게 환자를 관여시킬 것인가? 치료자는 어떻게 치료적 유대를 촉진시키는가? 대상관계 치료자는 환자가 제시하고 있는 문제를 넘어섬으로써, "무엇을 하고자" 하는 즉각적인 경향을 허용함으로써, 그리고 환자의 삶을 구성하고 있는 아주 작은 부분에도 흥미를 보여줌으로써 관여시킨다. 생계를 위해 그들은 무엇을 하는가? 누가 그들의 가장 친한 친구들인가? 그들이 최근에 부딪힌 실망스런 일들은 어떤 것인가? 그러나 사실을 얻기 위해 취하는 태도가 "그 사실을 얻는 것"보다 더 중요하다. 치료는 수사가 아니고 치료자는 수사관이 아니다. 정보 수집은 신중하면서도 관여가 되고 있는지 주시하면서 이루어져야 한다. 이것을 성취하는 하나의 방법은 "정서적인 연결"을 통해서다.

정서적 연결

　정서적 연결이란 용어는 공감적 이해를 표현하기 위해 만들어진

다양한 기법을 말하는 것이다(Beitman, 1987, pp.48-52). 환자 중심적 접근에 근거를 두고 있는 이 기법들은 치료자가 환자의 감정을 공유하고 이해하고 있다는 것을 환자에게 전달할 수 있게 해준다. 치료자가 이것을 하는 주요한 방식은 환자의 말 속에 새겨진 메시지들, 보통은 비언어적인 정서적 메시지에 반응하는 것이다.

정서적 연결을 맺는 데는 많은 방식이 있다. 예를 들어, 만일 환자가 폭력적인 주제가 담긴 TV쇼나 영화를 피한다고 말한다면 치료자는 "신체적 폭력이 당신을 매우 불안하게 만드는 것 같다."고 반응할 수 있을 것이다. 또는 만일 환자가 직장에서 말한 것이나 자기가 그 말을 한 사람에 대해서 조심스럽다고 하면 치료자는 "당신이 함께 일하고 있는 바로 그 사람들을 믿을 수 없어 자주 우울해지는군요."라고 말할 수 있다. 사실적 정보들("나는 어떤 종류의 영화는 좋아하지 않는다.", "나는 직장에서 주의해야만 한다." 등)을 얻고 그 안에 담겨 있는 정서적 메시지들을 강조함으로써 치료자는 정서적 연결을 위한 공감적 토대를 만들어 간다(Cashdan, 1973).

정서적 연결을 통해 다음과 같은 개입을 이끌어낼 수 있다:

- "당신이 _____에 대해 말할 때 당신은 **행복해한다.**"
- "당신은 _____주제가 나올 때마다 혼란스러워지는 것 같다."
- "당신은 정말로 _____에 화가 나 있다."
- "_____은 당신을 당황스럽게 만든다."

  (Cashdan, 1973, p.66)

그러한 언급들은 주로 사실적인 대화를 그 사람에게 맞는 정서적 대화로 바꾸어 치료적 유대를 촉진시킨다.

이 단계의 목표에 다가가는 또 다른 방법은 환자로 하여금 당신이 그 사람 편이라는 것을 알게 하는 것이다. 결핍된 대상관계를 갖고 있는 사람들은 그들이 사랑에서, 직업에서, 학교에서, 그리고 그들 삶의 다른 중요한 영역에서 어떻게 실패했는지에 대한 이야기를 가지고 종종 치료를 받으러 온다. 비교적 기민한 치료자라면 환자의 마음 속에 있는 자기−패배적이고 부적응적인 방식들의 유형을 찾아내는 것은 쉬운 일이다. 이런 것들에 대해 비판하기는 더 쉽다. 그러나 치료의 이 단계에서는 치료자가 너무 강하게 해석하거나 비춰주기보다 그것을 간직하고 있는 것이 좀 더 현명하다.

이것은 특히 부부치료에서 중요한데, 부부치료에서 부부들은 배우자에게 문제가 있다는 것을 증명하려고 치료에 오기 때문이다. 부부치료에서 보면, 부부 각자는 표면적으로는 "결혼생활을 지키기" 위해 치료에 오지만 각자 자신이 상처받은 쪽이라는 것을 증명하려는 데 더 많은 관심이 있다. 남편과 아내 둘다 상대로부터 학대받았다고 믿고 있으며 지금까지 지속되어온 갈등에 대해 치우치지 않은 "진짜" 이야기가 자신들의 입장을 증명해줄 것이라고 믿는다. 물론 부부 각자는 치료자에게 이러한 진실의 판정자가 되기를 기대한다. 그러나 결혼은 각자의 합법성을 지닌 서로 다른 진실들을 포함하고 있다. 그리고 그것은 치료자가 공동전선을 펼 필요가 있는 두 가지의—한쪽은 남편의 그리고 다른 한쪽은 아내의—진실이다.

그래서 부부치료의 초기 단계에서 나는 남편과 아내 둘 다에게 그들이 결혼생활에 제공한 것과 결혼생활에서 무엇이 잘못되어 왔다고 생각하는지에 대해 설명하게 한다. 그들이 그들 자신의 이야기를 할 때 나는 공감적 유대를 만들기 위해 두 사람에게 몰두한다. 나는 남편에게 "그의 이야기"를 하도록 격려하고 그렇게 하고 난 후, 나는 종종 "당신이 사무실에서 하루 종일 받는 압박감을 다룬다는 것이 참 힘들죠. 그래서 집에 와서 아내와 자식들과 씨름하지 않을 수 있다면 집에 오는 것이 즐겁겠지요."라고 분명히 말한다.

나는 아내에 대해서도 비슷하게 접근한다. 나는 그녀에게 "일과 가사를 처리해야 하고 저녁 늦게까지 집안 일에다 사소한 일로 다투는 아이들과 씨름하는 것은 정말 끔찍하죠. 그러니까 당신은 틀림없이 이 모든 것을 남편에게 던져두고 뜨거운 욕조로 뛰어들고 싶을 것 같네요."라고 말한다. 나는 앞에 놓여 있는 문제를 다루기 위해 좀더 나은 입장이 되도록 남편과 아내 둘 다에게 연달아 관여함으로써 두 참여자와 공감적인 유대를 맺으려고 노력한다.

공감적 반영(정서적 연결)과 더불어 환자를 관여시키는 또 다른 효과적인 방법들이 있다. 유머를 사용할 수도 있고 필요하다면 "비합리적으로" 행동함으로써 환자를 관여시킬 수도 있다. 예를 들면, 심각한 우울증과 강한 자살 가능성 때문에 치료에 의뢰된 환자의 경우에서 이것을 볼 수 있다.

이사벨이란 환자는 다른 치료자를 만나왔었는데, 치료과정에서 우울해졌고 자살할 것 같은 충동에 사로잡혔다. 비교적 경험이 적었던 치료자는 당연히 너무 걱정이 되었고, 응급상황이 발생하면 그녀를 보겠다고 동의한 그 지역 정신과 의사에게 의뢰했다. 그는 그녀를 "주요우울증"으로 진단했고 항우울제를 처치하기 시작했다. 2주 반이 지난 후에도 별 진전을 보이지 않자, 그는 그녀를 병원에 입원시키기로 결정했다.

부근에 정신과 병동이 있는 병원은 그 당시 입원실이 없어서 이사벨은 최소한 3주는 기다려야만 했다. 정신과 과장은 그녀가 다른 병원으로 가야 한다고 했지만, 이사벨은 어린 세 자녀가 있었고 그들과 너무 멀리 떨어져 있는 것을 원하지 않았다. 결국 그녀는 그 지역을 떠나지 않고 기다리기로 했다. 그녀를 돌보고 있던 정신과 의사는 이러한 상황을 다소 걱정스러워했다. 그는 내게 그녀가 병원에 입원할 수 있을 때까지 그녀를 "봐줄 수" 있는지 부탁해왔다. 나는 동의를 하고 이러한 상황 하에서 일주일에 두 번씩 이사벨을 만나기 시작했다.

내가 이사벨을 처음 만났을 때 나는 좀 놀랐다. 그녀는 매우 창백했을 뿐 아니라 아주 쇠약해 보였다. 앙상한 뼈 위에 걸쳐 있는 수의 같은 그녀의 옷이 두세 사이즈는 더 커 보였다. 그것은 그녀가 거의 먹지 않았고 지난 몇 달 동안 체중이 상당히 감소해 왔음을 보여주는 증거임이 분명했다. 그녀는 너무 우울해서 속삭이듯 말하는 것도 힘들어 보였다. 게다가 그녀는 고개를 옆으로 숙이고 있었는데, 머리를 세울 힘조차 없는 것 같았다. 정신과 의사가 그녀를 혼자 두고 떠나는 것에 대해 왜 그렇게 두려워했는지 쉽게 알 수 있었다.

치료과정에서 이사벨은 현재 상태로 오게 만든 상황들에 대해 이야기하였다. 가장 영향을 끼치고 있는 사건은 그녀의 남편이 인사도 없이, 주소도 남기지 않은 채 떠나버렸다는 사실인 것 같았다. 이사벨은 어느 날 아침에 일어나 보니 남편이 아침식사를 하고 떠난다고 적혀 있는 쪽지가 식탁 위에 있는 것을 발견했다고 했다. 결혼생활이 몇 년 동안 악화되고 있었음에도, 남편이 갑작스럽게 사라진 일은 그녀에게 너무나 충격적이었다.

이사벨은 남편과 이야기를 하면 일이 제대로 될 수 있을 것이라고 생각했다. 쪽지에는 남편이 소지품을 챙기기 위해 잠깐 들려서 아이들에게 자기가 떠나는 이유를 설명하겠다고 적혀 있었다. 그러나 그는 돌아오지 않았고, 그녀는 남편이 사라진 것에 대해 자신도 대처해야 하는 데다가, 아이들의 질문과 혼란스러움까지 감당해야만 했다.

첫 면접과정 동안 이사벨이 자살할 가능성이 있다는 매우 강력한 증거가 있었다. 그녀는 자기-비하적(남편이 떠난 것에 대해 자신을 비난하고 자신은 좋은 아내가 아니었다고 주장했다)일 뿐 아니라 자살할 것 같은 말을 계속 했다. "내가 계속 살 가치가 있는지 모르겠다."고 치료시간 내내 반복해서 되뇌었다. 그녀는 자신이 모든 사람에게 짐이 된다고 했으며, 그녀의 가족을 포함한 모든 사람들이 그녀가 없어진다면 훨씬 더 좋아할 거라고 말했다.

치료시간이 끝나갈 무렵, 나는 그녀가 자살을 생각해 왔는지 단도직입적으로 질문했다. 그녀는 한동안 침묵했고 고개를 끄덕였다. 난 그녀에게 그녀가 자살한다면 자녀들에게 어떤 일이 일어날 것 같은지에 대해 질문했다. 내가 그녀의 모성에 호소한 것은 그렇게 성공적이지 못했다. "내가 없어지는 것이 아이들에게 더 좋을 것 같아요, 나는 좋은 엄마가 아니에요. 그 아이들은 나보다 그들을 더 잘 돌봐줄 누군가가 있다면 더 좋을 것 같아요."라고 대답했다. 합리적인 말로는 다가가기 어려운 것이 분명했다.

나는 다른 시도를 해보기로 결심했다. 치료시간이 끝날 무렵, 나는 그녀에게 "내가 줄곧 생각해 봤는데, 당신이 자살하려고 한다면 나는 더 이상 당신을 만나고 싶지 않습니다."라고 말했다.

이사벨은 믿어지지 않는 듯이 나를 바라보았다. 그리고 "뭐라고?"라고 중얼거렸다.

나는 계속해서 "설명하자면, 당신은 우울하고 엉망으로 보여요. 하지만 그럼에도 불구하고 나는 당신을 좋아하는 것 같아요."라고 말했다. 난 그녀가 진지하게 듣기를 기대하며 계속했다. "문제는 만일 내가 당신과 계속 작업한다면 나는 당신을 더 좋아하게 될 것 같아요. 그래서 당신이 만일 가서 죽기라도 한다면 우울해질 사람은 바로 내가 될 거란 말이죠."

나는 이사벨에게 나도 충분히 문제가 많이 있는데, 거기에다 우울한 것까지 더하고 싶지 않다고 말했다. 만일 그녀가 진심으로 자살하려고 한다면 지금 당장 끝내는 것이 좋을 것 같다고 했다.

이사벨은 잠시 동안 나를 응시했는데, 그녀의 얼굴에 당황한 표정이 역력했다. 잠시 후, 그녀는 "당신 알아요? 당신 좀 미친 것 아니에요."라고 말하고, 처음으로 입가에 희미한 미소가 지나갔다. 우리는 나머지 시간 동안 내가 그녀에게 기울였던 관심과 그녀가 나에게 기울였던 관심에 대해 이야기하며 보냈다. 그녀는 우리가 언제 다시 만날 수 있느냐고 물으면서 그 시간을 끝냈다. 그녀가 내 치료실을 떠날 때, "걱정하지 마세요. 저 자살하지 않을 거예요."라고 말했다.

그녀는 자살하지 않았다. 그러나 병원을 떠날 수 있는 것도 아니었다. 그녀의 우울증은 너무 심각했고, 우울증을 자극하는 상황 또한 그다지 변화되지 않았다. 그러나 그녀의 자살을 막는 것이 내가 그녀를 치료하려고 했던 진정한 이유는 아니었다. 나의 목적은 그녀의 자살을 막는 것뿐 아니라 그녀 앞에 놓인 것들 즉, 자

녀를 돌보고 앞으로 다가올 그들과의 분리를 준비할 수 있도록 그
녀를 충분히 돕는 것이었다. 마지막 치료에서 이사벨이 나에게 말
한 것들 중 하나는 "당신이 나를 웃게 만든 유일한 사람이에요."
라고 한 것이다. 때로는 그것만으로도 충분하다.

  비교적 낯선 사람들 간의 유대의 기초인 관여는 그렇게 간단하
지가 않다. 이것은 아이들과의 작업에서 특히 그렇다. 치료를 받
으러 오게 되는 대부분의 아이들은 그들이 원해서 온 것이 아니라
강제로 오기 때문이다. 그들은 법에 저촉되고 학교에 적응하지 못
하고 있거나 또는 부모의 인내심을 시험하려고 한다. 자신의 의지
로 치료를 받으러 오고 치료를 해답을 찾을 수 있는 합리적인 장
소로 여기는 성인과는 달리, 아이들은 선택의 여지가 없기 때문에
치료에 온다. 그러므로 많은 아이들이 관여시키고자 하는 치료자
의 노력에 강하게 저항하는 것은 그렇게 놀랄 만한 일이 아니다.

  강박-충동 때문에 내가 치료했던 한 아이는 말하는 것조차 거
부했다. 매력적이고 옷을 잘 차려 입은 12세 마크는 학교에서 총
명한 것처럼 보이는데, 과제를 제대로 하지 못한다는 이유로 치료
에 의뢰되었다. 학교 기록에 의하면 그는 꽤 똑똑하지만(IQ 116)
사회적이지는 못한 것으로 드러났다. 선생님들은 그가 수업시간
에 너무나 불안해하고 숙제를 준비하는 데, 예를 들면 짧은 글짓
기를 하는 데도 비정상적으로 많은 시간을 보낸다고 했다.

  집에서도 비슷하게 행동한다고 그의 부모는 보고했다. 마크의
부모는 그가 간단한 숙제를 하는 데도 몇 시간씩 보내곤 한다고
하면서 그들은 아들을 아주 성실한 아이로 묘사했으며, "매우 착
한 아이"라고 표현했다. 그러나 그의 행동에 대한 설명을 통해 볼
때, 마크의 "착함"은 지나치게 순응적인 행동에서 나온 것임이 드

러났다. 그를 아주 순응적인 아이로 묘사하는 것이 더 정확할 것 같았다.

의심할 것 없이 치료자에게 주요한 좌절 중 하나는 환자가 말하려 하지 않는 것이다. 말이 없는 정신분열증 환자나 자폐증 아이와 작업하는 것이 그런 일이다. 의미 있는 대화를 기대할 수 없다. 자폐증의 경우에는 말을 할 수 있는지조차도 의문스러울 수 있다. 그러나 말을 할 수 있는 환자가 심지어 단어를 쉽게 쓸 수 있고 유창한데도 말하는 것을 혹은 말하지 않는 것을 관여하지 않으려는 수단으로 사용한다는 것을 알게 되면 더욱 화가 날 것이다.

최선을 다했지만 마크를 대화에 관여시키고자 하는 노력은 소용이 없었다. 나는 그가 나와 관계하는 것이 그의 주변 사람들과의 관계를 개선시키는 데 도움이 될 것이라는 사실을 확신시키려고 애를 썼다. 나는 그에게 우리가 말하는 모든 것은 엄격하게 비밀이 보장될 것이라고 말했다. 우리가 작업을 빨리 하면 할수록 치료에 오는 것을 더 빨리 끝낼 수 있다고 말했다. 나는 유머로 이야기하기도 했지만 모든 것이 소용이 없었다. 마크를 관여시키려는 모든 시도는 실패했다.

어느 시점에서인가 나는 체스(판 위에서 말을 움직여 하는 게임)를 하기로 마음먹었다. 마크는 내가 체스판을 가져와 말들을 조심스럽게 정렬시키는 것을 경멸스럽게 바라보았다. 체스도 별로 도움이 되지 않았다. 그러나 내가 작은 방에서 체스 세트를 가지고 올 때 그의 표정에 변화가 있는 것을 알아차렸다. 그것은 무언가가 시작되려고 하는 순간이었다. 그 치료시간의 나머지와 그 다음 치료시간 내내 진행되었다. 마크는 나의 앞에 앉아서 말을 응시하는 것 외에 다른 것은 거부했다. 그런데 다음 치료시간에 그는 말을 움직였다.

체스는 마크와 내가 서로 상호작용할 수 있는 매개물이 되었다. 얼마나 많은 치료시간들을 침묵이나 거의 침묵에 가까운 상황 속에서 체스를 하며 보냈는지 정확하게 회상하기는 어렵지만, 적어도 네다섯 회기는 족히 되었을 것이다. 그 시간 동안 마크가 중얼거린 것이라고는 "장군," 그리고 "장군 받아라."라는 말뿐이었는데, 그것은 그가 마침내 게임에서 이겼던 다섯 번째 치료시간 마지막에서였다. 그는 나를 이긴 것에 대해 분명히 즐거워했지만 다소 염려하는 듯이 보였다.

마크가 나를 이겨서 어떤 생각과 감정이 드는지 이야기하도록 격려했다. 어느 정도 부추기자, 그는 "승리"와 어른보다 더 잘 한 것에 대해 말하기 시작했다. 치료과정에서 잘 해야만 하는 것과 관련된 주제들, 타인들에 대한 수용, 자기−보호에 대해 중점적으로 이야기를 나누었다. 재미있게도, 우리가 만났던 대부분의 시간을 체스를 하면서 보냈고 수많은 치료가 체스판 위에서 진행되었다.

마크와의 초기 시간들에 대해 생각해보면 그 시간들은 다소 참아내기 어려웠음을 회상할 수 있다. 나는 마크가 "그의 문제에 대해 이야기"하기를 원했고 우리가 체스를 하면서 보냈던 시간을 제자리걸음하는 것으로 보았었다. 돌이켜보면, 체스를 하며 보냈던 시간들이 적절했던 것 같다. 체스를 하는 것은 마크를 관여시키기 위해 내가 알고 있는 유일한 방법이었고 그래서 치료과정의 결정적인 부분이었다.

내가 가르치는 학생들은 종종 치료 초기에 "진짜 임상작업"에 들어가기를 열망한다. 환자를 관여시키는 것이 임상작업이라는 것을 확신하기까지는 상당히 많은 환자를 놓치는 경험을 하게 된다. 관여는 대상관계치료의 중요한 부분이며, 나중의 개입이 효과적이 되기 위해서 성공적으로 다루어질 필요가 있다.

제안과 충고

정서적 연결 외에도 제안과 충고를 하는 것 또한 관여를 촉진시키기 위해 사용될 수 있다(Beitman, 1987). 종종 환자는 치료자를 딜레마를 해결할 수 있는 방법을 가지고 있는 가치 있는 정보의 원천으로 본다. 이것은 현실적인 지각일 수도 있고 아닐 수도 있다. 구체적인 문제를 해결할 때, 치료자가 항상 환자보다 훨씬 더 현명한 것은 아니다. 여전히 치료자가 환자의 곤경에 정서적으로 휘말리지 않는다는 사실이 치료자로 하여금 다른 시각으로 그 문제를 볼 수 있게 해주며, 때로는 한두 마디의 명언을 하게 해줄 수도 있다. 이것은 다음에 나오는 사례에서 설명이 된다.

성공적인 전기 건축업자인 에듀아도는 고통스러운 이혼 후유증으로 치료를 받으러 왔다. 그는 성공적으로 재혼했지만 첫 번째 아내를 향한 분노가 현재 결혼생활에 영향을 미치고 있다는 고민에 빠져 있었다. 또한 그의 십대 아들 빅터와의 관계에 어려움이 있었다. 이 어려움들은 아들의 방문과 아들의 방문이 새로운 가족 내에 만드는 문제에 집중되어 있었다.

에듀아도의 전 아내는 그가 현재 거주하는 곳에서 약 250마일 떨어진 다른 도시로 이사했다. 그녀는 여름 동안과 학교 방학 동안에는 아버지에게 아들을 보낸다는 조건으로 빅터의 양육권을 받았다. 비록 오랜 시간 버스를 타고 가야 하지만, 빅터는 아버지에게 가고 싶어했고 처음에 이러한 합의는 잘 지켜지는 것처럼 보였다.

문제는 빅터와 계모 사이의 관계가 마음에서 우러난 관계가 아니라는 것이었다. 빅터는 무뚝뚝했으며, 어머니가 아버지에게 하던 것과 비교하며 계모가 아버지를 돌보는 방식에 대해 그 자리에서 비판적으로 이야기했다. 그는 "아버지가 우리 집에 살았을 때는…" 하는 식으로 말을 했고 계모를 부정적인 시각으로 묘사했다. 에듀아도는 이런 말들에 대해 아들에게 대응하지 않았고, 그는 아들이 전 아내한테 들은 이야기를 전하는 것으로 의심했다.

시간이 지남에 따라 에듀아도는 점점 더 빅터의 방문에 갈등이 되었다. 그의 새 아내는 관대했지만, 빅터의 행동으로 점점 힘들어했다. 에듀아도는 빅터에게 말하는 것이 줄어들었고, 지속되는 방문이 더욱 부담스럽게 여겨졌다. 에듀아도는 아들의 방문을 금지하고 싶지 않았으나, 아들의 방문이 그의 결혼생활에 부담을 주고 있음을 느꼈다.

치료 초기의 어떤 시점에 나는 폭발할지도 모를 이 위협적인 상황을 가라앉힐 수 있도록 대안을 제시하였다. 나는 에듀아도와 빅터가 서로의 집 중간에서 만날 만한 곳이 있는지 물었다. 비록 에듀아도의 입장에서는 두세 시간의 운전을 요구한다 할지라도 이것은 빅터에게 오고가는 시간을 줄여 줄 것이다.

나는 에듀아도에게 주말에 호텔을 빌려 빅터와 식사도 하고 야구를 하거나 저녁에는 영화를 볼 것을 제안했다. 며칠 동안 두 사람은 구경하거나 두 사람이 하고 싶어했던 다른 일을 하면서 시간을 보낼 수 있을 것이다. 이런 방안이 긴 여름 동안의 방문문제를 해결하기는 어렵겠지만, 적어도 결혼생활에 대한 압력을 줄일 수 있고 그와 아들이 계속 만나고자 하는 바람을 채워줄 것이다.

에듀아도는 나의 충고에 따랐다. 그와 빅터는 함께 주말을 즐겼고 다음 만남에 대한 즐거운 계획으로 시간을 보냈다. 일이 변해가는 것을 즐거워하면서 에듀아도는 나를 매우 칭찬하였다. 나는 내가 그 방안을 제안했지만 그것을 성공적이게 만든 것은 그였다고 말하면서 이의를 제기했다. 여전히 나는 일이 잘 되어간 것에 만족했는데, 특히 그 일이 관여 과정을 촉진시켰다는 점에서 그랬다.

충고를 해주고 제안을 한다는 것이 해가 없어 보일지라도 주의하지 않으면 역효과를 낼 수 있다. 랭스(Langs, 1973)는 완벽하게 합리적인 충고가 민감한 문제를 부주의하게 건드려서 치료관계를 깨뜨릴 수 있는 예를 제시하고 있다. 그 충고는 근친상간의 환상과 관련된 숨겨진 문제가 있는 가정의 잠자리 변화를 제안한 것과 관계가 있었다. 치료자는 자신이 하는 충고가 "안전"하다고 합리적으로 확신이 들지 않으면 충고를 하지 않는 것이 더 낫다.

치료의 초기 단계에서 따라야 하는 일반적인 지침은 비교적 해가 없고 성공할 가능성이 있을 때에만 충고를 하라는 것이다. 에듀아도에 대한 나의 충고가 역효과를 낼지도 모른다고 생각했다면 충고를 하지 않았을 것이다. 첫 번째 단계의 목적은 문제를 해결하는 것이 아니라 관계에 환자를 관여시키는 것이다.

간단하게 말하자면, 환자는 누군가 그들의 처지에 공감하며 그들 편이라고 느낄 필요가 있다. 그들의 파란만장한 삶을 다룰 수 있도록 도와줄 수 있는 누군가와 관계를 유지할 수 있다고 느낄 필요가 있다. 동시에 그들은 관계 안에 있다는 것을 두려워한다. 그들은 관계란 원래 위험하고 결국은 거절당하고 심지어 버림받을 수 있다고 믿고 있다. 그러므로 대부분의 환자들이 치료관계에 양가적인 감정을 갖고 접근하게 된다.

대상관계치료의 관여 단계는 이러한 양가감정을 극복하기 위해 만들어진 것이다. 그것의 목적은 환자가 초기에 치료에 머물고 그러한 관계가 후에 일어날 일의 기반이 되도록 하는 것이다. 관여는 치료자의 기술에 좌우되지만, 다양한 방법으로 성취될 수 있다. 치료적으로 환자를 치료자에게 결합시키는 한에 있어서만 지지, 유머, 공감적 연결, 그리고 다른 "기법"들의 사용이 관여에 포함될 수 있다.

이식증으로 고통받아왔던 로이의 사례(제2장 참고)에서 관여는 자신을 표현할 수 있는 수단을 제공하는 것과 같은 단순한 것을 포함한다. 그림 그리기는 로이와의 치료에서 치료의 상이한 단계에서 중요했던 관계의 주제를 부각시키는 데 사용되었었다. 그 예로, 달을 떠나고 있는 우주선 그림이 치료의 마지막 단계에서 그려졌는데, 그때는 종결과 분리의 주제가 두드러진 때였다. 그것은 유기와 관계가 있는 대상관계의 주제를 건드렸고, 우리 둘 다 치료가 종결되기 전에 직면해야만 했던 것이었다. 그림이 없었다면 이러한 수준에서 상호작용할 기회가 불가능했을 것이다.

로이가 이러한 그림을 그려낼 수 있었다는 사실은 그가 크레용과 물감에 접근했느냐 아니냐에 달려 있었다. 치료의 초기에 그에게 크레용을 주었다는 단순한 행동이 관여 과정의 한 부분을 만들었다. 그것은 내가 그를 믿었다는 것을 의미한다. 계속된 치료적 유대는 내가 대상관계적 수준에 그를 관여시킬 수 있게 해주었고, 일어나지 않을 것이라고 생각했던 것을 변화시켜주었다.

치료의 관여 단계가 거의 이루어진 것을 말해주는 한 가지는 환자들이 치료시간이 기다려진다고 말하는 것이다. 이것은 치료 초기에 환자들이 그들이 받게 된 치료에 대해 의구심을 나타내고 심지어 불안해하는 것과 현저하게 다르다. 특히 그들은 치료받는 것을 원하지 않으며, 만일 그들이 그렇게 비참하지 않다면 치료받으러 오지 않았을 것이다. 그리고 온다 하더라도 어쩔 수 없이 오는 것이다.

그러나 만일 치료의 관여 단계가 성공하면, 환자의 정신은 빛이 나고 치료는 새로운 희망이 되기 시작한다. 환자들은 기분이 나아졌고 그들의 상호작용이 개선되었으며, 삶이 외롭지 않다고 말한다. 이것이 착각이고 일시적인 것이라 하더라도 문제가 되지 않는다. 중요한 것은 치료적 유대가 일어났다는 것이고 치료자가 환자의 내적 대상세계에 빠져들기 시작했다는 점이다. 이런 일이 일어나면 치료자는 관여 단계가 성공적으로 잘 이루어졌고 치료가 다음 단계로 진전될 준비가 되었다는 점을 상당히 확신할 수 있게 된다.

제**5**장

두 번째 단계 : 투사적 동일시

치료관계의 성격은 환자의 관계적 병리가 드러나기 시작하는 치료의 두 번째 단계에서 현저하게 변화한다. 이것은 치료자가 다른 직종의 전문가들 이상이라는 환자의 인식과 더불어 시작된다. 현재의 관계는 환자가 변호사, 내과의사, 그리고 회계사와 가졌던 관계와는 무언가 다른 것처럼 보인다. 이것은 "진정으로" 보살펴주는 누군가를 찾고자 하는 필요에 의해서라기보다는 관계를 맺고 싶은 누군가와 관계를 갖으려고 하는 욕구에 의해 더 강화된다. 이러한 감정이 발달할수록 환자의 투사적 동일시가 두드러지게 표면화되기 시작할 것이다.

치료가 이러한 시점에 도달할 때쯤, 치료자는 환자의 투사적 동일시를 구성하고 있는 다양한 행동에 대해 많이 알게 된다. 환자의 불평에 신중하게 주의를 기울이면서, 그리고 동시에 환자의 관계에서 잘못되고 있는 것이 무엇인지 종합함으로써 치료자는 환자의 어려움의 근거에 대한 그림을 상당히 정확하게 그려낼 수 있다. 그러나 투사적 동일시에 대해 말하고 있는 누군가를 경청하는 것과 투사적 동일시의 목표가 되는 것이 동일한 것은 아니다. 다른 치료와 대상관계치료의 차이는 치료자가 개인적으로 환자의 병리에 말려들게 되는 방식에 초점을 두는 것이다.

치료자가 투사적 동일시의 목표가 되었다는 처음의 징표는 뭔가 일들이 좀 이상하다는 모호한 느낌들이다. 치료자는 매우 화가 나 있고 안달하고 있는 자신을 발견한다. 자신이 치료를 잘 하고 있는지 의심하기 시작한다. 그가 성적으로 자극받는 경우들도 있다. 비록 치료자를 당황스럽게 할지라도 이러한 종류의 사고와 감정들은 대상관계치료과정의 자연스런 부분들이다. 그것들은 환자의 대인관계 병리에 대한 반응이며 "역전이"에 해당된다.

대상관계치료에서 역전이는 환자의 투사적 동일시에 **반응하면서** 발생하는 치료자의 정서적 반응을 말한다. 이것이 전통적인 정신분석에서 사용된 용어 방식과 첨예한 대조를 이루는 부분이다. 전통적인 분석에서 역전이는 분석을 방해하는 분석가 쪽의 바람직하지 않은 반응들이다. 이런 반응들의 기원은 분석가 자신의 해결되지 않은 심리성적인 갈등에 있으며 보통은 사실상 오이디푸스기적인 것이다. 그러한 반응들은 만족스럽게 해결될 필요가 있으며 보통 이것은 자신의 훈련 분석가와의 자문을 통해 행해진다. 만약 분석작업이 성공적으로 이루어진다면, 역전이가 제거되거나 적어도 조절 가능한 정도로 감소된다(Ernsberger, 1979; Langs, 1982).

대상관계치료에서 역전이는 매우 다르게 여겨진다. 치료자의 미해결된 오이디푸스 갈등에 따른 반응으로 생각하기보다 역전이를 환자의 투사적 동일시에 대한 자연스런 반응으로 본다. 따라서 역전이는 치료과정의 유용한 부분으로, 심지어는 필수적인 것으로 여겨진다(Bollas, 1983; Meyers, 1986; Ogden, 1982). 대상관계 작업에서 치료자의 정서적 반응은 환자의 투사적 동일시의 정확한 성격과 투사적 동일시 이면에 있는 메타커뮤니케이션을 경험적으로 확인하기 위해 면밀하게 검토되고 사용된다.

예를 들면, 치료자는 특정한 환자와의 치료시간이 끝나갈 무렵 일관되게 그를 과보호하고 있다는 느낌이 들 수도 있다. 치료자는 환자가 혼자 힘으로 잘 해낼 수 있을지 혹은 환자가 다음 시간이 되기도 전에 균형이 깨질까봐 걱정할지 모른다. 그러한 감정은, 특히 그것들이 반복적으로 일어날 때 의존적 투사적 동일시가 작용하고 있다는 신호일 수 있다. 역전이를 사용하는 것은 치료자로 하여금 혼란스럽고 방해받고 있다는 것을 증명해줄 수 있는 정서적 반응을 이해하게 해줄 뿐만 아니라 진단적 목적으로 자신의 감정을 사용할 수 있게 해준다.

당연히 치료자가 자신의 감정이 환자의 투사적 동일시에 대한 반응이라는 것을 어떻게 "아는"가 하는 질문이 생긴다. 치료자는 개인적인 반응이 치료에서 발생하고 있는 것 때문에 유발된 것인지 혹은 환자와 전혀 관계가 없는 외부의 생활상의 것 때문에 유발된 것인지를 어떻게 결정할 수 있을까? 성적 각성이 환자가 성적 투사적 동일시를 사용하고 있다는 것을 의미하는가 혹은 치료자의 개인적 생활이 성적인 어려움으로 가득 차 있어서 치료가 이것을 해결하기 위해 사용되고 있음을 의미하는 것은 아닌가?

특히 대상관계치료를 하는 치료자는 누구나 이러한 질문에 역점을 두어 다룰 필요가 있다. 효과적인 치료를 하기 위해서 치료자는 치료 내에서 일어난 것에 의해 야기된 반응과 치료 밖에서 일어난 것에 의해 야기된 반응을 구분할 수 있어야 한다. 이 둘간의 차이를 구별하는 방식에 대한 논의가 다음 장에서 이루어질 것이다. 여기에서는 어떻게 다양한 투사적 동일시들이 치료에서 나타나는지 검토한다. 다양한 투사적 동일시의 출현은 치료의 두 번째 단계에서 나타나는 두드러진 특징이기 때문이다.

의존성

다른 사람들과 관계를 하는 데 있어서 의존적 투사적 동일시에 의지하는 환자들은 치료자로 하여금 보살펴주는 역할을 하게 함으로써 치료에서 이것을 드러낸다. 이러한 투사적 동일시가 일어나는 경우에 치료자는 매우 민감하고, 모든 것을 알고 있으며 전능한 것처럼 보인다. 따라서 의존적 투사적 동일시가 작용하는 치료에서는 치료자에게 **충고, 지도와 지지**에 대한 요구가 강조된다. 최근에 두 번째 부인과 이혼하고 다음 결혼은 실패하지 않으리라는 확신을 얻기 위해 치료를 받으러 온 환자의 행동에서 이것을 어렴풋하게 볼 수 있다.

치료과정의 어느 시점에 환자인 돔은 내가 결혼했으며 이혼한 적이 없다는 것을 알았다. 치료 초기에 그는 "당신은 15년 동안 같은 여자와 결혼생활을 해오고 있다고 들었습니다. 당신은 어떻게 하면 결혼생활을 잘 해 나가는지 분명히 알고 있을 것입니다. 아마도 나에게 몇 가지 조언을 해줄 수 있을 것입니다."라고 말했다.

처음에 나는 돔에게 그가 원하는 것을 주고자 하는 충동이 있었다. 그렇게 하면 어떤 해로움이 있을 것인가? 적어도 나는 결혼을 유지하는 데는 상당한 인내와 유머감각이 요구된다고 말할 수 있을 것이다. 그러나 내가 **정말로** 부부간의 성공의 비밀을 알고 있다고 생각한 것이 섣부른 가정이고, 환자에게 내가 생각한 것을 하게 하는 것은 어리석은 짓이었음을 깨달았다. 환자가 원했던 것은 이것이 아니었다. 돔이 정말로 원했던 것은 여자를 다루는 방법을 이야기해줄 수 있는 누군가와 관계를 맺는 것이었다.

의존적 투사적 동일시에 의지하는 환자들은 마치 치료자가 "해답"을 가지고 있는 것처럼 치료자와 관계한다. 치료자는 환자가 모르는 무언가를 안다. 혹은 만약 지금 치료자가 그것을 모른다면 이후에 알게 될 것이고, 나중에 그것을 밝혀낼 것이다. 물론 치료자는 해답을 갖고 있지 않다. 치료자가 가지고 있는 것은 치료자 자신이며 비록 환자가 그것을 깨닫지 못한다 하더라도 이것이 바로 치료자가 주어야 하는 것이다.

만약 환자들이 진정으로 느끼는 것에 닿아 있다면, 그들이 진정으로 갈망하는 것을 말로 표현할 수 있다면, 그들이 가장 필사적으로 원하고 있는 것은 그들 자신이 소중하게 느껴지는 관계라고 고백할 것이다. 그들은 자신들이 가치 있다는 것을 확인받기 원한다. 문제는 이것을 얻기 위해 알고 있는 유일한 방식이 마치 그들이 무기력한 것처럼 행동하는 데 있다는 것이다. 궁핍한 척해야만, 마치 스스로의 힘으로 자신의 삶을 꾸려가는 것이 불가능한 것처럼 행동해야만, 다른 사람들이, 이 경우에는 치료자가 그들을 도와줄 것이라고 느낀다.

이 점은 캐서린의 사례에서 보다 분명했다. 그녀는 큰 법률 사무소에서 비서로 일하고 있었으며, 심한 불안감과 간헐적인 불안

발작으로 치료를 받으러 왔다. 캐서린은 늘 신경과민으로 시달려
왔는데, 최근 몇 달 동안 그녀의 신경증은 일에도 영향을 미치는
것 같다고 보고했다. 심지어 그것 때문에 해고될지도 모른다고 생
각했다. 그녀가 일하고 있는 곳의 변호사들이 그녀를 매우 높이
평가했기 때문에 이러한 걱정은 현실적인 근거가 없었다. 그들은
일을 수행하는 그녀의 유능함이나 능력을 의심한 적이 없었다. 그
럼에도 불구하고 그녀는 여전히 점점 더 신경이 예민해졌고, 결국
은 일을 "엉망으로 만들 것"이라고 느꼈다.

  치료과정에서 무능하다는, 그리고 "엉망으로 만들 것"이라는 캐
서린의 감정은 그녀가 남자들과의 관계에서 가장 심한 것으로 드
러났다. 또한 그녀는 나에게 12년 동안의 결혼생활 중 결혼 초기
가 그녀의 삶에서 가장 행복한 시간들이었다고 말했는데, 이미 2
년 전에 이혼으로 그 관계는 끝이 났다. 캐서린은 시간이 지나면
서 정말로 두 사람이 소원해진 것 같다는 사실을 제외하고는 자신
과 남편이 왜 헤어지게 되었는지 모르겠다고 했다.

  그 뒤 몇 달 동안 우리는 그녀의 전 남편과의 관계와 결혼생활
에서 무엇이 잘못되었는지에 대해 논의했다. 그녀의 이야기를 듣
게 되면서 캐서린은 남편과의 관계에 강한 의존적인 요소들이 내
포되어 있음이 분명해졌다. 그녀는 청구서 지불하는 것, 물건을
사는 것, 그리고 집안의 허드렛일을 하는 것까지도 남편에게 의지
했다. 심지어 옷을 입는 방법까지도 물어볼 정도였다. 두 사람이
외출할 때마다 그녀는 어떤 옷을 입어야 하는지, 어떤 신발을 신
어야 하는지, 그리고 어떤 보석을 착용해야 하는지 그에게 묻곤
했다. 그녀는 이 모든 것을 나에게 말할 때 다소 무안한 듯이 보
였으나 그것을 "나는 매우 불안정한 사람이에요."라고 변명하며

말했다.

　캐서린의 전 남편과의 상호작용에서 특징적이었던 이러한 종류의 행동은 약간 유별났다. 아내가 자신이 옷 입은 모습이 어떻게 보이는지 남편에게 묻는 것, 그리고 그 반대도 일상에서 벗어난 행동은 아니다. 그러나 캐서린은 남편이 실제로 그녀에게 어울리는 옷을 골라줄 것을 고집했다. 게다가 캐서린의 행동은 거의 이끌리는 듯한 의례적인 것이었다. 그녀는 34세의 여인이라기보다 두려움에 떨고 있는 어린 소녀처럼 행동하는 것으로 보였다.

　치료가 진전됨에 따라 캐서린은 남편과의 관계에서 특징적이었던 것과 같은 종류의 행동을 치료에서 드러내기 시작했다. 예를 들면, 캐서린은 나에게 고용주에게 어떻게 처신해야 하는지 "자문"을 구하곤 했다. 봉급 인상과 관련하여 상관에게 어떻게 물어야 하는가? 승진을 하기 위해 무엇이 필요한가? 그녀는 회사에서 가령 새 비서 훈련과 같은 부가적인 책임을 맡았는데, 그에 따른 적절한 보상을 받지 못했다고 느꼈다. 캐서린은 직장에서의 자신의 위치에 대해 불안해했고 나에게 일이 제대로 되도록 그녀가 무엇을 해야 하는지 말해주기를 원했다.

　또한 캐서린은 남자들과 어떻게 관계를 해야 하는지에 대해 내가 가르쳐주기를 고집했다. 그녀는 다시 데이트를 하기 시작했지만 12년 동안의 결혼생활 이후에 시작된 데이트는 그녀에게 완전히 새로운 상황이었다. 예를 들면, 결혼상대로서 적당한 남자를 어떻게 만나기 시작해야 하는지, 처음 만났을 때 관계를 어디까지 해야 하는지, 남자들은 처음 만났을 때부터 성관계 갖기를 기대하는지와 같은 것을 알고 싶어했다. 그녀는 내가 해답을 제시해줄 것이라고 기대하면서 이 모든 질문들을 했다. 그럴 수 있다. 그러

나 치료자가 그 모든 질문에 대답해 줘야 하는 위치에 있는 것인
지는 의문이다.

조언을 구하는 그 자체는 분명히 병리적인 것이 아니다. 때때로
치료자는 환자가 경험하고 있는 정서적 혼란과 떨어져 있다는 이
유만으로도 환자의 문제에 대해 다른 시각을 제공할 수 있을지 모
른다. 그러나 치료 시간마다 정보 구하기, 확실한 지침을 얻으려
는 시도들, 간청, 심지어 지지를 요구하는 것으로만 화제가 채워
질 때 그 밖에 무엇인가 다른 것이 일어나고 있는 것은 아닌지 의
문스럽다. 이런 경우 대개 의존적 투사적 동일시로 보는 것이 더
적합할 것이다.

의존적 투사적 동일시로 자신의 세계를 구축하고 있는 환자들과
의 작업에서 흔히 발생하는 것은 긴급 호출과 반복적인 위기들이
다. 환자는 치료자에게 전화를 해서 자신의 세계가 붕괴되고 있다
든지 또는 다음 치료시간까지 견딜 수 없을 것 같다고 통지한다.
종종 "위기"는 상당히 과장된 것이라는 것이 입증되고 다음 치료
시간에 쉽게 처리될 수 있는 것이다. 치료자가 붕괴될 것 같은 환
자들의 요구를 거부한다는 것도 어렵지만, 사무실을 나와 응급실
로 달려가는 것 또한 불가능한 일이다. 의존적 투사적 동일시를
사용하는 환자들의 경우에 대부분의 위기들은 전혀 위기가 아니
라 오히려 치료자를 구세주의 자리에 앉히려는 시도일 뿐이다.

분명한 지침을 요청하는 것, 그리고 도움을 간절히 원하는 것
이면에는 메타커뮤니케이션이 있다. 메타커뮤니케이션의 존재를
알리는 단서는 치료자의 역전이 반응인데, 이때 환자를 "도우려
는" 갈망은 적절한 수준을 넘어서는 것처럼 보인다. 치료자는 환
자가 지나치게 우울해지거나, 특별한 지지(치료시간을 늘리는 것, 한

주에 치료 횟수를 더 많이 갖는 것, 치료자의 집 전화번호를 알려주는 것)가 없다면 문제를 처리하지 못할까봐 염려할지 모른다. 치료자에게서 이끌어내려고 하는 반응은 도움인데, 정확하게 말하면 보살핌이다.

치료자는 도움이 되려고 환자가 요청하는 조언을 본의 아니게 제공할지 모른다. 종종 조언의 원래 의도한 바는 달성되지 못하고 환자가 치료자를 비난하는 것으로 끝이 난다. 이것이 남편이 항상 자신을 위협한다고 불평했던 다소 위축되어 있고 수동적인 여인의 사례에서 일어났다. 그녀는 남편을 항상 자기 자신을 가장 중요시하고 습관적으로 그녀를 무시하는 건방지고 독선적인 사람으로 기술했다.

나는 환자에게 남편에게 대항하도록 격려했으며 다음에 남편이 그녀를 못살게 굴면 더 강하게 자신을 표현하라고 했다. 그녀는 다음 시간에 와서 나의 말을 진지하게 받아들여 단호히 행동하기로 마음먹었다고 말했다. 내가 무슨 일이 있었는지 물었을 때 그녀는 애처로운 목소리로 "그는 나를 야단쳤어요."라고 대답했다. 그녀는 계속해서 내가 어리석은 충고를 했다며 나를 비난했다.

대부분의 경우 도움이 되고자 하는 충동을 물리치는 것이 더 낫다. 자신의 감정을 억제하고 처음 반응을 검토하는 것은 종종 그것이 역전이라는 것을 드러나게 하며, 환자 요청의 조종적인 측면을 깨닫게 해준다. 나의 환자들 중 한 명은 여자와 관계를 맺을 때 어려움이 있는데, 그것이 성적인 문제인 것 같다고 호소했다. 그는 성관계를 할 때 서툴러서 여자들이 항상 이끄는 경향이 있다고 느꼈다. 한번은 그가 리더스 다이제스트 한 부를 가져와서 "당신의 성생활을 향상시킬 수 있는 열 가지 비결"이란 제목이 붙은 기사를 나에게 보여주었다. 그는 그 기사가 자신이 겪고 있는 성적인 문제를 해결해줄 수 있을지 모른다는 희망으로 가판대에서 그 책을 집어들었다.

 그러나 거기에는 그 이상의 더 많은 것이 있었다. 그는 내가 각 항목들을 면밀히 검토해서 그에게 가장 적합하다고 생각하는 것을 골라 충고해주기를 원했다. 나는 그를 돕고 싶다는(역전이 반응) 유혹이 생겼지만, 억제하기로 결정했다. 분명히 나는 루스 박사도 아니었고, 그가 읽고 있는 기사의 저자보다 성에 대해 더 많은 지식을 갖고 있지도 않았다. 내가 무슨 일이 일어나고 있는지 성찰하기 시작하면서 나는 의존적 투사적 동일시에 참여하길 "요청"받고 있음을 깨달았다. 환자는 아마도 그가 할 수 있는 것임에도 불구하고 내가 그를 위해 결정해주길 바라고 있었다. 더 심층적인 수준에서 그는 혼자서는 어떠한 결정도 할 수 없다고 말하고 있었다.

 "역전이를 사용하는 것"은 자신의 반응에 반응하는 것을 의미한다. 이것은 ① 투사적 동일시에 새겨진 메타커뮤니케이션에 정서적으로 반응하도록 자신을 허용하는 것, 그리고 ② 이러한 정보를 환자의 병리를 확인하는 수단으로 사용하는 것을 의미한다. 그것은 치료자가 스스로를 기꺼이 정서적 지표로 삼아야 하는 것을 의미한다. 치료자는 관계에서 일어나고 있는 것에 관하여 **지적으로 반성적이어야** 할 뿐만 아니라 자신의 안에서 일어나고 있는 것에 대해 **정서적으로 반응적**일 필요가 있다. 이러한 방식으로 환자가 자신을 "사용"할 수 있도록 허용함으로써 치료자는 환자의 메타커뮤니케이션의 특징을 경험적으로 평가하기 위해 역전이를 사용한다.

치료자가 관계에서 일어나고 있는 것에 대하여 확실한 감을 지니면, 예를 들어 치료자가 메타커뮤니케이션의 성격을 정확하게 이해하면, 그 때가 적절한 반응을 고려해야 하는 시점이다. 물론 치료자는 "도움"이 될 수 있다. 의존적 투사적 동일시가 분명해진 상황에서도 충고를 하고, 방향을 제시하고, 그리고 지침을 제공할 수 있다. 그러나 이것은 단지 환자의 병리를 강화하는 것이지 특별히 치료적인 것이 아니다. 적절한 반응은 치료자가 투사적 동일시 이면에 있는 메타커뮤니케이션을 치료적으로 다룰 수 있도록 드러나게 하는 것이다.

실제적인 측면에서 이것은 치료자가 환자로 하여금 사적이고 숨겨진 의사소통을 공적이고 대인관계에서 수용 가능한 의사소통으로 바꿀 수 있게 하는 것을 의미한다. 의존적 투사적 동일시의 경우에 환자가 공개적으로 "나는 당신 없이 살 수 없다" 혹은 그와 유사한 내용을 드러내게 된다. 치료자가 환자로 하여금 혼자 해결할 수 없다는 것을 공개적으로 드러내게 할 수 없다면 치료는 애매하고 설득력 없는 대화의 무게에 짓눌리게 될 것이다.

치료자는 이것을 어떻게 달성할 것인가? 메타커뮤니케이션을 어떻게 드러나게 할 것인가? 우선 치료자는 무엇이 일어나고 있는지 상호작용의 특성을 분명하게 드러낼 필요가 있다. 치료자는 관계를 "치료실 안으로" 가져올 필요가 있다. 치료자는 일어나고 있는 것의 초점을 지금―여기로 가져옴으로써 계속되는 치료자―환자의 관계를 구체화하고 적절하게 만들어야 한다.

이것이 쉽지는 않다. 환자들, 그리고 때로는 치료자들은 그들의 관계보다 다른 관계에 대해 이야기하기가 더 쉽다는 것을 발견한다. 가장 직접적이고, 결국은 가장 접근하기 쉬운 대상관계를 전혀 건드리지 않고 환자의 부모들, 배우자들, 그리고 다른 대상관계들과의 관계에 대해 이야기하느라 많은 시간을 보낼 수 있다. 흔히 치료자들은 그들 자신의 관계에서 일어나고 있는 것을 다루지 않으려는 방어로 과거의 사건들 혹은 치료실 밖에서 일어난 다른 사건들에 대해 이야기함으로써 환자와 공모한다.

심한 강박-충동 증상을 가지고 있는 학교 선생님이었던 나의 한 환자는 자신이 직장에서 얼마나 부적절하다고 느꼈는지 이야기하는 데 많은 시간을 보냈다. 한번은 그녀가 "미친 사람처럼 행동"할 것 같은 두려움 때문에 사람들 앞에서 자신을 통제하느라 얼마나 힘들었는지에 대해 설명하기 시작했다. 그녀가 무엇을 이야기하고 싶어하는지 분명하지가 않았다. 나는 그녀에게 나와 있을 때에도 이상하게 행동할 것 같은지 물었다. 그녀가 미칠 것 같은 상태에 대한 이야기를 꺼낼 때마다 그녀는 웃었지만, 나는 그녀가 의미하는 바를 전달할 수 있을 때까지 그것을 우리의 관계로 가져왔다. 그녀에게 그것은 통제력을 상실하는 것, 통제할 수 없을 정도로 우는 것, 그리고 무기력해지는 것을 의미했다. 그리고 나서 나와의 관계에서 통제력를 상실하는 것, 그리고 무기력해지는 것이 주제가 되었다.

치료를 "치료실 안으로" 가져온 다음 치료자는 투사적 동일시를 구성하고 있는 의사소통이 가능한 한 직접적으로 이루어질 수 있게 할 필요가 있다. 흔히 환자들은 "…면 어떻게 될까?"란 질문 속에 도움을 구하려는 요청과 요구를 감추고 있을 것이다. 환자들은 "내가 당신에게… 도움을 요청한다면 어떻게 될까?" 혹은 "내가 당신에게 …해야 하는 방법을 가르쳐달라고 한다면 어떻게 될까?"와 같은 질문을 할지 모른다. 환자에게 이러한 종류의 조건부적이

고 시험적인 진술들을 "당신은 나에게 해결해달라고 부탁해야 할
것이다."라고 말함으로써 혹은 "알 수 있는 방법은 하나밖에 없
다."라고 반응함으로써 대인관계에서 구체적으로 요구하는 것으로
바꾸어야 할 필요가 있다. 치료자가 환자의 모호한 요구 이면에
있는 메타커뮤니케이션을 드러내게 함으로써 치료자는 치료자-환
자 관계를 분명하게 만들 수 있다는 희망을 가질 수 있다.

　마지막으로 치료자는 환자가 요구하는 공감, 지도, 그리고 지지
를 거절해야 한다. 대부분의 치료자에게 이것은 중요한 자기 이미
지, 즉 도움을 주는 직업과는 상반되는 것으로 보이기 때문에 그
렇게 하는 것이 어렵다. 엄청난 위기에 처해 있는 것처럼 보이는,
그리고 도움의 손길을 원하는 환자에게 "아니오"라고 말한다는
것은 매우 힘들다. 그러나 만약 치료가 성공적이길 원한다면 치료
자는 때때로 확실하게 "아니오"라고 말해야 한다. 도움을 원하는
환자의 요구를 받아들이는 것은 환자의 병리를 키우는 것이다. 도
움을 거절하는 것은 환자를 메타커뮤니케이션에 새겨진 위협이나
명령에서 벗어나게 해주는 것이다.

　대상관계치료의 두 번째 단계의 목표는 메타커뮤니케이션을 드
러내게 하는 것이다. 의존적 투사적 동일시의 경우에 이것은 환자
가 치료자 없이는 살 수 없다는 사실을 실제로 점차 인식하게 되
는 것을 의미한다. 메타커뮤니케이션이 표면화되었을 때 그것은
더 이상 환자의 투사적 환상 속에 존재하지 않고 치료자-환자 관
계 속에서 분명해진다. 이제 치료자는 치료적 방식으로 그것을 다
룰 수 있는 위치에 있게 된다.

힘

　힘의 투사적 동일시가 중심적인 역할을 하는 대상관계치료는 **통제**의 문제가 단계의 중심에 놓여진다. 이러한 치료에서 절실한 문제는 누가 책임을 지느냐 하는 것처럼 보인다. 환자들은 일이 잘 해결되기 위해서 관계에서 일어나는 것은 어떤 것이든 자신이 통제해야 한다는 가정에서 움직인다. 따라서 치료자가 전문가일 것이라고 생각되는 상황이지만 환자는 자신이 직접 치료를 진행하려고 노력한다. 프랭크 시나트라(Frank Sinatra)처럼, 환자는 자기 방식으로 하려고 작정한 것처럼 보인다.

　치료자를 대하는 환자의 행동은 삶에서 그가 다른 중요한 인물들과 가졌던 관계의 연장에 지나지 않는다. 힘의 투사적 동일시로 상호작용을 하는 환자들은 그들을 알고 있는 사람들에 의하면 지배적이고 통제적이고, 그리고 과도하게 비판적인 사람들로 기술된다. 그들의 모든 관계, 특히 가까운 사람들과의 관계는 위계적으로 구축되어 있다. 다른 사람들을 대할 때 누가 최고인가, 그리고 누가 최하인가가 중요한 문제인 것처럼 보인다. 일의 관계든 사랑의 관계든 가장 중요한 문제는 누가 힘을 행사하느냐다.

　힘의 투사적 동일시들과 대인관계에서 힘의 투사적 동일시들이 드러나는 방식을 살펴보면 여러 가지 면에서 힘의 투사적 동일시가 의존적 투사적 동일시와는 반대임을 보여준다. 의존적 투사적 동일시에서는 자신이 불완전하며 중요한 사람의 지지 없이는 기능할 수 없다고 생각한다. 힘의 투사적 동일시에서는 다른 사람들이 불완전하며 강력한 사람이 이끌어주지 않으면 기능할 수 없다고 생각한다. 이것은 환자가 치료에서 일어나고 있는 일들을 어떻게 표현하는지를 통해 드러난다.

대부분의 다른 투사적 동일시들과 마찬가지로 힘의 투사적 동일시들은 치료의 두 번째 단계에서 가장 뚜렷해진다. 그러나 때로 치료 초기에 힘의 투사적 동일시가 작용하는 징후를 발견할 수 있다. 이것은 국가기금 모금단체의 지역구 조정자로 일하고 있던, 그리고 다 자란 아이들과의 관계에서 생긴 지속적인 갈등을 상의하고 싶어 약속시간을 정하기 위해 처음으로 전화를 했던 낸시와의 대화에서 분명히 나타났다.

잠시 동안 문제의 본질에 대해 그녀와 이야기를 나눈 후 나는 일단 만날 것을 제안했다. 그녀는 나에게 수첩을 가지러 갔다 오는 동안 기다려줄 것을 부탁했다. 그녀가 전화기를 다시 들면서 "나는 선생님이 좀 바쁠 것이라고 생각해요."라고 말했다. 그녀는 나에게 가능한 시간이 언제인지 물었고 자신의 일정과 맞는지 검토해보겠다고 말했다.

내가 그녀에게 제안한 모든 일정이 맞지 않았다. 월요일과 화요일은 그녀에게 회의가 있는 날이었다. 대부분의 다른 시간들은 여기 저기 순회하느라 보내야 했다. 우리는 서로에게 알맞은 시간을 찾느라 5분에서 10분 정도를 소비해야만 했다. 마침내 우리는 적당한 시간을 찾을 수 있었는데, 그 시간은 내가 취미로 구기를 하는 날이었다.

처음 만남은 우리가 가졌던 전화대화의 반복으로 끝이 났다. 우리가 잡은 시간은 그렇게 적절한 시간이 아니었다. 낸시는 만날 약속을 다시 잡기를 원했다. 나는 그녀의 일정에 맞추려 노력했다. 우리는 서로에게 적당한 시간을 정하느라 다시 15분 정도를 소비했다. 말할 필요도 없이, 내가 제안한 모든 일정은 맞지 않는 것처럼 보였다. 결국 나는 다시 나의 일정을 그녀의 요구에 맞춰 변경했다. 비록 그 당시에는 분명하지 않았지만, 낸시의 행동은 나중에 힘으로 관계를 통제하려는 행동이었다. 상담일정을 통제하려는 그녀의 시도는 힘의 투사적 동일시의 표현이었으며, 누가 관계를 주도할 것인지를 정하려는 그녀의 욕구에 대한 초기 징후였다.

돌이켜 생각해보니, 내가 낸시의 손에서 놀아났음이 분명했다. 동시에 나는 어떤 일이 일어나고 있는지 알았다 하더라도 비슷한 방식으로 반응했을 것이다. 투사적 동일시의 작용이 두드러지는 시점은 치료의 첫 번째 단계가 아니라 두 번째 단계다. 앞에서 지적했던 것처럼, 만약 메타커뮤니케이션이 전면에 드러나기를 희망한다면 치료자는 치료 초기에 투사적 동일시의 표현에 견디어내고 심지어 그것을 격려할 필요가 있다. 만일 치료 초기 단계에 투사적 동일시가 출현할 수 있는 치료의 토대를 확립하지 않는다면 이후의 단계에서 별로 많은 것들이 일어나지 않을 것이다.

낸시의 상당히 부풀려진 투사적 동일시 표현은 어느 정도 시간이 지나자 치료에서 확실해졌다. 치료가 진행되면서 점차 그녀가 자신의 방식으로 하고 싶어한다는 것이 분명해졌다. 내가 그녀의 큰아들과의 관계에 초점을 맞추려 하면 그녀는 작은아들에 대해 이야기하기를 고집하곤 했다. 내가 그녀의 동료들과의 관계와 아이들과의 관계가 갖는 관련성을 끌어내려 하면 그녀는 그 둘 사이에는 어떤 관련도 없다는 것을, 그리고 그녀의 일에 대해 이야기하기 위해 치료받으러 온 게 아니라고 고집하곤 했다. 그리고 내가 "치료실 밖에서" 일어나고 있는 것에서 치료실 안에서 일어나고 있는 것으로 초점을 전환하려 하면 그녀는 매우 화를 냈다.

한번은 만약 내가 우리의 관계에 초점을 맞추려 한다면 그녀는 치료를 중단하겠다고 선언했다. 그녀는 내가 "너무 개인적인 것"을 이야기하게 하고 치료실에서 일어나고 있는 것은 분명히 치료를 받으러 온 이유와 전혀 관계가 없다고 느꼈다. 그러나 그것은 공허한 위협이었다. 나는 고집했고 결국 우리는 치료과정을 주도하고자 하는 그녀의 욕구를 다룰 수 있었다. 나는 이 시기의 어느 시점에 그녀가 나에게 반은 농담조로, 반은 화를 내며 "선생님은 절대 멈추지 않는군요. 점점 중국 상점의 황소처럼 밀고 들어오시네요."라고 말했던 것이 기억난다.

"치료실 안으로" 치료를 가져오는 것이 필요한 이유에 대해서는 이전 장의 의존적 투사적 동일시의 맥락에서 논의했다. 이것은 힘의 투사적 동일시에 똑같이 적용된다. 환자들이 치료의 관여 단계에서 과거 관계에 대해 이야기하는 것이 적절하고, 심지어 안심을 시키기도 하지만 투사적 동일시 단계에 도달했을 때는 이것을 변화시킬 필요가 있다. 대상관계치료는 투사적 동일시가 생생하게 드러날 때 환자의 투사적 동일시를 다루는 정도에 따라 치료의 초점을 다른 사람들과의 상호작용에 대한 논의에서 치료자와의 상호작용에 대한 논의로 변화시킬 필요가 있다.

이것을 행하는 한 가지 방식은 그들의 삶에서 다른 인물들에 대한 환자의 감정이 치료자에 대해 경험한 감정과 유사한지를 물어보는 것이다. 단순히 예를 들어, 자신의 고용주에 대한 분노감정이 때때로 치료실에서도 경험되는지 물을 수 있다. 보다 직접적인 방식은 스스로 연결시켜보게 하는 것이다. 따라서 낸시가 돈문제와 관련하여 아이들이 자신의 충고를 따르기를 원한다고 말했을

때, 나는 "나는 때때로 당신이 우리가 치료에서 행해져야 되는 일
들과 관련하여 내가 당신의 충고를 따르기를 원하는 것 같은 감정
을 느낍니다."라고 대답했다.

이와 같은 설명은 때때로 환자에게 철저하게 거부되거나 "어리
석은" 것 혹은 "완전히 틀린" 것으로 여겨진다. 이러한 말과 반응
에 치료자가 설득당해 설명하는 것을 그만두어서는 안 된다. 설명
이 항상 정확할 필요는 없다. 이러한 "해석들"이 정확한가 아닌가
는 그것이 촉진하는 대화의 전환만큼 중요하지 않다. 그것은 치료
자와 환자가 치료 밖에서 일어난 일에 대해 혹은 과거에 일어난
일에 대해 끊임없이 논의하기보다 오히려 치료실 안에서 일어나
고 있는 것에 대해 이야기할 수 있게 해준다. 치료실 밖이나 과거
에 일어난 일에 대해 이야기할지도 모르지만 치료과정을 독점하
게 해서는 안 된다.

치료가 지금-여기에서 일어나고 있는 치료자-환자의 상호작용
에 근거하면 할수록 치료자는 점점 더 메타커뮤니케이션이 공개
적으로 드러나도록 할 수 있다. 다른 투사적 동일시의 경우에서와
같이, 이것은 치료자가 "…면 어떻게 될까?"란 질문을 직접적인
선언으로 변화시키도록 요구하고 환자로 하여금 암묵적으로 표현
하고 있는 것을 분명하게 하도록 밀어붙인다. 따라서 낸시가 "만
약 내가 질문들을 한다면 무슨 일이 일어날지 궁금하다?"와 같이
말했을 때 나는 "내가 생각하기에 당신이 말하고 있는 것은 일어
나고 있는 일들에 대해 당신이 책임을 지고 싶어하는 것 같다."고
대답했다.

물론 낸시는 내가 그녀가 말한 모든 것을 왜곡시키는 버릇이 있
는 것 같다고 말하면서 이것을 부인했다. 그녀는 내가 그녀의 의

도를 오해하고 있다는 것, 그리고 그녀는 단지 "일이 잘 되고 있는지" 확신하기를 원했을 뿐이라고 주장했다. 동시에 그녀는 나의 개입이 적절한지에 대한 평가만이 아니라 나의 훈련에 대해서도 되는 대로 비평을 하면서 치료자로서의 나의 능력을 미묘하게 의문시했다.

힘의 투사적 동일시에서 가장 일반적인 역전이 반응들은 "부적절감과 무력감"이다(Ogden, 1982, p.49). 나는 낸시와의 치료시간이 끝나고 내가 놓치고 있는 점이 있는지, 그리고 치료를 잘못 이끌고 있는 것은 아닌지 생각했다. 내가 역전이를 분석하고 그것이 투사적 동일시에 대한 반응임을 깨닫자, 나는 그와 관련된 메타커뮤티케이션을 확실하게 드러내 공개적으로 탐색할 수 있는 기회를 찾기로 결심했다.

낸시가 특히 통제적인 방식으로 행동하면서 내가 하고 있는 방식보다 더 잘 할 수 있는 방법에 대해 이야기했던 치료시간에 그 기회가 생겼다. 나는 그녀가 통렬한 비난을 하고 있는 중간에 그녀에게 멈출 것을 요구했고 자리에서 일어나 나와 자리를 바꾸자고 몸짓으로 지시했다. 그녀는 약간 당황해했지만 내가 요청한 대로 했다. 자리를 바꾸고 나서 나는 그녀에게 "모두 당신의 것입니다. 당신의 몫입니다. 치료자가 되어서 계속 해보세요."라고 말했다.

낸시는 몹시 당황해서 쳐다보았고 잠시 동안 이 모든 것이 얼마나 어리석은지에 대해 말했다. 그녀가 자신의 자리로 다시 돌아가도 되겠냐고 묻고 나서도 어느 정도의 침묵이 뒤따랐다. 나는 그녀에게 그 자리에 좀더 머물러 그녀의 마음속에 어떤 생각이 떠오르는지 이야기해달라고 했다. 그녀는 약간 당황해하는 것 같았지

만 그런 다음 "만약 당신이 정말 알기를 원한다면"이란 말로 시작
하면서 치료의 성공은 그녀가 주도하는 데 달려 있다고 느꼈음을
나에게 말했다. 그녀는 내가 "상당히 훌륭한 치료자"라는 것을 인
정했지만, 그녀와 같은 협조적인 환자들이야 말로 치료를 성공시
키는 주체라고 주장했다.

힘의 투사적 동일시의 경우에 새겨진 메타커뮤니케이션의 메시
지는 당신은 나 없이는 성공할 수 없다(생존할 수 없다는)는 것이
다. 이러한 의사소통에 의해 유도되는 역전이는 무능력감과 절박
한 실패감이다. 치료자는 제대로 문제를 해결하지 못한다고, 그리
고 주요한 변화를 가져오지 못한다고 비난받는다. 환자는 치료자
가 결코 제대로 다룰 수 없을 것 같은 "위기"와 "긴급한 문제"들
을 가지고 온다. 치료자가 아니라 오히려 환자가 책임을 진다면
정말로 일이 제대로 되어갈 것이라는 감정에 의해 환자는 초조해
한다.

힘의 투사적 동일시에 직면한 치료자들은 그들이 올바른 방식으
로 하고 있는지 아닌지 의문시하게 된다. 치료자들은 무엇이 일어
나고 있는지에 대해 제대로 이해하고 있는지 의문시하기 시작한
다. 환자는 치료를 받아야만 하는 일로 여기고 치료가 이루어지는
방식에 불만스러워한다. 사실 치료는 정밀 과학이 아니고 치료의
성격 자체가 매우 불확실성을 갖고 있기 때문에 치료자들은 힘의
투사적 동일시를 취하고 있는 환자들에게 공격받기 쉬운 목표가
된다.

그러므로 그런 환자들을 다루는 치료자들이 환자들에게 화가 나
고 그들을 제거하려는 비밀스런 환상을 발전시키는 것은 이상한
일이 아니다. 만약 환자가 다른 도시로 이사가거나 그 환자가 다

른 치료자를 찾게 된다면, 더 좋게는 갑자기 좋아진다면 삶은 이전에 그랬던 것과 같은 편안하고 예측 가능한 방향으로 나아갈 수 있을 텐데. 그러한 감정들—그리고 그것을 부추기는 분노—은 환자가 유도하는 책략에 따른 자연스런 반응들이다. 그것들이 힘의 투사적 동일시에 대한 역전이를 이루고 있다.

의존적 투사적 동일시의 경우에서처럼, 치료자는 관계를 아는 수단으로서 역전이를 환자의 대인적 병리의 특성으로 이용한다. 다른 말로 역전이를 진단하게 해준다. 이러한 "지식"을 가지고 있으면 치료자는 거절이나 화를 내기보다 오히려 치료적으로 환자에게 반응할 수 있다. 역전이 감정을 유발하는 환자에게 화를 내는 것은 환자가 아프기 때문에 환자에게 화를 내는 것과 같은 것이다.

경영간부들과 정신치료자들은 힘의 투사적 동일시가 상당히 우세한 사람들이다. 이유야 어떻든지 경영간부들과 치료자들은—적어도 치료에 오는 사람들—통제권이 주요한 요인이 되기 쉬운 관계를 맺는 경향이 있다. 우리는 치료자들이 이상적인 환자를 만들 것이라고 생각하는 데 반해 치료에서 그들은 종종 치료 자체를 개선하려고 노력한다. 그들은 치료적 성과를, 그들이 치료를 개념화한 방식을, 그리고 그들 자신의 치료가 기초하고 있는 분야에서 "명성"을 언급한다. 주지화가 우세하고 치료자-환자의 상호작용은 한수 위의 일종의 전문적인 것으로 특징지어진다.

그러나 환자가 CEO이든 혹은 가정주부이든 간에 이 단계의 치료에서 과제는 동일하다. 투사적 동일시(이 경우에는 힘)의 작용을 강조하는 것, 그리고 메타커뮤니케이션을 밝히는 것이다. 어떻게 해서라도 치료자는 환자 없이 살 수 없다는 것 혹은 적어도 치료자는 환자의 도움 없이 치료를 시작하면 실패할 것이라는 뜻의 메시지를 유도해 내야 한다. 이것이 이루어졌을 때 치료의 두 번째 단계의 중요한 목적이 실현된다.

성

대상관계치료를 하는 과정에서 맞닥뜨리게 되는 중요한 투사적 동일시들 가운데, 사실상 성적인 것들이 가장 민감하다. 그 이유는 대상관계치료에서 성은 매우 중요한 논제기 때문이다. 단순히 치료자와 환자가 탐색하고 분석하려고 하는 환자의 삶의 일부분이라기보다는 성이 치료자-환자 관계에서 두드러지면서도 지속되는 부분이기 때문이다. 어느 정도 성적인 문제는 치료자들이 자신을 얼마나 매력적인 인간으로 느끼고 있는지에 영향을 미치기 때문에 이러한 감정을 지니고 있는 대인 상호교류가 치료적인 것이든 아니든 간에 개인적으로 위협이 될 수 있다.

이러한 이유 때문에 치료자가 왜 종종 관계 현상으로서 드러나는 성을 다루지 않고, 예를 들면 "당신은 당신의 삶에서 다른 사람들에게 그와 유사한 감정을 느낀 적이 있습니까?" 혹은 "이것이 당신에게 과거에 느꼈던 무엇인가를 떠오르게 합니까?"와 같은 덜 직접적인 반응으로 환자의 성적인 감정을 다루려고 하는지 이해하는 것은 어려운 일이 아니다. 이와 같은 질문들은 치료자와 환자 사이에 현재 진행되고 있는 것에서 벗어나 그것을 먼 과거 속에 있는 관계나 환자의 현재를 구성하고 있는 관계로 재위치시키려는 것이다.

"치료실 밖에 있는" 성을 다루는 것이 덜 위협적이지만, 이것은 투사적 동일시에 포함되어 있는 대상관계의 문제를 비켜갈 수 있다. 만약 대상관계치료의 핵심이 환자의 투사적 환상을 재연되는 관계 안에 생생하게 창조하는 것이라면 치료자는 기꺼이 환자의 조종의 목표가 되어야 한다. 만약 성이 환자가 알고 있는 사람들과 관계를 유지하기 위한 유일하게 의지할 만한 방식이라면 치료자는 성에 대한 표현을 억압하지 않도록 주의해야 한다.

환자들은 관계에 성애적인 요소들을 끌어들임으로써 치료에서 성적 투사적 동일시를 표현한다. 예를 들면, 몇몇 환자들은 그들의 성적인 문제들과 경향에 대해 자세히 설명한다. 여자들은 깊거나 표면적인 오르가슴에 대해 이야기할 것이고 남자들은 성적인 정복에 대한 세부적인 설명을 할 것이다. 어떤 환자들은 마치 그들이 치료자와 일종의 성적인 게임을 하고 있는 것처럼, 대화에서 규칙적으로 이중 메시지를 전달하는 경향이 있다. 또 다른 환자들은 치료시간에 치료자와 시대에 뒤떨어진 성적인 도덕관과 사회적인 성적 양식에 대해 이야기하자고 고집한다.

씬이란 이름을 가진 변호사인 한 환자는 법률자문회의에 참석할 때마다 젊은 여자 변호사를 유혹하고 싶은 충동적인 욕구에 대해 말하는 것만이 아니라 그가 어떻게 정복했는지에 대해서도 세세하게 설명하려고 했다. 치료 회기들은 종종 씬이 어떻게 모임에서 매력적인 여성을 찾아내곤 했는지, 그의 방으로 어떻게 그녀를 끌어들였는지, 그리고 그런 다음 그녀가 그와 함께 밤을 어떻게 보냈는지에 대한 묘사와 관련되어 있었다. 그의 설명에서 이상한 점은 성적인 행위에 대해 지나치게 자세하게 기술한다는 것이었다. 그것은 마치 씬이 언어를 통해 나를 그의 성적인 행각 속에 끌어들이려고 노력하고 있는 것 같았다.

언어만이 치료를 성적으로 만들 수 있는 유일한 수단은 아니다. 옷과 유혹적인 자세가 이러한 기능을 충분히 하기도 한다. 여자 환자들은 옷을 올려 허벅지 위까지 드러내놓고 유혹적인 자세로 앉아 있기도 한다. 혹은 상황에 부적절하다고 생각될 정도로 가슴을 더 드러내기 위해 몸을 앞으로 구부리는 자세를 취할지도 모른다. 때때로 남자 환자들은 그들을 나타내는 가장 중요한 부분을 알리기 위한 신체언어를 사용하면서 다리를 양 옆으로 벌리고 치료자를 정면으로 보면서 앉는다. 비록 비언어적인 단서들이지만 남자와 여자 환자들 모두 다른 사람들이 가장 가치를 둔다고 믿고 있는 그들 자신의 일부분을 치료자에게 "보여주려고" 한다.

치료 첫 몇 회기 동안 장난감 공장에서 부품 조립공으로 일하고 있던 한 환자는 푸른 청바지에 자루 같은 플란넬 셔츠로 된 작업복을 입고 치료 첫 몇 회기에 왔다. 그녀는 일터에서 곧장 와야 하기 때문에 "단정한 옷"으로 갈아입을 시간이 없었다고 하면서 해명을 했다. 나는 그것을 깊이 생각하지 않았고 괜찮다고 말했다. 그런데 치료를 받기 시작한 지 얼마 지나지 않아 얇고 짧은 칵테일 드레스를 입고 오기 시작했을 때 호기심이 생겼다. 그녀가 직장에서 혹은 전화박스에서 옷을 갈아입든 아니든 그것은 앞으로 치료가 진행될 방향의 전조로서만이 아니라 그녀가 우리의 관계를 어떻게 보고 있는지 살펴볼 수 있는 지표가 되었다.

일반적으로 남자 환자들은 성적 투사적 동일시의 일부분으로 도발적인 옷을 덜 입는 것 같지만 간혹 그런 경우들이 있다. 이런 사례는 내가 슈퍼비전을 했던 쥬디라는 임상 대학원생이 치료한 환자에게서 볼 수 있었다. 그 환자는 30대 초반의 매혹적인 남자로, 여자와의 관계에서 분리의 감정을 다루기 위해 치료를 받으러 왔다. 비록 그는 최근에 누구와도 관계를 맺고 있지 않았지만, 그는 단기간의 문란한 관계들을 맺은 적은 있었다. 그러나 그에게 지속적인 만족을 제공한 사람은 하나도 없었다.

치료를 하는 가운데 발생한 흥미진진한 점은 시간이 지나면서, 그의 옷 입는 습관이 바뀌었다는 점이었다. 치료 초기에 그는 바지에 짧은 스포츠 셔츠를 입고 왔었다. 치료가 진전되면서 날씨가 더워지자, 그는 점점 더 노출하기 시작했다. 곧 그는 매우 꽉 끼는 짧은 반바지에 속이 훤히 비치는 흰 면셔츠를 배꼽까지 풀어헤치고 왔다. 분명히 한여름이긴 했지만 그가 입은 옷의 특성과 그의 의상이 나의 상담수련생에게 미치는 영향은 날씨나 패션 이외의 다른 요인이 치료에 나타나고 있다는 것을 가리키고 있었다.

성적 투사적 동일시의 전반적인 의도는 성적인 욕구 충족에 있다. 이러한 투사적 장치를 사용하는 환자들은 그들이 다른 사람들을 성적으로 만족시킬 수 있기 때문에 혹은 다른 사람들을 보다 더 남성적이거나 여성적이라고 느끼게 해줄 수 있기 때문에 다른 사람들이 그들과 계속 관계한다고 확신한다. 환자의 입장에서 볼 때 치료자도 다르지 않다. 비록 치료자들이 전문적인 책임감 때문에 인간적인 관심에서 혹은 심지어 치료자들이 돈을 벌어야 하기 때문에 환자와 함께 있다고 할지라도 환자는 치료자가 **정말로** 그들과 관계를 유지하는 유일한 이유는 성 때문이라고 진심으로 믿고 있다. 성적 투사적 동일시를 사용하는 환자들에게 모든 관계의 핵심은 성애적인 만족을 제공하는 것이다.

안타까운 사실은 성적 투사적 동일시를 사용하는 사람들은 자기 존중감이 거의 전부 성적인 것으로 뒤덮여 있는 개인들이라는 것

이다. 한 환자가 "내가 좋은 사람일 수 있는 유일한 공간은 침실
이다."라고 표현한 것처럼 말이다. 한 개인의 자기 가치감이 이렇
게까지 절하될 수 있다는 생각은 인간 실존에 대한 실망스런 표현
이다. 그러나 문제의 본질은 상당히 많은 개인들이 다른 사람들에
대한 그들의 일차적 가치가 그들이 제공할 수 있는 성적인 만족에
달려 있다고 확신하는 삶을 살고 있다는 것이다.

　어떻게 치료자가 성적 투사적 동일시를 확인할 수 있는가? 다른
투사적 동일시의 경우에서처럼, 그 대답은 역전이를 통해서 가능
하다. 성적 투사적 동일시를 사용하는 환자와의 작업에 대한 고전
적인 반응은 간단히 말하면 성적 각성이다. 치료자는 마음이 들뜨
게 되고, 외설적으로 유혹받고, 성적으로 자극받는다고 느낀다.
이것은 투사적 동일시의 유도적인 부분이 만들어낸 것이다. 만약
투사적 동일시가 성공적이라면 치료자의 자연스런 역전이 반응은
성적인 흥분이다.

　그러므로 나 자신이 씬과 대화를 나누면서 점점 현혹되는 것을
발견한다는 것은 그리 놀라운 일이 아니었다. 처음에 나는 그를
좀더 잘 이해하기 위하여 그가 어떻게 여자들을 다루는지 자세한
사항을 아는 것이 중요하다고 생각하며 이것을 합리화했다. 그러
나 내가 그에게 다양한 애정행각들을 묘사하도록 허용하는 치료
회기들을 보내면서 어쩌면 내가 그의 이야기에 지나친 관심을 가
지고 있었을 수 있다는 사실에 충격을 받았다. 그가 어떻게 여자
들을 침대로 데려왔는지에 대한 자세한 묘사가 이루어지면서 퍼
부어대는 그의 성적인 정복에 대한 이야기들은 나를 흥분시켰고,
내가 결국 사적인 생활을 엿보는 상황이 되어버렸다. 내가 믿었던
것처럼 나의 관심이 지적으로 동기화된 것이 아니었다는 것을 이

해할 수 있었을 때 나는 나의 반응을 성적인 목적이 아닌 진단적인 목적으로 사용할 수 있었다.

성적 투사적 동일시의 또 다른 예는 만성적인 위통과 일시적인 우울증으로 치료를 받으러 온 40세 예술가인 베타와의 작업에서 볼 수 있다. 심리치료 전에 베타는 유명한 내과의와 매우 지명도가 높은 소화기 전문의를 포함하여 여러 명의 내과의사에게 진료를 받았다. 비록 처음에 위궤양이 아닌가 의심스러웠지만 검사결과는 음성으로 나왔고 의사들은 기관에 아무 이상이 없다고 결론을 내렸다. 그들은 그녀의 증상이 스트레스와 관련된 것 같다고 하면서 그녀를 주치의에게 다시 의뢰했다. 그는 그녀에게 심리치료를 받으라고 제안했다.

영화배우와 TV 연출자였던 재능 있는 부부의 딸로 태어난 베타는 매우 불행한 아동기를 보냈다. 부모들은 그녀와 함께 있었던 시간이 거의 없었고 거의 대부분 나이 많은 언니에 의해 양육되었다. 그녀는 십대 시절을 외롭게 지냈고 때로는 난잡한 성행위와 지나치게 술을 마시며 보냈다. 그녀가 그림 그리는 일을 잘해 나가기 시작하여 자신이 누구인지에 대한 감이 발달하기 시작하면서 그러한 행동들은 사라졌다. 그러나 여전히 사람들과의 관계에 어려움이 있었다.

치료과정에서 베타는 나에게 그녀가 이전 몇 년 동안 그렸던 나체 초상화에 대해 말했다. 그 초상화는 그녀의 거실에 걸려 있었는데, 데이트와 관련된 이야기를 나누는 동안 그 그림에 대한 이야기가 이루어졌다. 그녀는 종종 자신의 아파트에 남자들을 초대했고 그 그림이 그들에게 "나쁜 인상"을 주었는지 궁금해했다. 그녀는 그 초상화에 대한 그녀의 관심을 말로 표현함과 동시에 그것을 자세히 묘사하려 했다. 그녀는 흩어져 교차하고 있는 빛을 섬세하게 사용하여 어떻게 그녀의 풍만한 가슴과 유연한 신체선을 표현하고 있는지를 말했다.

나는 베타의 묘사가 흥미로웠다. 그것은 버미어(Vermeer)에 대한, 그리고 예술가들이 자신의 작업에 자연 채광을 사용하는 방식에 대한 강의를 듣는 것 같았다. 그러나 그것은 그 이상이었다. 그녀가 점점 더 자세히 설명해감에 따라 그녀의 묘사는 더욱더 성애적인 색채를 띠었다. 그녀가 이야기를 마쳤을 때 상상할 것도 없이 그녀가 내 맞은 편에 알몸으로 앉아 있는 것만 같았다. 그 회기가 끝나자마자 나는 내가 성적 투사적 동일시의 목표였다는 것과 그녀의 초상화에 대해 보인 "나의 관심"이 사실상 예술적인 것이라기보다 오히려 역전이였음을 깨달을 수 있었다.

성적 투사적 동일시의 경우들이 명백하게 노골적임에도 불구하고 때때로 발생하고 있는 것이 역전이의 특성임을 인식한다는 것은 쉬운 일이 아니다. 만약에 치료자의 반응이 약하거나 비전문적인 것처럼 보여진다면 더욱 그렇다. 치료에 짧은 반바지를 입고 왔던 환자를 상담하는 나의 학생인 쥬디는 슈퍼비전을 받는 과정에서 한번은 그를 계속 만날 가치가 있는지 궁금해했다. 그녀는 환자가 "심리적으로 준비"가 되어 있지 않고 치료가 진척이 없었다고 느꼈다.

이것은 다소 놀라운 것이었고 나는 그녀와 그 문제를 탐색하기로 결정했다. 그렇게 함으로써 나는 쥬디가 그 환자와의 작업을 매우 불편해 했다는 것을 알았다. 그녀는 각 회기를 이해하려고 접근했는데, 한 회기에서는 방 밖으로 달아나버리고 싶은 충동을 느꼈다고 호소했다. 이것이 그녀를 혼란스럽게 했다. 왜냐하면 무엇인가가 잘못되고 있는데, 치료자가 되기 위해서 포기하면 안 될 것 같았기 때문이었다. 유능한 치료자는 자신의 감정을 속일 수 없다.

쥬디가 이야기했던 감정들이 성적인 감정이었다는 것이 분명해졌다. 치료가 진행됨에 따라 자신이 그 환자에게 점점 더 끌리고 있는 것을 발견했다. 이것은 여러 가지 이유에서 매우 혼란스러운 것이었다. 그 이유 중 한 가지는 그녀가 가까운 장래에 결혼하기로 약속한 다른 남자가 있다는 것이었다. 비록 그 환자에 대한 그녀의 관심이 정말 위협적인 것은 아니라 할지라도 그녀를 괴롭혔다. 게다가 나에게 자신의 성적인 감정을 인정하는 것에 대해 거북하게 느꼈다. 그녀는 환자에 대한 관심을 자신이 전문가로 행동하고 있지 못한 하나의 표시로 보았다. 그녀는 자신의 반응을 환자의 성적 투사적 동일시에 대한 자연스러운 반응으로 보기보다는 실패의 증거로 보았다.

물론 그것은 아니었다. 만약 거기에 어떤 실패가 있다면 환자를 향한 성적인 감정을 감추고 여전히 좋은 치료자가 되려고 한다는 점을 인정하지 못한 데 있을 것이다. 정말로 실패하게 되는 것은 역전이를 행동에 옮기는 것이다. 윤리적인 문제는 제외하더라도 이것은 최악의 방식으로 환자를 저버리는 것과 다름없다. 환자의 성적 투사적 동일시를 받아들이게 되면 환자의 가장 깊은 곳에 있는 두려움을 더 공고히 만들게 되는데, 그 두려움이란 그는 기본적으로 탐탁지 않은 사람인데 그가 성적인 즐거움을 제공할 수 있을 때에만 좋은 사람이 될 수 있다고 여기는 것이다.

의존적 투사적 동일시와 힘의 투사적 동일시의 경우에서처럼, 성적 투사적 동일시의 주요한 과제는 메타커뮤니케이션을 겉으로 드러나게 만드는 것이다. 유혹이 드러났을 때 이 두 번째 단계의 마지막에 도달하게 된다. 성적인 유혹과 성애적인 교묘한 행동들은 변명으로 어렵지 않게 빠져나갈 수 있기 때문에 이것을 겉으로 드러나게 만드는 것은 쉬운 일이 아니다. 환자는 그 날 우연히 짧은 옷을 입었을 뿐이라고 또는 "그것에 대해 말하는 것이 치료라고 생각했기" 때문에 성적인 만남을 상세하게 묘사했을 뿐이라고 말할 수 있다. 게다가 치료자가 관음증적인 취향이 있다고 하는 것에서부터 "머리 속이 성"으로 가득 차 있다는 등의 여러 가지 말로 치료자를 비난할 수도 있다.

　이런 종류의 비난은 치료자를 당황하게 만들어 뒤로 물러나게 할 수도 있다. 일반적으로 이렇게 하는 것은 잘못이다. 대상관계 치료의 지도원리는 역전이에 빠져 따라가는 것이다. 치료자는 자극받는 감정이 어떤 것이든 간에 그 감정이 환자와의 상호작용에 의해 촉진되고 있다는 점을 확실히 느낄 필요가 있다. 비록 그런 감정들이 어색하고 당황스럽겠지만 그대로 느끼는 것이 필요하다. 그대로 진행시키는 것만이 투사적 동일시 뒤에 있는 근본적인 메시지가 지속되는 관계의 한 부분으로 분명히 자리잡도록 만들 수 있다.

　이것을 명심하면서 나는 베타에게 그녀가 초상화에 대해 이야기하는 것이, 특히 그녀가 그것을 설명하는 방법이 내 앞에서 옷을 벗고 있는 그녀 자신을 묘사하는 것 같다고 말했다. 처음에 그녀는 나의 해석을 비웃었지만 그 다음에는 "글쎄요, 실제 그렇게 하는 것보다는 낫죠."라고 말하면서 나의 해석을 무시하려고 했다. 그녀에게 그것이 무엇이며 그녀의 마음에 무슨 생각을 하고 있는지 재차 물었다. 그녀는 말없이 있다가 내가 압력을 가하자, 내가 그녀의 아파트에 와서 그 초상화를 직접 볼 것인지에 대해 물었다. 이제 우리는 미술감상 101을 넘어서 나아가고 있으며, 성적인 메타커뮤니케이션의 모든 의도와 목적이 공공연해졌다.

메타커뮤니케이션의 유혹적인 특성은 표면화되기 쉽고 별 자극 없이도 드러나는 경우들이 있다. 한 환자는 내가 그녀의 성적인 자세에 대해 질문하자, 곧바로 자기와 잠자리를 하지 않겠냐고 대담하게 물었다.

내가 치료상황임을 언급하면서 "그렇게 하면 우리가 어떻게 될까요?"라고 물었다. 그녀는 어깨를 으쓱했다. 내가 그녀에게 우리가 같이 잔다면 치료가 지속될 수 있다고 생각하느냐고 물었다. 그녀는 "치료는 집어치워요. 치료가 나에게 무슨 도움이 된다고."라고 대답했다. 환자는 심리적으로 돌본다는 표현과 신체적으로 돌본다는 표현 간의 차이는 사회적으로 만들어놓은 인위적인 구분이라고 계속 주장했다. 그녀는 "당신이 정말로 나를 생각한다면 그것을 신체적으로 표현하는 것이 뭐가 잘못되었나요?"라고 하면서 자신의 의견을 강조했다.

변호사인 씬의 경우, 치료를 성적으로 만들려고 하는 그의 행동들을 직면시키려는 나의 노력들이 그로 하여금 자신을 버리지 않도록 하기 위해 나를 성적으로 유혹할 필요가 있다고 느낀다는 점을 인정하게 만들었다. 그는 자신이 매우 재미없는 사람인데, 내가 왜 계속 자신을 치료하고 싶어하는지 이해할 수 없다고 고백했다. 내가 그를 한 사람으로서 관심을 가졌었고 그의 이야기의 내용이 내가 그를 환자로 치료하는 이유는 아니라고 말하자, 그는 마치 내말을 듣지 않은 것처럼 또 다른 성적인 행각들을 설명해 나갔다.

그 시간이 끝나갈 무렵 나는 그에게 그의 이야기를 계속해서 들을 수 없을 것 같다고 다시 반복해서 이야기했다. 그는 상당히 낙심한 것처럼 보였고 별 이야기 없이 그 시간을 끝냈다.

씬은 다음 치료시간에 와서 "전 다른 것을 가져올 수 있어요."라고 말했다. "다른 것이요?" 나는 그가 무엇에 대해 이야기하고 있는지 정확하게 알 수 없었다. "그림이나 비디오테이프나 당신이 좋아하는 것은 무엇이든지요." 나는 그에게 치료실을 성인용품점으로 만들거나 치료시간을 성적인 것으로 만드는 데 관심이 없다고 정중하게 말했다. 이때 씬은 "선생님이 날 치료에 계속 오게 해주신다면 전 선생님이 원하시는 것은 무엇이든지 할 거예요."라고 말했다. 나는 내가 씬을 환자로서 저버릴 어떤 이유도 없었기 때문에 다소 놀랐다. 그러나 나는 이런 그의 말을 쫓아가기보다는 그에게 "무엇이든 하겠다는 것"이 의미하는 바를 물었다.

씬은 꽤 오랫동안 말이 없었다. 그는 나에게 펠라치오(구강성행위)를 해줄 수 있다고 말했다. 그는 자신을 계속 치료해준다면 내가 원하는 것은 무엇이든 할 수 있다고 말했다. 그의 반응은 성에 필사적으로 매달렸지만 사실은 그는 관계를 맺고 싶어하는 절박한 사람이었다. 만일 내가 그가 성적으로 제공하는 것에 관심이 없다면 그는 내가 그를 한 인간 존재로 전혀 대우하지 않을 것이라고 생각했다.

앞에서 지적한 것처럼, 투사적 동일시가 충분히 무르익어 표면으로 나오도록 만드는 것은 잔혹하고 냉정한 것 같다. 이것은 특히 성적 투사적 동일시의 경우에 더 그런 것 같다. 그러나 환자를 투사적 동일시에 근거한 삶을 살면서 느끼게 되는 좌절과 공허감으로 고통받게 놔두는 것이 더 잔인하다.

치료자가 투사적 동일시들을 만들지는 않는다. 투사적 동일시들은 치료과정에서 치료로 인해 생기는 것이 아니다. 그것들은 환자의 대상관계들 중에 분명한 한 부분이며, 심리치료관계의 한 부분이다. 만일 치료자가 치료의 두 번째 단계를 넘어서고 있다면 투사적 동일시 이면에 있는 메타커뮤니케이션이 표면으로 드러나게 된다는 점을 확실히 할 필요가 있다.

환심 사기

제3장에서 언급한 것처럼, 환심 사기 투사적 동일시는 자기 희생이라는 요소를 강하게 포함하고 있는 대인관계 양식으로 이루어져 있다. 환심 사기 투사적 동일시를 사용하는 사람들은 항상 다른 사람들을 위해 자신들이 얼마나 희생하고 있는지에 대한 메시지를 보낸다. 그들은 얼마나 기꺼이 자신들을 내줄 수 있는지, 그리고 그들이 얼마나 인정받지 못하는지에 대해 주목한다.

이 모든 것이 겉보기에는 그리 해롭지 않다. 이런 환자들이 원하는 것은 단순히 그들에게 고마워하면서 간단히 "감사합니다."라고 말하는 것이 전부인 것처럼 보인다. 그러나 좀더 자세히 들여다보면 그들은 그 대신에 좀더 중요한 어떤 것을 기대하고 있다는 것이 드러난다. 표면적인 메시지 이면에는 숨겨진 메시지가 있다. 그것은 "당신은 나에게 빚지고 있다."라는 메타커뮤니케이션으로, 모든 병리적인 상호작용에 근거가 되고 있다.

환심 사기 투사적 동일시가 대상관계치료에서 표현되는 특정한 방식은 환자가 도움을 주고 조절자로서의 역할을 하려는 시도를 통해 나타난다. 어떤 환자들은 마치 그들의 충고가 치료실을 더 매력적으로 변화시킬 수 있을 것처럼 치료실의 실내장식에 대해 이렇다 저렇다 충고할 것이다. 그들은 여러 가지 치료설계들을 제시하면서, 마치 인테리어 전문가처럼 치료자에게 도움이 되려고 할 것이다. 또 다른 환자들은 친구들에게 치료자가 얼마나 유능한지에 대해 알리고 다닐 것이다. 그런 상황에서 치료자는 감사하지 않을 수 없을 것이다. 환자는 치료자의 능력을 알리는 일을 할 뿐만 아니라 다른 일을 권유해서 부가적인 수입을 올릴 수 있는 기회를 제공하려고 할 수도 있다.

환심 사기 투사적 동일시의 예는 내가 몇 년 전에 이끌었던 집단 치료에 참가한 노먼이라는 환자의 행동에서 볼 수 있었다. 노먼은 다른 사람들보다 일찍 오는 습관이 있었다. 다른 사람들이 오기 전에 노먼은 치료실에 있는 의자를 혼자서 다 정리하고 재떨이가 깨끗한지 확인하고 물주전자에는 물을 채워놓았다. 그 일들은 보통은 내가 해왔던 일이었지만, 내 수고를 덜어주었기 때문에 그것에 대해 크게 문제삼지 않았다. 심지어는 그의 "사려깊음"에 대해 기쁘게 받아들이고 있었다.

노먼의 도움은 거기에서 끝나지 않았다. 그는 치료시간 동안 집단이 순조롭게 진행되도록 하는 말을 하곤 했다. "캐쉬던 박사님께서 하시고자 하는 것은 우리가 서로에게 좀더 솔직해지는 것이라고 생각해요." 그리고 "캐쉬던 박사님은 항상 시간을 정확하게 지키세요. 그런데 우리는 왜 이곳에 제 시간에 오지 못하죠?"라는 식으로 말하곤 했다. 집단 치료가 끝나고 다른 사람들이 다 돌아간 후, 노먼은 겉으로 보기에는 청소하는 것을 돕기 위해 남는 것처럼 보였다.

적어도 처음에 나는 노먼의 행동에 대해 의문을 갖지 않았다. 누군가 마지막에 떠나야 했고, 그가 다른 사람보다 5분 정도 늦게 떠나는 것이 무슨 문제인가? 게다가 청소하는 것을 도와주려고 누군가 옆에 있다는 것은 편리했다. 그러나 시간이 지남에 따라 노먼의 의도가 환심을 사서 독점적인 관계를 만들고자 하는 것이었음이 점차 분명해졌다. 그는 정리를 하는 동안 집단에서 일어나는 일에 대한 자신의 사적인 견해를 이야기하고, 내가 어떤 구성원들을 어떻게 더 적극적으로 참여시킬 수 있는지에 대한 제안을 하곤 했다. 이렇게 행동함으로써 노먼은 자신이 특별한 관심을 기대하고 있음을 분명히 했다.

노먼에 대한 나의 처음 반응은 사실 분명히 역전이적인 것이었다. 나는 그가 치료실 의자들을 미리 정리해놓고 나중에 뒷정리하는 것에 대해 감사했다. 물론 어떤 사람들은 내가 그런 식으로 내 자신을 "속이게" 두지 말았어야 한다고 할지도 모른다. 그러나 투사적 동일시가 실제로 드러나기 전에 그것을 막는 것은 치료자가 환자의 투사적 동일시 환상의 대상물이 되어 그것의 정확한 특성을 충분히 경험하는 기회를 갖지 못하게 만든다(Ogden, 1982, p.50).

이것 외에도 처음에 무엇이 진행되고 있는지 아는 것이 항상 쉬운 일은 아니다. 만일 환자가 환심 사기 투사적 동일시(어떤 투사적 동일시이든)를 노련하게 사용한다면, 치료자는 그것을 깨닫지 못하고 병리적인 관계 속에 빠질 수 있다. 이런 과정이 투사적 동일시가 지속될 수 있는 이유다. 결국에는 환자가 "성공"에 대한 대가를 지불해야 하지만 투사적 동일시들은 어느 정도까지는 성공하게 된다.

나는 또한 내가 노먼에게 반응했던 것과 같은 방식으로 헨리에
타에게 반응하고 있는 내 자신을 발견했다. 회상해보건대, 헨리에
타는 여자 환자였는데, 그녀는 십대 아들들과 차를 탈 때면 문을
잠가서 그들을 화나게 만들었다. 치료에서 발생한 문제들 중 하나
는 가족들이 함께 만날 수 있는 적당한 시간을 정하는 것이었다.
주마다 약속시간이 바뀌었는데, 왜냐하면 두 아들들이 방과 후 운
동을 했기 때문이었다. 나는 이것이 내가 치료를 맡게 되고 나서
필요하고 가능할 때마다 시간을 바꾸는 데 동의했기 때문이라는
것을 깨달았다.

헨리에타는 필요한 모든 일정을 조정하는 책임을 떠맡았다. 그
녀는 가족들의 일정을 맞추어 함께 치료에 올 수 있도록 하는 역
할을 했다. 그녀는 또한 어떤 변화가 일어나고 있는지에 대해 나
에게 규칙적으로 보고했다. 우리의 만남은 항상 그녀가 모든 사람
의 일정을 조절하는 데 얼마나 힘들었는지, 그리고 그녀가 내 시
간에 얼마나 열심인지를 알리는 것으로 점철되어 있었다. 내가 어
떻게 감사하지 않을 수 있었겠는가?

환자가 치료에서 환심 사기 투사적 동일시를 드러내는 또 다른
방식은 실험대상이 되는 것을 자처하는 것이다. 예를 들면, 어떤
환자들은 치료자가 시도해보기를 원할 것이라고 생각하는 새로운
절차나 기법들을 적용시켜볼 수 있는 대상이 되기를 자처한다. 다
니엘이라는 환자는 치료시간마다 치료가 성공적이 되도록 하기
위해 얼마나 열심히 했는지 나에게 납득시키려고 노력했다. 다니
엘은 매 치료시간에 일어난 것을 자세히 기록했을 뿐 아니라 그것
들을 다음 치료를 준비하는 데 사용했다. 게다가 내가 그녀의 가
장 흥미로운 환자였다는 사실을 알게 하기 위해 미묘한 방법으로

노력하면서 치료의 실질적인 부분을 소비했다.

우리가 치료의 두 번째 단계로 들어가자, 나는 치료실 안에서 일어나는 일을 다루는 데 많은 에너지를 쏟았다. 나는 다니엘에게 그녀가 기록한 내용을 치료시간에 나와 함께 다시 살펴보려는 노력은 나와 직접적으로 관계하는 것을 피하는 방식이라고 지적하였다. 나는 그녀에게 글로 분석하는 것 대신에 치료시간에 일어난 일에 대해 그녀가 이해한 바를 나에게 직접 말하는 것이 낫다고 이야기했다. 그럼에도 불구하고 그녀는 계속 그렇게 행동했고, 나는 그녀와 기록을 검토하는 것을 거절하였다.

다니엘은 토라져서 위축되었다. 그녀는 점점 나아지기 위해 얼마나 열심히 노력하는지 내가 몰라준다고 주장하였다. 나의 환자들 중 어느 누구도 그녀만큼 나에게 헌신적인 환자는 없었다. 나는 이것이 사실일 수 있음에 동의했지만 난 여전히 우리가 기록한 내용을 가지고 상호작용해야 한다고 느끼지는 않았다. 그 순간 그녀가 조용해졌다. 그녀는 입을 열어 나를 위한 실험대상이 되겠다고 제안하며 여전히 그런 식으로 행동했다.

"어떤 기법이든 사용하세요."라고 말했다. "만일 선생님이 나에게 시도해보기 원하는 어떤 새로운 절차가 있다면 그렇게 하세요."

그녀의 제안에 놀라서 나는 어떻게 반응해야 할지 몰랐다. 나는 그녀에게 무슨 생각을 하고 있는지 물었다. 그녀는 단순히 그녀의 제안을 반복할 뿐이었다. 그녀는 치료자가 새로운 기법을 시도하는 데 관심을 가지고 있다고 상상했다고 했으며 만일 내가 원한다면 기꺼이 자발적으로 그런 대상이 되어 줄 수 있다고 계속해서 말했다. 그런 순진한 마음에서 한 제안은 나를 감동시켰다.

물론 내가 다니엘에게 적용시키고 싶었던 어떤 시도나 실험은 없었지만, 이런 식으로 그녀 자신을 내놓겠다고 한 단순한 사실조차도 나에게 감동을 주었다. 나는 그녀에게 신세를 지고 있는 감정을 느꼈던 때가 떠오르면서 그녀의 기록에 대해 그렇게 힘들게 했던 것이 좀 미안했다. 어쨌든 그녀는 오로지 도움이 되려고 정말 노력했다. 얼마 지나지 않아 나는 내 반응이 확실히 환심사기 투사적 동일시에 대한 분명한 역전이 반응이었다는 것을 깨달았다.

투사적 동일시의 특성이 분명해지면, 투사적 동일시 이면에 있는 메타커뮤니케이션이 표면으로 나오게 만들 필요가 있었다. 자신의 관심사보다 나의 관심을 기꺼이 더 우선시하는 답례로 그녀가 얻고 싶은 것이 무엇인지 깨닫도록 압력을 가한다는 것을 의미했다. 그녀가 답례로 받고 싶은 것이 그녀의 제안을 받아들이는 것인지 직접 물어보았다. 처음에 그녀는 "아무것도 없다."고 대답했다. 그러나 내가 대답하기를 재촉하자, 그녀는 자신이 계속 "유용하다."면 치료가 끝난 후에도 나의 주위에 그녀가 가까이 있어주기를 내가 원했으면 좋겠다고 고백했다.

결 론

의존적인, 힘에 대한, 성적인 또는 환심을 사고자 하는 투사적 동일시에 대해 말을 하든 하지 않든 간에 치료자의 과제는 투사적 동일시와 관련되어 있는 메타커뮤니케이션을 표면으로 드러나게 하는 것이다. 치료자가 이것을 성취할 수 있는 특별한 방법은 치료자의 정교함과 치료하기를 원하는 속도감에 달려 있다. 그러나 한 가지는 분명하다. 치료자가 치료가 진행되기 전에 환자의 투사적 동일시와 관련되어 있는 메타커뮤니케이션에 대한 분명한 표현법을 알 필요가 있다는 것이다.

만일 이것이 이루어지지 않는다면 치료는 수렁에 빠져버릴 것이다. 메타커뮤니케이션이 막연하고 모호하며, 시야를 가리고 있다면 치료자는 다음 단계에서 성취해야 하는 것을 거의 성취할 수 없다. 그에 반해 만일 메타커뮤니케이션이 환자가 혼자 힘으로는 살 수 없을 것 같다거나 당신을 성적으로 만족시키고 싶다거나 하는 식으로 어떤 형태로든 드러나게 된다면 다음 단계의 주제가 성공적으로 다루어질 수 있는 좋은 기회가 된다.

치료의 다음 단계로 가기 전에 두 번째 단계를 구성하고 있는 상호작용에 대한 기술들이 서로 반대특성을 가질지라도 환자와 환자의 행복에 진정한 관심을 갖고 있는 상황에서 일어난다는 점을 강조해야 한다. 치료에서 일어나는 정서적 상호작용의 특성을 정확하게 그려내서 글자로 표현한다는 것은 매우 어려운 일이다. 많은 상호작용이 미묘하지만 강력한 투사적 동일시를 포함하는 대상관계치료에서는 특히 더 그렇다. 때때로 환자들은 삶에서 맞닥뜨리게 되는 많은 다른 시련에 더하여 또 하나의 시련을 겪게 되는 것처럼 보이기도 한다.

이것은 사실이다. 그러나 어떤 수준이 되면 환자들은 다른 사람들과 관계하는 그들의 방식이 꼭 파괴적인 것은 아닐지라도 생산적이지 않다는 것을 알게 된다. 환자들은 그들의 투사적 동일시들이 자기 패배적이며 그들을 정서적으로 메마르게 만든다는 것을 감지한다. 투사적 동일시들은 성취하려고 함에도 불구하고 환자들의 삶을 와해시킬 뿐 아니라 불필요한 고통을 야기시킨다. 이런 이유들과 다음 장에서 논의할 다른 이유들 때문에 환자는 치료자의 도전과 탐색들을 견뎌 낸다. 그러나 두 번째 단계가 끝나갈 무렵에는 안도감이 존재한다. 더 좋아지든 나빠지든 간에 관계가 더 명료해져서 다 드러나게 된다.

제 6 장

세 번째 단계 : 직면

환자의 투사적 동일시 안에 포함되어 있는 메타커뮤니케이션이 분명해지면, 메타커뮤니케이션은 치료자-환자 상호작용의 생명력 있는 부분이 된다. 이전에는 투사적 동일시 안에 감추어져 있던 미묘하고 어렴풋했던 메시지가 지금은 관계의 명백한 부분이 된다. 성애적인 풍자는 유혹하기 위한 직접적인 시도로 바뀌고, 겉으로 보기에 악의 없는 도움 요청은 모든 것을 보살펴달라는 요구로 변화된다. 모든 것이 명백해진 지금, 치료자는 마침내 직접적이고 강력한 방법으로 환자의 병리에 직면할 수 있다.

치료자의 반응

치료자는 이것을 얼마나 정확하게 직면할 수 있는가? 치료자는 메타커뮤니케이션에 내포되어 있는 메시지에 어떻게 반응하는가?

이것은 메타커뮤니케이션의 요구를 인정하지 않고 따르지 않음으로써 가능하다. 간단하게 말하면, 정확한 치료적인 반응은 "그럴 수 없습니다(No)."이다. 관계를 형성하는 환자의 습관적인 방식에 직면함으로써 치료자는 투사적 동일시의 바로 그 본질에 도전하는 것이다.

짐작해 볼 수 있듯이, 이것은 행동보다는 말로 하기가 더 쉽다. 상처받기 쉬운 사람에게 거절하는 것은 상당히 어려운 일이다. 예를 들면, 생활이 딱하고 자포자기한 것으로 보이는 환자에게 도와줄 수 없다고 말하는 것은 쉬운 일이 아니다. 환자의 메타커뮤니케이션적 요구는 심리적으로 너무나 뿌리 깊어서, 부정적이고 가치절하하는 태도처럼 보이는 방식으로 분명하게 반응하는 것은 매우 고통스럽다. 자살을 하겠다고 위협하는 환자에게 만일 자살을 하면 그것에 대해서 당신이 책임지지 않을 것이라고 어떻게 말할 것인가?

마찬가지로 성적인 메타커뮤니케이션을 공공연하게 드러내는 사람에게 그럴 수 없다고 어떻게 말할 수 있을 것인가? 한편으로, 성적으로 빠지게 되는 것을 정중히 사절하는 데는 충분히 그럴 수밖에 없는 이유가 있다. 우리는 자신의 환자와 성적으로 연루되는 것에 강력하고 호소력 있게 반대 입장을 주장하는 윤리적이고 개인적이며 치료적인 근거에 의지할 수 있다. 그러나 자신을 성적으로 노출시키는 사람에게 이것을 이야기하는 것은 상당히 곤란한 일이다. 정말 좋은 이유가 있다 하더라도 환자의 요구를 거절한다면 환자는 자신에게 가장 중요한 것이 거절당했다고 느낄 것이 분명하다.

이것을 피하기 위해 어떤 치료자들은 해석으로 물러나기도 한다. 환자에게 그의 말이 "의미"하는 것을 탐색하게 하거나 그러한 메시지가 "진정으로" 누구를 향한 것인지에 대해 곰곰이 생각해 보도록 요구한다. 치료자와 환자는 함께 모의를 하여 이때가 환자의 초기 대상관계를 탐색할 가장 좋은 때라는 점에 동의한다. 해석하는 데 몰두함으로써 치료자와 환자는 재빨리 메타커뮤니케이션에 내포되어 있는 관계적 함의를 피한다.

　이때 해석을 하는 것이 뭐가 잘못된 것인지 묻는 사람이 있을 것이다. 그 대답은 해석은 현재 일어나고 있는 것의 정서적 영향을 완화시키기 때문이다. 행동에 대한 이유를 이해하는 이점이 무엇이든 간에 그것은 이 단계에서 일어나야 하는 정서적인 학습과 비교할 바가 아니다. 만일 어떤 해석이나 분석이 일어난다면 그것은 "무언의 해석" 형태로 일어나야만 한다(Spotnitz, 1985, p.167). 치료의 이 단계에서 공공연한 해석을 하는 것은 치료의 행로를 정서적인 직면에서 인지적인 분석으로 바꾸어놓을 뿐이다.

　대상관계치료의 이 단계에서 해석을 반대하는 설득력 있는 입장에 의하면 해석은 원래 본질적으로 전언어적인 일들을 설명하기 위해 인지적이고 언어적인 수단에 의존한다는 것이다:

> "언어적으로 해석하는 것"의 또 하나의 문제는 환자가 의사소통, 방어, 대상관계 맺기의 지배적인 양식으로서 투사적 동일시에 의존하는 것은 종종 그가 현재 심리내적으로나(내적 대화의 한 부분으로서) 대인관계적으로 언어적 상징들을 사용할 수 없다는 사실을 반영한다는 것이다. 그 결과 그는 언어화된 형태로 제공되는 해석을 이해할 수도 없고 활용할 수도 없을 것이다(Ogden, 1982, pp.76-77).

대상관계치료에서 대부분 환자의 병리는 감정상태의 형태로 존재하며 감정 수준에서 직면될 필요가 있다. 환자가 관계에 대해 배워왔던 것들은 그것들을 분석해서가 아니라 그것들 속에 존재하는 것에서 생긴다. 이것은 해석이 설 자리가 없다는 것이 아니라 단지 치료의 이 단계에 속하지 않는다는 것이다.

만일 대상관계치료의 진짜 이득이 실현되려면 치료자는 환자의 병리에 참여하고 싶지 않은 것에 대해 분명하고도 확실한 신호를 보낼 필요가 있다. 치료자는 환자 요구의 특성에 대해서도 또한 환자가 그럴 권리가 있는지에 대해서도 이의를 제기하지 말아야 한다. 치료자는 환자의 요구가 "의미"하는 것에 대한 설명을 요구하지 말아야 하며, 그 밑에 깔린 근원을 알려는 시도도 하지 말아야 한다. 치료자가 오로지 해야 하는 것은 환자의 요구에 굴복하지 않는 것이다.

치료자가 "그럴 수 없습니다."라고 말하는 정확한 방법은 특정한 투사적 동일시와 그것과 관련되어 있는 독특한 요구에 달려 있다. 구체적인 상황에 따라 다르겠지만 치료자는 환자에게 다음과 같이 말할 필요가 있다. "나는 당신과 함께 잘 수 없습니다(성). 나는 당신의 삶을 이끌지 않을 것입니다(의존성). 나는 성공하기 위해 당신의 도움이 필요하지 않습니다(힘). 나는 당신에게 어떤 것도 신세진 것이 없습니다(환심 사기)." 투사적 동일시에 내재되어 있는 고유한 요구에 직접 도전함으로써 치료자는 관계의 기초로서 그 요구의 정당성에 이의를 제기한다.

동시에 치료자는 관계를 공고히 할 필요가 있다. 치료자는 환자로 하여금 치료 초기에 존재했던 깊은 관심이 여전히 강하게 있으며, 지금도 관심을 기울이고 있다는 것을 알게 할 필요가 있다. 만

(Mann)이 말한 것처럼, "환자에 대한 치료자의 부드러우면서도 따뜻한 관심은 적절하고 효과적인 직면에 가장 중요한 요소가 될 것이다"(1973, p.44). 치료자는 자신이 거부하는 것은 투사적 동일시이지 환자가 아니라는 것을 전달할 필요가 있다. 이를 위해 가능한 한 직접적이고 구체적으로 치료자가 깊은 관심을 가지고 있다고 반복해서 말해야 한다.

치료자가 하지 말아야 하는 것은 협박을 피한다든지, 환자를 진정시키거나, 일어나고 있는 것을 장황하게 설명하는 것이다. 환자는 자신이 가장 두려워하고 있는 것이 사람과의 접촉을 상실하는 것이라는 것에 직면해야 한다. 환자는 자기의 분열된 "나쁜" 부분이 버림을 당하는 이유가 아니라는 점을 배워야 한다. 과거에 일어난 것이 무엇인지 다시 경험하는 것이 중요한 것이 아니라 현재의 매우 강하고 지속적인 감정들을 경험하는 것이 중요하다. 환자는 공개적이고 정직한 관계가 가능하다는 것과 투사적 동일시 이외의 삶이 있다는 것을 배워야만 한다.

이것은 환자뿐 아니라 치료자에게 있어서도 힘든 시기다. 이 단계에서 나타나는 강력한 정서들은 종종 치료자에게 이전에 있어 왔던 모든 힘든 작업을 망쳐버리는 것은 아닌지 하는 두려움을 갖게 만든다. 때때로 일을 제대로 하려는 노력에서 치료자는 환자에게 "일이 잘 될 것이다."라고 확신시키려 할 수도 있고 또는 환자에게 "일이 어떻게 되어갈지 볼 수 있도록 더 많은 시간을 오라."고 요구할 수도 있다. 이것은 피할 수 없는 것을 단지 지연시키는 것뿐이고 나중에는 더 어렵게 되도록 만드는 것이다. 치료가 성공적이 되기 위해 환자는 다른 사람을 조종하지 않고 친밀한 관계를 맺는 것이 무엇을 의미하는지 배울 필요가 있다.

환자의 반응

누구나 예상할 수 있는 것처럼, 대부분의 환자들은 직면에 조용히 반응하지 않는다. 거절은 환자에게 다른 수준에서 다양한 강도로 경험된다. 가장 직접적인 수준에서의 거절은 구체적인 부탁이나 요구에 대한 치료자의 반응인 단순한 거절이다. 좀더 깊은 수준에서 그것은 관계를 구성하는 환자의 방식에 대한 직접적인 도전으로 경험된다. 가장 깊은 수준에서는 환자의 내적 세계의 부분에 대한 거절로 상징화된다. 이러한 치료자의 거절은 환자 자신이 거절받는 것으로 여겨진다.

아주 종종 환자는 거절을 지각했을 때 화를 내거나 철수함으로써 반응한다. 환자는 분노를 터뜨리고 매우 호전적이 되며, 치료를 중단하겠다고 위협한다. 환자는 자기가 치료자를 미워하고 지금까지 이루어놓은 진전을 고의적으로 방해하게 되는 것이 치료자 때문이라고 비난한다. 그러다가 또 환자는 뾰루퉁해져 긴 침묵으로 철수한다. 상호작용은 멈춘 듯이 보이며 치료는 별 다른 진전이 없는 것처럼 보인다.

이것이 환자의 투사적 동일시의 단념을 의미하는 것은 아니다. 환자들이 투쟁 없이 투사적 동일시를 포기하는 경우는 극히 드물다. 일시적인 휴지기가 지나면 환자는 문제가 출발했던 지점에서 잃은 것을 되찾으려고 끄집어낸다. 환자는 투사적 동일시에 대한 직접적인 공격이 있었다는 것을 감지하고 그것을 방어하기 위한 대책을 세운다.

이러한 대책은 수많은 형태를 취할 수 있다. 일반적인 것들 중

에는 강도 높이기, 비난, 이차적 투사적 동일시, 그리고 치료를 중
단하는 것이 있다. 치료 실제에서는 이것들이 뒤섞이곤 하지만 그
각 예들을 따로 따로 살펴볼 것이다.

강도 높이기

환자가 직면에 반응하는 주요한 방법 중 하나가 요구의 강도를
높이는 것이다. 환심을 사고자 하는 환자는 더 도움이 되려고 하
고, 더 희생적이 되려고 하며, 감사하는 마음이 들게 할 수 있는
것은 어떤 것이든 하려고 한다. 성적 투사적 동일시를 사용하는
환자들은 더 대담해지고 솔직해진다. 그들은 치료자에게 진부하
다거나 정숙한 척한다고 비난한다. 때로는 치료자를 성적으로 자
극함으로써 메타커뮤니케이션적 요구를 더 강하게 하기도 한다.
나의 환자 중 한 명은 내가 그녀와 자지 않을 것이라고 말하자,
그녀는 나를 "계집애 같은 놈"이라고 했다.

환자들은 때때로 "엉망으로 만드는 것"을 통해 메타커뮤니케이
션의 강도를 높일 것이다. 환자는 대책 없이 일을 그만두거나 학
교에서 낙제하고 이혼하기로 결심한다. 치료자가 메타커뮤니케이
션을 부인한 결과를 "알리기" 위해 치료자 앞에서 자신의 어리석
음과 무능함을 뻔뻔스럽게 보여준다. 비록 일어나고 있는 일에 대
해 해석해야 할 것 같은 유혹이 있어도 치료자는 해석을 하기보다
는 환자의 요구에 반대하는 데 에너지를 쏟는 것이 더 낫다.

의존적 투사적 동일시의 강도를 높이는 예는 캐서린의 사례에서
볼 수 있다. 회상해보면, 그녀는 자신이 이혼 후 데이트를 시작할
때 남자와 어떻게 관계를 맺어야 하는지뿐만 아니라 그의 고용주
와의 관계를 어떻게 해야 할지에 대해 내가 도와줘야 된다고 주장

했던 환자다. 내가 처음 캐서린을 직면시켰을 때, 그녀는 다소 흥분했다. 그녀는 내가 했던 말들로 인해 그녀가 미쳐가게 된다고 소리쳤다.

다음 회기에서 캐서린은 내가 단지 그녀가 어떻게 반응하는지를 보기 위해서 그런 말을 한 것임이 틀림없다고 했다. 그녀는 내가 자신의 "생명줄"이라고 말하며, 자기가 나를 필요로 할 때 내가 거기 있어주기만 한다면 나를 힘들게 하지 않을 것이라고 주장했다. 내가 그녀의 "요구"에 걸려들지 않으면 않을수록 그녀는 더 필사적이 되어갔다. 캐서린은 만일 내가 그녀를 돌보지 않았다면 무너져버렸을 것이라고 했다. 내가 그녀의 요구대로 하지 않을 것이라고 반복하자, 그녀는 매우 우울해져서 "그렇다면 선생님은 나에게 일어난 일에 대하여 개인적으로 책임을 지게 될 거예요."라고 말했다.

의존적인 환자가 그들의 의존성의 강도를 높이는 방법 중 하나는 치료자의 책임감을 자극하는 것이다. 나의 환자 중 한 명은 내가 그의 의존적 투사적 동일시에서 일어나는 요구를 직면시키자마자, 맥주 한 캔을 들고 치료에 옴으로써 상당한 관심을 불러일으켰다. 그는 맥주를 홀짝 홀짝 마시면서 치료시간을 보냈는데, 내가 왜 그를 중단시키지 않는지 매우 이상하게 생각했다. 결국 그는 취해서 사고를 저지를 수도 있었다. 비록 그가 한 캔 이상의 술을 마시지는 않았지만, 나는 그가 자동차사고에 연루되어 있었다는 것을 알고 있었기 때문에 그때까지도 그가 자신을 해칠지도 모른다는 걱정을 하고 있었다.

그의 음주에 대한 나의 걱정은 내가 그를 항상 "지켜봐야 한다."는 초기에 나타난 역전이 감정이었다. 그때 나는 자제하며 아무 말도 하지 않기로 결심했다. 예상대로 그는 치료가 끝난 어느 날 저녁 경미한 자동차 사고를 냈다. 그는 다음 치료시간에 그 사고에 대해 말하면서 그것을 나의 탓이라고 했다. 그는 내가 그의 음주를 중단시키지 않았기 때문에 사고가 난 것이라고 주장했다. 그는 사고현장 음주측정에서 술을 마시지 않은 상태라고 나왔음에도 불구하고 나를 고소하겠다고 했다.

물론 메타커뮤니케이션적 요구의 강도를 높이는 가장 과감한 방법은 자살하겠다고 위협하는 것이다. 그러한 위협은 치료자에게 책임감을 느끼게 하는 강렬한 역전이 감정을 불러일으키고 큰 걱정을 하게 만든다. 이때 치료자는 물러나서 직면시키려는 노력을 누그러뜨려야 할 것 같은 유혹을 피해야만 한다.

이런 예는 자살 위협이 아주 두드러진 특징이었던, 의존적 투사적 동일시를 가지고 있던 환자의 치료에서 나타났다(Ogden, 1982). N부인의 어머니는 그녀가 10세 때 자살을 했다. 환자의 어머니는 그녀의 방에 들어와 저녁 인사를 하고 나서 권총으로 자살했다. 그때 환자는 머리를 돌렸는데, 그 이후에 그녀가 어머니의 죽음에 대해 책임이 있다는 소리를 들었다.

장기간의 집중적인 치료과정에서 N부인은 반복적으로 자살하겠다고 위협을 했으며, 치료과정 동안 많은 양의 항우울제를 먹었다. 오그덴(Ogden)은 이 치료과정에서 나타난 대상관계적 특성을 강조하며 다음과 같은 글을 썼다:

투사적 동일시의 개념에 대한 관점에서 보면, 치료가 시작된 지 2년째가 되자 내적 대상관계의 대인관계적 상연이 나타날 수 있었다. 그 기간 동안 10살난 소녀가 우울해서 상습적으로 자살하려고 했던 어

머니의 인생과 죽음에 대해 느꼈던 견디기 어려운 책임감을 치료자가
경험하지 않을 수 없었다(p.59).

　환자의 자살시도는 치료의 전환점이 되었는데, 왜냐하면 그것은
치료자가 환자의 투사적 동일시를 다룰 수 있고 나서 얼마 되지
않아서 발생했기 때문이다.

　렉커(Racker, 1968)의 역전이에 대한 고전적인 저서에서 보면, 그
는 "일치된(concordant)" 역전이와 "상보적인(complementary)" 역전
이의 차이점을 정의하고 있다. 일치된 역전이는 환자가 자신의 아
이 자기(child self)를 치료자에게 투사하는데, 이는 환자가 중요한
타인의 역할을 맡고 치료자가 아이의 역할을 하도록 하게 하기 위
해서다. 상보적인 역전이는 정반대 현상이 일어나는 것이다. 부모
의 역할을 치료자에게 투사하고 환자는 아이의 대상관계 반대부
분의 역할을 재연한다.

　이 장에 소개되어 있는 투사적 동일시와 투사적 동일시에 대한
역전이 반응의 예들은 대부분 상보적인 역전이였다. 나의 경험에
의하면, 상보적인 역전이가 가장 일반적이고 치료에서 가장 자주
대두되는 것들이었다. 그러나 일치된 역전이 형태가 우세하거나
그 두 유형이 번갈아 나타나는 경우가 있다. 바로 N부인의 경우
인데, 이 경우에 역전이는 치료자로 하여금 환자의(상징적으로는
엄마의) 자살 시도에 대한 책임감을 느끼도록 만드는 일치된 역전
이였다.

　어떤 경우이든 치료자는 만일 그녀가 자살하겠다고 계속 위협하
면 그녀와 함께 효과적으로 작업할 수 없다고 말함으로써 환자의
자살 위협에 대처했다. 그가 그녀에게 근본적으로 말하고자 한 것

은 그녀의 메타커뮤니케이션적인 위협에 따르지 않을 것이라는 것이었다. 그녀가 살고 죽는 것에 대해 치료자가 책임을 지고 있다는 그녀의 신념에 공모하지 않는 것이다. 메타커뮤니케이션에 직면함으로써 치료자는 "(환자에 의해) 자신에게 강요된 책임감의 짐"(p.59)을 떠맡지 않을 것이라는 신호를 보냈다. 그리고 나서 곧 바로 위협이 극적으로 줄어들었다.

이와 같은 사례들에서 중요하게 고려해야 되는 것은 그들이 매 순간 살아 있을 것인지 걱정하는 데 치료자의 인생을 소비하지 않을 것이라는 점을 환자들에게 분명히 말해주는 것이다. 당신은 그들의 수호자도 구원자도 되지 않을 것이다. 다만 관계를 확고히 할 필요만이 있을 뿐이다. 환자들이 자살하겠다고 말할 때 치료자가 무슨 일이 일어나든 자신과 상관없다고 한다면 그것은 임상적으로 무책임한 반응이다. 나는 제4장에서 논의했던 매우 우울해서 자살하려고 했던 환자인 이사벨의 사례에서 이 금기를 어겼는데, 왜냐하면 단지 그녀가 관계를 인식하도록 충격을 줄 필요를 느꼈기 때문이었다. 내가 처음에 그녀를 만났을 때 그녀는 내가 방에 있다는 것조차도 알지 못했다.

같은 이유로 N부인을 치료한 치료자는 만일 그녀가 자살하겠다고 위협을 계속한다면 그녀와 치료를 지속하지 않을 것이라고 말하지 않았다. 그는 그녀가 만일 이런 식으로 계속해서 관계를 만든다면 그녀와 **효과적으로** 작업을 계속할 수 없을 것이라고 말했다. 이것은 어려우면서도 중요한 점으로 대상관계치료에서 일어나는 수많은 것의 기초가 되고 있다. 메타커뮤니케이션의 직면은 그것이 어디에서 발생하든 간에 직면이 성공적으로 이루어지기 위해서는 항상 확고한 관계가 수반되어야 한다.

비난하기

환자가 직면에 반응하는 또 다른 방식은 그들이 경험하는 감정 때문에 치료자를 비난하는 것이다. 힘의 투사적 동일시로 그들의 관계를 구조화하는 환자들은 치료자가 반드시 그들이 책임을 져야 한다고 했다고 주장한다. 성적 투사적 동일시를 사용하는 환자들은 치료자가 간통의 여지를 보였던 사람이라고 주장한다. 완전히 반대로 보이는 상황에서 치료자는 환자의 투사적 동일시에 의해 유발된 바로 그 반응들 때문에 비난받게 된다.

예를 들면, 환심 사기 투사적 동일시의 경우에 환자는 치료자가 숨은 동기를 가지고 그들을 이용한다고 치료자에게 책임을 돌릴지 모른다. 그들은 치료자가 그들을 공개 사례발표나 강의 자료로 사용한다고 비난한다. 나의 환자 중 한 명은 내가 정신병을 소재로 소설을 쓰고 있고 자신은 주요 등장인물 중 하나일 것이라고 확신하였다. 물론 이러한 종류의 비난 속에는 자기애적인 요소가 있지만, 또한 그것들은 환자가 그의 투사적 환상에 대한 책임을 부인하는 방식을 반영하고 있다. 그것은 마치 환자가 역전이에 초점을 맞추고 일어나고 있는 일에서 이러한 "정보"를 자신을 방어하기 위해 사용하는 것이다.

예를 들면, 비난하기처럼 방어를 목적으로 역전이를 사용하는 것을 성적 투사적 동일시의 경우에서도 볼 수 있다. 이러한 경우들에서 환자들은 치료자가 그들에게 성적으로 관심이 있다거나 자극적인 태도를 취했다고 비난한다. 아버지가 상스러운 농담으로 그녀를 즐겁게 해주었던 환자인 팜은 내가 그녀의 성적인 책략을 직면시키고 난 직후 한 치료시간에 늦게 나타났다. 그녀가 늦는 것은 드문 일이었는데, 나는 30분을 기다리다 일어났다. 사무실을 나오려고 할 때 그녀는 숨을 헐떡이며 매우 난처한 모습으로 뛰어들어왔다.

그녀는 진정하는 데 시간이 걸렸으며, 말을 하기까지는 더 시간이 걸렸다. 분명히 그녀는 약속한 시간에 도착했지만 나를 만나기가 두려웠던 것이다. 그녀는 차로 돌아가서 집으로 가기 시작했다. 그러나 한두 블록을 가서 우회하여 다시 방향을 돌렸다. 그녀는 차를 주차하고 마침내 "나를 직면하려고" 결심하기까지 적어도 12번 이상을 왔다 갔다 했다고 고백했다. 그녀는 내가 그녀에게 성적인 의도를 가지고 있고, 그래서 그녀가 계속 치료받기를 원한다면 그 대가로 성관계를 요구할 것이라고 확신했다.

마지막으로, 비난하기는 의존성을 통해 투사적 동일시를 하는 환자들의 경우에서도 볼 수 있다. 종종 이러한 환자들은 치료자가 그들을 성장하지 못하게 한다고 비난한다. 그러한 환자들과의 치료과정에서 내가 너무 많은 충고를 했다는, 너무 지시적이었다는, 그리고 "너무 엄마처럼" 굴었다는 비난을 받는다. 종종 비난하기는 환자가 몰두하고 있는 많은 도움 구하기를 들어주려는 생각과 비슷하다. 그러나 환자들이 그러한 생각들을 정말로 믿고 있다고 우리가 확신할 정도로 강렬하게 비난한다.

비난하기가 의존성, 성, 힘 또는 환심을 사려는 투사적 동일시의 맥락에서 발생하든 그렇지 않든 그것은 투사적 동일시가 완전히 제거될 위험에 처해 있다는 환자의 인식에서 생긴다. 환자의 방어적 노력은 대인 병리에 대한 치료자의 침입을 막으려는 시도다. 막 노출되려는 것을 피하기 위해 환자는 치료자의 취약성의 근원으로 인식되는 역전이를 붙잡고 늘어진다. 그것은 마치 절망에 빠진 환자가 최선의 방어는 확실한 공격이라고 결정한 것과 같다.

이차적 투사적 동일시

직면의 결과가 메타커뮤니케이션의 요구의 강도를 높이는 것도 아니고 치료자를 비난하는 것도 아닌 경우들도 있다. 대신에 환자는 투사적 동일시를 포기하는 것처럼 보인다. 물론 이것이 우리가 치료의 이 단계에서 일어나기를 기대하는 것이다. 치료자는 투사적 환상을 넘어서 환자가 투사적 동일시 없이도 관계 안에 있다는 것의 의미를 탐색하게 도와주고자 한다.

그러나 무엇인가 완전히 다른 일이 발생한다. 조용하고 반성적인 시기처럼 보이는 중간에 또 다른 투사적 동일시가 등장하기 시작한다. 환심을 사려했던 환자들은 갑자기 의존적인 투사적 동일시 반응을 보인다. 만일 그들이 이전에 의존적으로 행동했다면 그들은 성적인 투사적 동일시와 더 일치하는 방식으로 행동하기 시작한다. 그것은 마치 또 다른 투사적 동일시가 어떤 것이 잘못되었을 때 대리물로 작용하려고 날개 밑에서 기다리고 있었던 것처럼 보인다. 그런 지금 이차적 동일시가 그 모습을 드러낸 것이다.

과장된 은유는 이것이 발생하는 속도를 제대로 설명하지 못한다. 일차적 투사적 동일시가 퇴장하고 이차적 투사적 동일시가 그 자리에 갑자기 등장하는 것은 단순한 문제가 아니다. 오히려 이차적 동일시는 서서히 나타나며 미묘한 방법으로 자신을 알린다. 그러나 그 영향력은 부인할 수 없다. 그것은 치료를 두 번째 단계로 되돌리고 치료자로 하여금 완전히 새로운 의사소통과 메타커뮤니케이션을 다루도록 만든다.

의존적 투사적 동일시를 직면하기 시작한 베스라는 환자와의 일련의 상호교류에서 이 내용을 볼 수 있다(Cashdan, 1973). 직면을 하자 상당히 정서적으로 동요되었으며, 치료시간 끝 무렵 환자는 다음에 치료받으러 오지 않을 생각이라고 암시하였다. 그럼에도 불구하고 베스는 치료를 계속 받기 위해 다음 시간에 나타났다.

그때까지 우리의 치료시간들을 특징지었던 궁핍함과 도움 구하기가 상당히 누그러졌으나, 그 이후의 시간부터 베스는 성과 관련된 내용들을 점점 더 많이 가져오기 시작했다. 어떤 날은 그녀는 격렬한 애무만으로 끝냈던 한 남자와의 만남에 대해서 묘사했다. 베스는 어떻게 그 남자가 그녀를 오르가슴에 도달하게 했는지 매우 자세히 설명했다.

다음 내용은 성적인 메타커뮤니케이션에 대한 나의 반응으로 시작한다.

치료자 : 왜 그렇게 모든 것을 자세하게 설명하죠? 그게 정말 필요한가요?

베　스 : 선생님은 지금까지 자세하게 설명해서 신경썼던 적은 없었던 것 같은데요.

치료자 : 하지만 당신은 지금 나에게 남자와 애무하고 끝냈다고 간단하게 말할 수도 있었을 것 같은데요.

베　스 : (공감하면서) 난 단지 선생님이 알아야만 할 것 같아서요.

치료자 : (이런 종류의 질문을 좀더 하고 나서) 난 당신이 나를 흥분시키려 한다고 생각합니다.

베　스 : (반은 놀라고 반은 농담조로) 늙은 색마 같으니라구.

치료자 : 그건 당신의 이야기이죠.

베　스 : (점점 심각해져가며) 당신 미쳤군요!

치료자 : 그건 당신의 이야기이고 너무 성적이었어요.

베　스 : (화가 나서) 다른 이야기해요. 난 그것에 대해 더 이상 이야기
　　　하고 싶지 않아요(Cashdan, 1973, pp.89-90).

그러나 나는 그것에 대해 재차 물었고 다음 시간에 베스는 내가
그녀를 더 잘 이해할 수 있도록 나에게 치료가 끝난 후 술을 마시
러 가자고 했을 때 그 메타커뮤니케이션이 표면에 떠올랐다.

같은 두 투사적 동일시(의존성과 성)를 포함하는 유사한 변화가
N부인에게도 일어났는데, N부인은 10살 때 그녀의 어머니의 자살
에 책임을 느끼게 되었던 사람이다. N부인은 분명히 의존적 투사
적 동일시에 매우 의지하고 있었고, 자신이 자살할지도 모른다고
끊임없이 위협하여 치료자를 궁지에 몰아넣었다. 이것은 그녀가
자살 위협으로 타인을 조정하려는 경향이 있다는 점을 치료자가
직면시킬 때까지 줄어들지 않았다. 그러나 자살위협의 횟수가 줄
어들고 N부인이 치료시간에 말을 더 많이 하기 시작했으나, 치료
자를 조종하려는 것은 줄어들지 않았다. 얼마 후 치료는 성적인
색채를 띠기 시작했다.

그 다음 몇 달에 걸쳐 치료자는 환자가 처음에 그를 성적으로
유혹하는 것 같았다고 지적했다. 환자는 치료 처음 2년 동안은 성
에 대해 단지 스치는 듯 언급했지만 현재 그녀는 남편이 마치 그
녀와의 성관계를 자기 마음대로 해도 되는 것처럼 행동하는 것이
싫다고 불평하기 시작했다(Ogden, 1982, p.61).

성적인 역전이의 징후처럼 보이는 것과 함께 성적인 내용을 치
료에 끌어들이는 것은 성적 투사적 동일시의 시작을 암시하는 것
이다. 이것이 또 다른 투사적 동일시(의존성)의 성공적인 직면에
잇따라 등장한다는 사실은 성이 처음부터 이차적인 투사적 동일

시에 존재하고 있었다는 것을 나타낸다.

이차적 투사적 동일시의 출현은 종종 치료의 후퇴를 의미하는 것처럼 보이기 때문에 맥이 빠진다. 그러나 절차상 그렇다 하더라도 낙담할 이유는 아니다. 비록 새로운 투사적 동일시와 관련된 메타커뮤니케이션이 억지로 드러나도록 하기 위해 이전에 상연했던 대부분의 것을 반복해야만 할지라도 이것은 처음만큼 시간을 소비하는 것도 아니고 어려운 것도 아니다.

우선 치료의 이자(dyadic) 특성이 이미 확립되었기 때문이다. 치료자는 치료를 "지금-여기"로 가져오기 위해 많은 에너지를 쏟을 필요가 없다. 치료자는 또한 환자에 대한 자신의 역전이 반응을 좀더 조율하고 그렇게 해서 그것들을 좀더 쉽게 확인하고 사용할 수 있게 된다. 결국 이차적 투사가 이차적이라는 단순한 사실은 견고하거나 방어적인 것이 아니라는 것을 의미한다. 그래서 그것과 연합된 메타커뮤니케이션을 잘 달래서 표면으로 떠오르게 하기가 더 쉽다.

이차적 투사적 동일시에 대한 치료적 반응은 일차적 투사적 동일시에 대한 반응과 동일하다. 치료자는 메타커뮤니케이션을 직접 행동으로 표현하도록 부추길 필요가 있고, 그리고 나서 직면시킨다. 일어나야만 하는 직면을 대신할 수 있는 지름길도 해석적 "관련성"도 없다. 그 순간에 작용하는 투사적 동일시가 일차적인 것이든 이차적인 것이든 간에 환자는 그것이 치료자와 관계하는 데 정당한 수단으로 사용될 수 없다는 것을 배워야 한다.

중단하기

만일 이 모든 것이 실패하면 환자들은 종종 치료를 그만두겠다고 위협한다. 관계를 유지하기 위해 그들이 할 수 있는 모든 것을 했기 때문에 그들은 할 수 있는 것이 아무것도 없다고 느낀다. 그들은 나락으로 떨어져 오직 하나의 대안으로 치료의 종결을 생각한다. 분노에서든 체념에서든 환자는 치료를 계속할 이유가 없다고 주장한다. 치료자는 그와 어떤 것도 하기를 원하지 않으며, 만일 고통이 없다면 앞으로의 어떤 만남도 무익할 것이라는 것을 입증하는 것처럼 보인다.

이러한 결정은 환자의 어렴풋하지만 강력한 믿음에 근거한 것이다. 환자는 치료자가 투사적 동일시를 거부하는 이유는 분열된 자기의 나쁜 부분을 "발견했기" 때문이라고 믿는다. 투사적 동일시는 관계를 형성하는 수단이며, 나쁜 자기의 노출에 대한 방어이고, 그리고 오래되고 고통스런 대상관계를 바로잡으려는 방식이라는 것을 명심할 필요가 있다. 처음에 두 가지를 이루지 못하면, 환자는 세 번째 것을 이루려는 희망을 갖지 못한다. 치료와 치료자를 떠나는 것 외에 대안이 없는 것처럼 보인다.

그러나 떠나는 것이 그렇게 쉬운 일은 아니다. 최근에 느낀 분노와 실망에도 불구하고 환자는 자신을 곤경에 빠뜨린 바로 그 사람과 다소 설명할 수 없는 어떤 관계에 있다고 느낀다. 이렇게 끝난다는 것은 바로 치료 초기에 생긴 정서적 유대가 주는 잔여 효과다. 이것이 첫 단계에 환자를 관여시키기 위해 에너지를 쏟는 것이 그렇게 중요했던 이유다. 관여의 기초를 형성했던 정서적 연결이 현재 그 연결을 재차 확인해주며 최근의 상실감과 거절감에 대한 완충제로 작용한다.

치료자는 관계를 다시 공고히 하는 기초로 이것을 사용한다. 이러한 결정적인 결합이 치료과정에서 일어날 때 치료자는 그의 지속적인 헌신을 구체적으로 보여줄 필요가 있다. 치료자는 환자에게 치료가 끝나려면 아직 멀었지만, 이전처럼 활력있게 진행되고 있다고 분명히 알려줄 필요가 있다. 구체적이면 구체적일수록 훨씬 효과적이다. 한 가지 방법은 환자에게 단순하게 당신은 여전히 그의 치료자이며 치료시간은 그의 것이라고 말하는 것이다.

그래서 베스는 일차적 투사적 동일시에서 나타나는 궁색해하는 것과 도움 구하기를 직면시키자, 울면서 내가 자신을 파괴하려 한다고 비난했다. 10분 정도 흐느껴 울고 나서 다음과 같은 반응을 보였다:

> 베　스 : 내가 여기에 계속 오는 것이 괴로우시죠?
>
> 치료자 : 나는 다음주에도 여기… 똑같은 시간, 똑같은 장소에 있을 거예요.
>
> 베　스 : 내가 올지 모르겠어요.
>
> 치료자 : 무엇이 최선인지 생각해봐요. 자 기억하세요. 이 시간은 당신 것이에요. 난 당신이 어떤 결정을 하든 여기에 있을 겁니다(Cashdan, 1973, p.89).

베스가 의존적인 의사소통, 즉 충고 구하기라는 측면에서 처음으로 중단하기를 의미하는 반응(내가 여기에 계속 오는 것이 괴로우시죠?)을 했다는 것은 주목할 만한 것이다. 어쨌든 그녀는 다음 치료에 왔고 치료를 계속했다. 이차적 투사적 동일시(성적인)가 나타난 것은 몇 회가 지나지 않아서였다.

환자가 치료자의 직면에 반응한다 하더라도 치료자는 환자가 너무 힘들어하거나 치료를 그만둘지도 모른다는 두려움 때문에 성급하게 자신의 노력을 포기해서는 안 된다. 그렇게 하는 것이 환자의 병리적 행동을 지속시키는 내부 관계 세력과 치료자가 손잡을 수 있는 유일한 방법이다. 만일 환자들이 그들의 투사적 동일시를 영속시키는 세력에서 벗어나려 한다면 그들은 사람들을 다루는 메타커뮤니케이션 방식을 극복해야만 한다. 그들은 투사적 환상의 확장으로서가 아니라 자신의 권리를 갖고 있는 인간 존재로서 치료자를 직면해야 한다.

관계의 변화

세 번째 단계가 끝날 즈음 환자들은 치료자와 부적응적인 방식으로 관계하는 것이 더 이상 소용이 없음을 깨닫기 시작한다. 그들의 행동은 추동적인 속성을 덜 띠게 되고 다소 다르게 치료자와 상호작용하기 시작한다. 투사적 동일시의 경우들이 때때로 갑자기 나타날 수 있지만 시간이 지남에 따라 덜해지고 강도가 약해진다. 관계는 전반적으로 평온해지고 환자는 다음에 무엇이 진행될지 궁금해하기 시작한다.

치료자–환자 관계의 이러한 변화는 마지막 단계의 시작을 알리는 것이다. 무엇인가 변화되었지만 환자는 아직 그것이 무엇인지 확신하지 못한다. 여전히 무엇이 일어났는지 혹은 과거 대상관계와 이것이 어떤 관계가 있는지에 대한 인지적 이해는 없다. 환자들이 알고 있는 것이라고는 관계가 이전에 느꼈던 방식과 매우 다르게 느껴진다는 것이다. 이것은 치료과정에서 중요한 전환점을 알려주는 신호다.

치료가 끝나면 내가 환자들에게 묻는 질문 중 하나는 치료에서 "전환점"이 어디였는지 알겠느냐는 것이다. 종종 그들은 치료의 세 번째 단계 동안 일어났던 일들을 지적한다. 베스는 나에게 그녀에게 전환점은 그녀가 치료에 "돌아와서" 내가 말했던 것처럼 그녀를 기다리고 있는 나를 발견했을 때 일어났다고 말했다. 그녀는 그 순간 우리의 관계에서 무엇인가 변화되었고 그녀 자신을 다르게 보기 시작했다고 말했다.

팜도 비슷한 반응을 하였다. 그녀는 나를 만나러 와야 하나 말아야 하나 갈팡질팡하면서 사무실 밖에서 배회하며 차를 몰았던 그날 밤에 극적인 변화가 있었다는 것을 조금도 의심하지 않았다. 그녀는 우리 관계의 성적인 특성을 다루기로 한 그녀의 결정이 치료에서 중요한 변화를 시작하게 한 것이었다고 말했다. 회상해보건대, 또한 그녀는 그것이 타인들과의 관계에서 중요한 변화를 알려주는 신호였다고 생각했다.

세 번째 단계의 마지막은 환자에게만이 아니라 또한 치료자에게도 안도감을 가져다 준다. 일련의 힘든 상호교류가 일어났고 치료에 참여했던 사람들은 함께 많은 것을 경험했다. 앞으로 다가올 중요한 일들이 여전히 있다. 적어도 종결 때문이 아니라 치료의 성격이 분명히 변화되었기 때문에 직면이 의혹을 없애주었으며, 환자와 치료자는 무엇인가 다른 것이 앞에 놓여 있다고 느낀다. 이러한 느낌으로 치료자와 환자는 치료의 마지막 단계에 들어간다.

제7장

네 번째 단계 : 종결

대상관계치료의 네 번째이자 마지막 단계에서 환자들의 투사적 동일시가 다른 사람들에게 어떤 식으로 영향을 미치는지 알 수 있다. 또한 환자들이 부적응적인 방식으로 관계를 맺는 것에 대한 원인론적 통찰과 초기 관계가 이러한 양식들을 어떻게 가져오는지에 대한 이해를 제공한다. 마지막 단계에서는 종결해야 하는 문제를 다룬다. 치료를 종결한다는 것은 단순히 미해결된 부분의 결말을 짓고 작별인사를 하는 것 이상의 의미를 지닌다. 그것은 분리의 문제와 한 개인이 자율적인 인간 존재로 기능한다는 것이 어떤 의미를 갖는지를 다루는 것이다.

치료의 마지막 단계는 치료과정에서 상대적으로 차분해지는 기간이다. 이 시간은 되돌아보는 기간이고 이전에 이루어진 모든 것들을 진지하게 재검토하는 과정이다. 치료는 다소 인지적으로 진행되며 외부관심사로 향하게 된다. 이것은 또한 치료에서 보다 더 많은 해석 활동이 일어나는 시기이기도 하다. 동시에 치료자는 너무 빨리 외부로 치료를 전환하지 않도록 주의를 기울여야 한다. 대상관계치료의 잠재적 이점을 극대화하기 위해 치료자는 조금이 라도 더 "치료실 안에" 머물게 하여 계속 치료관계에 초점을 맞출 필요가 있다. 이러한 초점의 구체적인 형태가 피드백이다.

피드백

대부분의 환자들은 그들이 투사적 동일시를 통해 전달하고 있는 메시지를 인식하지 못한다. 자기 희생적인 사람들만이 드물게 그 들의 행동이 사실 조종적이라는 것을 인정한다. 유혹적인 환자들 은 종종 그들이 성애적인 신호를 전달하고 있다는 것에 진정으로 놀라워한다. 투사적 동일시를 구성하는 행동들과 의사소통들은 삶의 한 방식이며, 이를 사용하는 사람들은 자신들이 평범한 방식 과는 다르게 행동하고 있다는 것을 알게 되면 놀라워한다.

대부분의 환자들은 또한 투사적 동일시가 다른 사람들에게 미치 는 영향을 전혀 모른다. 그들과 상호작용하는 사람들이 그들의 행 동을 매우 조종적이고 구속적이라고 강하게 느끼면서도 숨기고 있다는 사실을 인식하지 못한다. 그들은 사람들이 그들에게 실망 하고 때로는 물러나는 것을 인식할지 모르나, 왜 그러는지는 전혀 알지 못한다. 그들은 다른 사람들의 정서적 행동을 거의 이해할 수 없다.

치료의 마지막 단계에서 중요한 목표는 환자들에게 그들이 다른 사람들에게 어떻게 지각되는지에 대한 생생한 정보를 제공하는 것이다. 환자들은 그들의 대인적 조종이 다른 사람들에게 어떻게 영향을 미치고 있는지 매우 분명하고 직접적인 방식으로 배울 필요가 있다. 이것은 환자들에게 다른 사람들이 그들의 투사적 조종을 받는 것이 어떤 기분일지 피드백을 해줌으로써 이루어진다. 피드백의 목적은 환자들이 내적인 자기-대상관계를 수정하고 동화(재내면화)할 수 있도록 투사적 동일시에 대한 "과정적 관점(processed version)"을 제공하는 것이다(Ogden, 1982, p.17).

이러한 "과정적" 피드백의 치료적 효과를 극대화하기 위해서 치료자는 개인적인 수준에서 피드백을 할 필요가 있다. 치료자는 환자의 부인, 남편, 동료들과 아이들이 환자를 어떻게 지각하고 반응하는지에 대하여 길게 가설적으로 설명하는 것을 피해야 한다. 일반적인 것을 다루거나 다른 사람들의 반응을 가설적으로 다루는 것 대신에 치료자는 피드백의 근거를 환자에 대한 자신의 체험에서 끌어낸다.

의존적 투사적 동일시를 사용하는 환자에게 그가 지도와 충고를 끊임없이 요구하는 것이 치료자에게 얼마나 좌절감과 불쾌감을 주는지에 대해 말하는 때가 치료의 이 단계다. 치료자는 환자를 보호하고 싶고 염려하는 마음이 들기보다는 이용당하는 것 같이 느낀다. 나는 이것을 베스에게 지적했고 여러 번 내가 이것을 느꼈다고 특정한 예를 들어 열거하였다. 그 한 예는 그녀가 치료실에서 나가고 싶다고 느꼈고 실제로 나에게 그렇게 할 수 있도록 허락해 줄 것을 요청했을 때였다.

비슷한 맥락에서 나는 치료 초기에 자살 의도를 표현했던 환자들에게 그들의 자살 위협이 그 당시에 나를 놀라게 했음을 말해준다. 그 순간 나에게 들었던 생각은 그들에게서 손을 떼고 그들이 저지를지도 모를 행동에 대한 책임에서 벗어나고 싶은 것이었음을 드러낸다. 이러한 환자들에게 들었던 나의 순간적인 생각은 그들을 약물 치료나 입원 치료가 가능한 정신과 의사에게 의뢰하는 것이었다고 말한다. 내가 느꼈던 돌봄과 동정까지도 나 자신과 그들 사이에 거리를 두고 싶다는 충동으로 인해 가려지게 되었다는 것을 알게 한다.

다시 한 번 역전이가 치료적 도구로 활용되는 것을 볼 수 있다. 그러나 이제 역전이는 피드백을 하는 데 사용된다. 피드백의 원천으로 환자에 대한 자신의 개인적인 반응에 의존하면서, 치료자는 역전이를 새로운 방식으로 사용한다. 치료 초기에 역전이는 투사적 동일시를 확인하기 위한 진단적 자료로 사용되었다. 치료가 진행되면서 그것은 메타커뮤니케이션의 정확한 성격을 확인하기 위해 사용되었다. 이제 역전이는 환자에게 그의 행동이 다른 사람에게 미치는 영향에 대한 가치 있는 정보를 제공하는 수단으로 사용된다.

제공된 많은 양의 피드백이 이전 단계에서 일어났던 사건과 관계가 있다는 점에서 효과가 있는 데 반해, 피드백의 상당부분은 또한 그 순간에 일어나고 있는 것과 관계가 있다. 환자의 투사적 동일시를 구성하고 있는 행동은 한순간에 사라지지 않는다. 의존적인 환자들은 목소리에 호소적이거나 우는 듯한 속성을 지니는 경향이 있다. 그들은 도움을 청할 때 종종 얼굴에 고통스런 표정을 짓기도 한다. 힘의 투사적 동일시를 사용하는 환자들은 계속 비판적이고 오만한 혹평을 한다. 자신들이 거의 자각하지 못하는 그들의 어조에는 호전적인 속성이 빈번하게 나타난다. 그리고 성적 투사적 동일시를 사용하는 환자들은 상당부분 성애적인 방식으로 말하고 행동한다.

이 모든 경우에서 나는 무엇이 일어나고 있는지 단순히 언급한다. "당신이 나에게 무엇인가 물을 때마다 호소하는 듯한 목소리로 이야기하고 있는 것을 아세요?'란 식으로 말할 수도 있다. 이어서 나는 환자에게 이러한 일이 일어날 때마다 만약 내가 정답을 찾지 못한다면 그가 붕괴될 것 같은 감정을 느낀다고 계속 말할 수도 있다. 무엇보다 중요한 것은 내가 이러한 일이 일어날 때 불편해진다는 것, 그리고 우리 둘 사이에 거리가 있는 것처럼 느껴진다는 점을 알리는 것이다. 나는 만약 내가 제안한 충고가 문제 해결에 도움이 되지 못한다고 해서 내가 실패한 듯한 기분을 느끼고 싶지 않다고 말한다.

같은 식으로, 나는 성적 투사적 동일시를 사용하는 환자가 최근에 한 말이나 행동에 내포된 성애적인 요소를 지적한다. 성적 투사적 동일시의 문제를 갖고 상담을 해온 환자가 있었는데, 그 환자는 계속 노출적인 자세를 취했고 급기야 나에게까지 행동을 노골적으로 취해서 나는 환자에게 "온통 다리 벌릴 생각만 하고 사는 사람"같은 느낌을 갖게 한다고 말해버렸다. 나는 그녀가 자신의 치마를 밀어 올리는 특정한 방식에 대하여 그녀가 외설적인 이야기를 하면서 어떤 식으로 요염하게 눈을 내려까는지에 대하여, 그리고 그녀가 습관적으로 성애적인 양식으로 행동하는 다른 방식들에 대하여 매우 분명히 말했다.

내가 말한 것을 듣고 그 환자는 당황하기보다는 오히려 대단한 관심을 보였고 더 열심히 많은 것을 배우려고 했다. 그것은 마치 그녀가 비교적 자각하지 못한 그녀 자신의 일부분을 내가 밝혀내는 것과 같았다. 환자들은 거의 그러한 피드백에 긍정적으로 반응하는데, 이것이 치료과정의 이 시점에 일어난다는 점은 특히 주목할 만하다. 비록 그 환자가 "섹시하게 행동하는 것"은 그녀가 스스로에 대해 더 좋게 느끼도록 해주기 때문이라고 말했지만, 그녀는 관계에서 그녀가 보이는 성적인 존재방식이 다른 사람들이 그녀에게 반응하는 방식에 얼마나 많은 영향을 미쳤는지 전혀 몰랐다.

투사적 동일시가 배경으로 물러남에 따라 투사적 동일시의 남은 흔적들이 보다 이완되고 편안한 방식으로 표현될 수 있다. 위에서 기술했던 그 환자는 멋은 있었지만 노출이 많은 옷을 입고 치료에 오는 것으로 투사적 동일시를 실행에 옮겼다. 그녀는 계속 상당히 세련된 옷을 입고 왔지만 그녀 행동의 메타커뮤니케이션적인 측면이 밝혀지자, 다소 변화되었다. 그러던 어느 날 나는 그녀가 헐렁한 바지에 주름잡힌 다소 축 처진 블라우스를 입고 왔을 때 약간 놀랐다. 이것은 다소 극적인 전환이었다. 내가 농담으로 "당신은 이제 곧 남자처럼 보이겠어요."라고 말하자, 그녀는 웃으면서 "나는 당신을 보호하려고 이렇게 해요."라고 대답했다.

피드백이 제공하는 순수하게 정보적인 가치 외에, 치료에 피드백을 도입하는 것은 관계의 본질에 중요한 전환의 전조가 된다. 피드백—말하자면 역전이에서 생긴—은 치료자가 환자에게 주는 일종의 선물이다. 이전에는 치료자만이 "역전이를 사용"할 수 있었지만 이제는 환자 또한 역전이를 사용할 수 있다. 다른 사람이 기꺼이 그의 개인적 경험을 나눈다는 사실, 비난이 아닌 하나의 제안으로 제시하고 있다는 사실은 환자에게 다른 인간 존재와 개방적인 관계에 있다는 것이 어떤 것인지를 경험하게 해준다.

이것은 환자가 가졌던 이전의 관계와는 매우 다른 종류의 관계를 구성한다. 아마도 환자는 그의 삶에서 처음으로 방어를 하지 않고 또는 조종을 하지 않고 다른 인간 존재와 상호작용하는 것이 어떤 것인지를 경험할 것이다. 아마도 환자는 처음으로 아주 심오한 의미로 말하자면, 친구를 가진다는 것이 어떤 것인지 경험하게 될 것이다(Schofield, 1964, p.109).

보통사람들(Ordinary People)이란 영화에서 주인공인 콘라드가 그의 치료자에게 "당신은 나의 친구입니까?"라고 묻는 장면이 있다. 이것은 콘라드가 고통스럽지만 강력한 직면을 거친 후 치료가 종결을 향할 무렵 일어났다. 그의 치료자인 버거 박사는 "그렇다."라고 대답하면서 소년을 포옹한다. 그리고 나서 곧 두 사람은 콘라드 동생의 죽음을 둘러싼 상황을 탐색할 수 있게 된다. 콘라드와 마찬가지로 대상관계치료에서 이 지점에 도달한 환자들은 개방과 자기 노출이 위험과 잠재적 거부를 수반하지 않는 관계에 있다는 것이 어떤 의미인지 경험하게 된다.

대상관계치료에서 이것이 의미하는 것은 투사적 동일시의 영향을 상쇄하기 위해 여러 가지 방식으로 행하는 내면화 과정의 희미한 시작이라는 것이다. 환자가 투사적 동일시의 관계적 끈에서 치료자를 "풀어놓기" 시작함에 따라 치료자는 "좋은 대상"의 특징을 지니게 된다. 치료자는 환자가 초기 삶의 고통스런 내적 시나리오를 역전시킬 것이라고 기대했던 나쁜 어머니의 변형판이 되는 것을 그만둔다. 대신에 치료자는 환자에게 당연히 의미 있는 긍정적인 내적 대상(내사)이 된다.

감상적이거나 감정적이 되지 않고 이러한 경험의 깊이를 전달한다는 것은 어렵다. 그러나 이 과정을 겪은 환자들이 이 과정을 매우 영향력 있다고 말하는 것은 당연하다. 그들은 이 과정을 "자유로워진 것"으로, 심지어 활력을 갖게 되는 것으로 묘사한다. 세상에서 존재하기 위해 사용해왔던 그들의 투사적 동일시를 그만둔 환자들은 마치 맷돌이 목에서 치워지는 것 같은 심정을 느낀다. 그들은 다른 시각으로 인간관계를 보기 시작하고 전에는 결코 생각할 수 없었던 선택방안들을 고려할 수 있게 된다.

해 석

앞에서 해석이 대상관계치료에서 중요한 부분으로 작용하는 것은 아니라고 지적했다. 그러나 이것이 해석의 자리가 없다는 의미는 아니다. 투사적 동일시와 그것의 수정을 강조하는 것은 치료시 선택해야 하는 개입들로서 직면과 다른 반응적 기법들을 단지 더 선호한다는 의미다. 비록 치료자가 정보를 해석하거나 전달할지라도 그것은 지속적인 변화에서 가장 중요한 관계의 재구조화를 위한 것이다.

대상관계치료가 인지 재구조화와 대조되는 관계의 재구조화를 강조하는 이유는 대상관계이론들이 본질적으로 전언어적인 사건에 초점을 맞추고 있기 때문이다. 분열과 자기-대상 표상의 발달과 같은 현상은 너무나 초기에 발생하기 때문에 그것들은 언어적인 것으로 부호화되기 어렵다. 만약 언어와 같은 이해의 도구들이 아직 습득되지 않았다면 환자가 생의 초기에 일어난 것들의 의미를 이해한다는 것은 어렵다.

이것은 모순이다. 어떻게 언어로 접근할 수 없는 사건을 탐색하는가? 어떻게 기억에 언어적 토대가 확립되기 전에 일어난 사건을 이해하고 의미를 부여하게 되는가? 한 가지 방법은 생의 아주 초기에 병의 원인이 되는 어떤 것이 일어났다는 것을 인정하는 것이다. 그것의 정확한 특성에는 접근하지 못할지라도 그것이 발생했다는 바로 그 사실은 공유될 수 있다. 이것은 그 자체로 치료적일 수 있다.

이러한 한계에 주의를 기울이면서 우리는 이후 환자의 삶에서 중요한 인물들과의 상호작용을 초기 병리적인 상호작용의 결과로 봄으로써 이후의 중요한 인물들과의 상호작용을 탐색할 수 있다. 비록 시간이 지나고 관계가 달라질 수 있지만 병리적인 관계들은 핵심적인 유사점을 갖고 있다. 자위하는 데 한 살 된 아이를 사용했던 여성은 아이가 일곱 살이 된 후에도 여전히 그 아이를 페니스로 여겼다. 그리고 6개월 된 아이와 의존적인 대상관계를 형성한 부모는 여섯 살 된 아이에게 무기력감만을 심어준 것이 아니었다. 우리는 유아 때의 회복할 수 없는 사건을 찾아내지 않고서도 환자의 병리적 대상관계의 핵심을 얻을 수 있다.

그렇다면 대상관계치료의 해석은 보다 전통적인 접근에서의 해석과 어떻게 다른가? 그 대답은 초점을 두고 있는 주제의 특성에 달려 있다. 예를 들면, 좀더 오이디푸스적으로 접근하는 보다 전통적인 이론들에서 해석활동은 부모의 지배성, 부모-아이 경쟁, 그리고 리비도 긴장의 방출과 관련된 문제에 초점을 두기 쉽다. 대상관계치료에서 중요한 주제는 유기의 위협, 거부, 그리고 "좋고", "나쁜" 내면화와 좀더 관련되어 있다.

오그덴은 앞에 제시한 사례에서 남자들과의 불만족스런 관계가 특징적이었던 환자와의 치료에 대해 기술하고 있다(1982, pp.91-102). 환자 R양은 가장 최근의 남자친구와 헤어지고 나서 삶을 "버틸 수 없을" 것 같은 감정 때문에 치료를 받으러 왔다. 남자친구와 그녀의 관계는 매우 강렬하고 의존적이었으며, 이런 식의 친밀한 관계가 파괴적으로 끝나는 일이 12년 동안 네 번 일어났었다는 것이 드러났다.

치료과정에서 그 환자는 남자들과의 관계가 일반적으로 그녀에게 괴롭힘을 주고 당황스러우며 굴욕적인 감정을 느끼게 했다는 것을 드러냈다. 이러한 관계의 고통을 주는 특성이 치료자와의 상호작용에서도 드러났다. 치료과정에서 환자는 치료자가 그녀를 공격하도록 의도적으로 부추기는 것처럼 보이는 일들을 하곤 했다. 치료자가 그녀에게 이것을 지적했을 때 그녀는 상당한 거리를 두고 멀어졌다. 마치 그녀가 방안에 없는 것처럼 느껴졌다.

그것에 대한 환자의 반응과 감정은 결국 항상 그녀를 가치 절하하고 무자비하게 공격해서 꼼짝 못하게 만들었던 강인하고 화를 잘 내는 어머니와의 괴롭히고 괴롭힘을 당하는 관계와 관련되어 있었다. 환자는 맹렬하게 비난할 때마다 악의가 점점 더 심해지는 어머니로부터의 폭언 공세로 가득 찬 어린 시절을 기억했다. 어머니는 그녀에게 구제 불가능한 바보이고, 마음에 드는 구석이 하나도 없고, 너무나 못생겼다고 말했다.

특히 집중적으로 진행된 회기에서 치료자는 다음과 같은 해석을 했다. "당신은 당신 어머니가 경멸하고 괴롭힐 수 있는 아이가 되기 위해 필사적으로 노력했음에 틀림없습니다. 왜냐하면 만일 당신이 그렇게 하지 않는다면 당신이란 존재가 어머니에게 존재하지 않을까봐 두려워했던 것이 분명합니다"(p.99). 유기, 수용 가능성, 심지어는 존재감에 대한 주제에 주의를 불러일으키면서 치료자는 좋음과 나쁨에 대한 환자 감정의 핵심에 있는 관계의 역동을 강조하기 위해 해석을 사용했다.

팜이라는 환자와 이루어진 치료에서 이와 비슷한 개입을 볼 수 있는데, 해석은 그녀의 아버지와의 관계에 집중되어 있었다. 이것은 팜이 나에게 오는 것이 겁이 나서 내 사무실을 지나쳐 왔다 갔다 했던 얼마 후에 일어났다. 성적인 감정이 작용했던 그녀의 두려움과 역할에 대한 논의는 그녀에게 항상 외설적인 이야기를 하던 아버지를 포함해서, 일반적으로 남자들과의 관계에서 성이 하는 역할을 탐색할 수 있게 해주었다.

이야기하던 중에 나는 그녀에게 "내가 성적인 이유로만 당신을 가치 있게 여길 것이라는 당신의 감정은, 아버지의 외설적인 농담에 흥미 있는 체해야 했던 어린아이의 감정과 다르지 않은 것 같다."고 말했다. 팜은 이러한 나의 말에 다소 슬퍼하긴 했지만 이것이 사실이라는 것에 동의했다. 이것은 그녀의 신체적인 매력에 초점을 두었던 아버지와의 상호작용과 관련된 다른 사건들을 좀 더 깊이 탐색할 수 있게 해주었다. 이것들에 대해 이야기하면서 팜은 그녀의 가치감이 어떻게 해서 오로지 성적인 만족을 제공하는 것으로만 연결되었는지 이해하게 되었다.

아버지와 딸의 상호작용이 탐색될수록 팜의 환상이라기보다는 아버지의 욕구가 관계 이면에 있는 추동세력이었음이 보다 분명해졌다. 이것은 어린아이의 오이디푸스적인(혹은 일렉트라) 갈망이 리비도적 충동의 억압을 이끌어내는 사례는 아니었다. 그것은 그녀에게 단지 외모에 의해서만 높이 평가받을 수 있다고 가르쳤던 한 남자에 의해 "관계적인 면에서 학대받아" 왔던 한 아동의 사례였다. 치료의 이 단계에서 이루어진 해석은 이것과 팜의 자기 가치감과 수용감이 갖는 함축된 의미에 초점을 두었다.

비록 해석이 대상관계치료에서 주요 부분은 아니라 하더라도 환자가 한 유형의 경험—자신에 대한 감정—을 다른 유형의 경험—다른 사람과의 상호작용—으로 바꾸는 데 도움이 될 수 있다. 여러 가지 점에서 해석은 다른 사람들과의 상호작용이 자기감으로 변형되며 발달적 반전 과정을 구성한다. 이것이 하는 일은 환자가 특정한 개인과 가졌던 좋고 나쁜 경험과 관련된 선악의 감정을 추론할 수 있도록 해주는 것이다. 이것은 결국 "놓아주기(letting go)"를 위한 기초로서 기능한다.

놓아주기

성공적으로 치료를 종결할 수 있기 위해 환자들은 병리적 대상관계를 놓아줄 수 있어야 한다. 보다 더 정확하게 환자들은 병리적 유대를 형성해왔던 과거의 인물에게서 벗어나야 한다. 나쁜 자기의 형성에 수단이 되었던 인물들이, 선한(바람직한) 감정을 느끼게 하는 인물과 같기 때문에 이제까지는 이것이 불가능했다. "놓아주는" 것은 자기의 나쁜 부분만이 아니라 좋은 부분도 포기하는 것이다.

환자가 중요한 대상관계를 놓아주기 위해서는 그것을 대치할 만한 복구된 대상이 필요하다. 대부분의 환자 삶에서 그러한 대상은 존재하지 않았다. "너는 착하다. 너는 가치 있다. 너는 귀중하다."라고 전했던 내적 대상이 없었다. 이러한 종류의 잠재성이 포함되어 있는 관계가 실제 있을 때마다 환자의 투사적 동일시의 파괴적인 영향력이 그 관계를 손상시켰다. 결과적으로 환자는 다른 사람의 욕구를 충족시킬 수 있는 자신의 능력과는 별개로 사랑받고 수용받을 수 있는 지속적인 관계가 없었다.

치료는 이것을 극적으로 변화시킨다. 이제 치료자와의 관계가 있다. 대상관계치료에서 치료자는 환자가 내적 대상을 다루도록 돕는 것 이상을 한다. 치료과정에서 이러한 대상들 중 하나가 되라. 자신이 환자의 투사적 환상의 일부분이 되도록 허용함으로써, 그리고 지속되는 관계 시나리오의 결과를 재조정함으로써 치료자는 환자의 내적 세계에 강력한 새로운 존재가 된다. 따라서 치료자는 환자가 이전에 존재했던 파괴적인 대상관계와 투쟁할 수 있게 해주는—그리고 궁극적으로 놓아줄 수 있게 해주는—내부 대항 세력으로 기능한다.

말하자면 환자들은 결코 그들의 내적 대상을 완전히 단념하지 않는다. R양의 어머니와 팜의 아버지는 내적 대상의 일부분이고 그들이 죽는 날까지 일부분으로 남아 있을 것이다. 그러나 치료자를 내면화하는 것, 그리고 그것이 가져올 안전은 환자가 이전에 분열되어 있던 초기 대상의 부분들을 경험할 수 있도록 해준다. 모두 선하거나 모두 악한 것으로 경험된 초기 내적 대상들은 이제 선하면서 악한 내적 대상들로 경험된다. 환자가 놓아주어야 하는 것은 매우 양극화된 내적 표상들에 의해 길러진 제한적인 시각이다.

"놓아준다는 것"은 무엇을 의미하는가? 그것은 용서하는 것을 의미한다. 그것은 자신의 내적 대상을 오류에 빠지기 쉬운 것으로 경험할 수 있게 되는 것, 그리고 그들의 결점을 용서할 수 있게 되는 것을 의미한다. 환자는 초기 보호자들을 그들 자신의 결점 때문에 자신을 조종적이지 않은 관계에 참여시키는 게 불가능했던 결점투성이의 인간 존재로 볼 수 있어야 한다(Hope, 1987). 만약 환자가 자신의 내적 대상을 용서하지 않는다면 그는 자신을 용서할 수 없다는 것을 발견할 것이다.

오늘날 치료자들은 남아 있는 쓰라린 감정을 완화시키는 데 작용하는 용서의 역할에 점점 더 많은 관심을 기울이고 있다. 존슨(Johnson, 1985)은 "치료에서 마지막에 없어서 안 될 단계는 용서다. 일어난 일에 대한 용서, 일어나고 있는 일에 대한 용서, 일어날지도 모르는 일에 대한 용서다(p.298)."라고 제안하고 있다. 치료자는 환자가 이러한 방향으로 향하도록 해서 치료의 네 번째 단계 즈음에는 초기 대상을 거의 용서할 수 있게 된다. 환자는 이러한 대상들이 한 행동 때문에 그들을 용서하는 것이 아니라 그 행동이 남긴 파괴적인 심리적 유산을 이해 못하는 그들의 무능력 때문에 용서할 수 있다.

팜과의 치료가 끝나갈 무렵 그녀는 고통을 초월하여 아버지를 다소 한계가 있는 한 개인으로 볼 수 있게 되었다. 아버지는 그녀가 당연히 받았어야 할 관계를 박탈한 것만이 아니라 팜에게서 아버지라는 존재 자체도 여러 가지 방식으로 박탈했음을 이해할 수 있었다. 내적 동맹자인 나와 함께, 팜은 마침내 그녀 안에 있는 "나쁜 아버지"와 직면할 수 있었고 그것에 대해 '아니오'라고 말할 수 있었다. 치료 마지막에 팜은 "다른" 아버지를 갖게 되었다. 그녀는 자신이 상실한 것에 대해 슬퍼했지만 그 자체로 그를 용서할 수 있었다.

용서하는 것이 항상 쉬운 일은 아니다. 수년 동안 쌓아온 분노나 다른 강렬한 감정들이 먼저 다루어져야 한다. 이러한 경우가 나와 동료 치료자인 루스가 이끈 집단 치료에서 여실히 증명되었다. 이혼, 별거와 관련된 관계 문제를 다루기 위해 계획된 그 집단은 여섯 명의 여성들로 구성되어 있었다.

20대 초반의 다소 우울해 보였던 집단 구성원 가운데 한 여인은 1년 조금 넘게 결혼생활을 한 후 최근에 남편과 별거하고 있었다. 초반에는 수줍어하고 다소 뒤로 물러나 있었지만, 셀리아는 별거하게 된 이유가 그녀와 남편의 관계가 소원해졌다는 것, 그리고 그녀가 그것에 책임을 느끼고 있다는 것을 드러냈다. 알 수 없는 이유로 그녀는 점차 냉담해졌고 그에게 거리를 두게 되었다. 게다가 성관계가 즐겁지 않았을 뿐 아니라 역겹기조차 해서 결국 두 사람은 별거하기로 결심하게 되었다.

그 집단이 점점 응집력이 생기고 구성원들이 점점 서로 친밀해지는 과정에서, 셀리아의 초기 삶에서 외상이 발생했음이 분명해졌다. 그녀는 자신의 아동기에 대해 이야기하기를 어려워했다. 그녀가 아동기에 대한 이야기를 할 때 모호하게 묘사했는데, 특히 아버지를 모호하고 희미한 인물로 표현했다. 덧붙여 그녀는 나에게 독특한 방식으로 반응하는 경향이 있었다. 때로 그녀는 매우 순응적인 것처럼 보였는데, 내가 그녀를 "착한 어린 소녀"로 봐주길 원하는 것 같았다. 어떤 때 그녀는 마치 나의 질문이 그녀에게 일종의 개인적인 폭력을 행사하는 것처럼 느끼게 했다.

집단에 잘 적응하고 있던 어느 시간에 셀리아는 그녀가 8, 9세 무렵 일어났던 사건을 언급하기 시작했다. 그 사건은 아버지와 관련되어 있었으며 그녀를 매우 두렵게 했던 일이었다. 그녀가 그것에 대해 이야기하려고 노력했음에도 불구하고 이야기하는 것을 상당히 어려워했다. 셀리아의 이야기가 근친상간적인 색채를 띠고 있음을 감지하고, 그녀에게 일어났던 일을 직면할 필요가 있다고 느꼈기 때문에, 나는 그녀에게 그것에 대해 집단에서 이야기하도록 격려했다.

셀리아는 어느 날 저녁 잠을 자고 있었는데, 깨어보니 아버지가 침대 옆에 서 있는 것을 발견했다고 말하는 것으로 시작했다. 나는 그녀에게 이야기하라고 요청했다 :

셀리아 : 아버지가 침대에 앉아서 머리를 쓰다듬었어요.

치료자 : 그런 다음.

셀리아 : 나에게 사랑한다고 말했어요.

치료자 : 그리고 당신도 그를 사랑한다고 말했죠.

셀리아 : 우 후.

치료자 : 그런 다음 그가 어떻게 했죠?

셀리아 : (매우 주저하며) 아버지가 나의 잠옷 속으로 손을 넣었어요.

치료자 : 그리고…

셀리아 : (매우 주저하며) 아버지가 나의 다리 사이에 손을 넣었어요.

치료자 : 그리고.

셀리아 : 그리고 (울면서) 아버지는 나에게 그짓을 했어요.

치료자 : 그리고 그는 그짓을 한 번만 한 것이 아니었죠.

셀리아 : (고개를 끄덕였다)

치료자 : 또 하고 또 하고.

셀리아 : 예.

내가 "그리고 당신은 아버지를 유혹하는 작은 요부였네요."라고 말한 후 오랜 침묵이 흘렀다. 그 순간 정적이 감돌았다. 그런 다음 대혼란이 방안에 가득한 적막을 깨뜨렸다. 셀리아는 "내가 말한 것은 그게 아니에요. 내가 말한 것은 그게 아니라구요."라고 극도로 예민해져 소리치기 시작했다. 같은 말을 반복하면서 심장이 터

질 듯이 비명을 지르면서 울었다. 집단 구성원들은 처음에 충격을
받고 나에게 주의를 돌려 나를 매도하고 비난하기 시작했다.

　몇몇은 셸리아를 위로하기 위해 자리에서 일어나 그녀를 진정시
키려고 노력했다. 나는 그녀를 내버려두라고 말했다. 나는 그녀가
무슨 일이 있었는지 직면해서 그 밑에 깔려 있는 죄책감을 다루어
야 한다고 고집했다. 나는 심지어 그녀의 어깨에서 손을 치우도록
했고 그것은 그들을 더 화나게 했다. 다행히, 동료 치료자 루스가
방에 있었다. 루스가 여자였다는 것이 매우 다행스러웠다. 그녀는
사람들에게 가만히 있으라고 하고 셸리아가 겪어야 되는 일이라
면 겪도록 해야 한다고 말했다. 나는 그녀의 존재가 그날을 구원
했다고 확신한다.

　그 다음 15분은 내가 치료자로서 보낸 가장 긴 시간이었다. 나
는 마치 내가 셸리아를 벼랑끝으로 몰고 간 것같이 느껴졌다. 그
녀는 울음을 멈출 수 없는 것같아 보였고 발작적으로 숨을 헐떡였
다. 마침내 그녀가 조용해지기 시작했다. 그녀가 드디어 울음을
멈췄을 때 그녀는 고통스런 비밀을 간직하고 어떻게 살아왔는지,
그리고 그녀 삶의 대부분 일어났던 일에 대해 얼마나 많은 책임을
느꼈는지 힘들게 설명했다.

　일이 진정되자, 집단원들은 그 일의 유죄여부에 대해 말했다. 그
들이 그렇게 했을 때 여러 해 동안 셸리아가 마음속에 간직해두었
던 분노와 우울이 표면화되기 시작했다. 그 과정에서 그녀는 아버
지에 대한 그녀의 사랑이 너무 커서 아버지를 비난하는 것이 당연
하다는 생각조차 못했다는 것을 보기 시작했다. 그런 식으로 그를
사랑한 것을 보면, 그를 유혹한 것이 틀림없다고 결론내렸다.

　집단원들은 계속 셸리아를 지지했고 그녀가 자신의 외상과 관련

된 분노와 배반감을 느끼도록 도와줬다. 집단이 끝나갈 무렵, 그녀는 나에게 고맙다고 했고 그녀를 도와준 다른 구성원들도 아이였을 때 그녀에게 일어난 일을 이해하게 되었다. 그녀는 집단 치료를 마치면 개인 치료를 받겠다고 했다. 나는 그녀가 개인 치료를 받았는지 혹은 일어났던 일에 대해 아버지를 용서할 수 있었는지 알지 못한다. 아마 그러한 경우에 용서를 기대하기는 어렵지만, 그것은 적어도 탐색되어야 한다. 그렇지 않으면 비록 이해했다 하더라도 학대적인 내적 대상과의 관계가 자기 처벌(죄책감)과 자기 혐오로 경험되기 쉽다.

그러나 몇몇 환자들의 경우에는 용서가 불가능할지 모른다. 이식증으로 고통받았던, 그리고 부모에게 버림받았던 흑인 아이 로이는 가상적으로 확고부동한 이상화된 부모상을 구축해왔다. 로이에 따르면, 그의 아버지는 선교사였고 주님의 말씀을 전하러 여러 지역을 돌아다니고 있었다. 그의 어머니는 복음성가 가수였으며 아버지 선교의 동반자였다. 그들이 그를 방문하지 않았던 이유는 하나님의 말씀을 전하느라 너무 바쁘기 때문이었다. 나는 어떤 방식으로도 로이의 생각에 도전할 수 없었고 마침내 그렇게 하지 않는 것이 더 현명하다고 결론지었다. 10세의 아이에게 용서하라고 하는 것은 너무 힘든 일일 것이다.

과거 대상을 용서하는 것이 가능해지면 이전 단계의 사건에서 놓여나 확장된 관계 체험을 촉진할 수 있게 된다. 환자의 투사적 맹공격에 직면하여 치료자가 환자를 수용하는 것은 그 자체가 용서의 한 형태이다. 최적의 환경 속에서 자기 용서로 내면화되게 된다. 과거 대상에 대한 용서가 이것을 강화하지만 성공적인 치료가 일어나기 위해 절대적으로 필요한 것은 아니다.

분 리

분리는 어떤 상황에서도 힘든 과정이다. 치료자와의 관계가 중심인 치료에서는 특히 더 어렵다. 그러므로 치료자에게서 환자가 분리되는 것을 단순히 치료 종반에 따르는 사항이라기보다 오히려 치료적 경험의 현저한 특징으로 간주할 필요가 있다.

분리하는 행위는 악수하는 것, 그리고 환자가 잘 되기를 바라는 것 이상을 포함한다. 그것은 환자가 투사적 환상으로 치료자를 편입(incorporation)시키는 것에서 시작해서 환자가 용서할 수 있는 능력을 발전시키는 것으로 끝이 나는 강력한 내면화 과정에서 정점을 이룬다. 치료과정에서 치료자는 환자의 내부 세계에 편입되어 중요한 대상으로서 환자의 자기에 통합된다.

여러 가지 점에서 이것이 일어나는 과정은 또한 자기감으로 변형되었던 다른 사람들과의 의미 있는 관계의 초기 상호작용을 반영한다. 대체로 사회적 상황에서 극도로 불안해지고 그런 다음 "실패할까봐" 우울해지곤 했던 삼십대의 회계사인 나의 한 환자는 그가 경험한 과정을 다음과 같이 기술했다:

치료 초반에 나는 다른 사람들이 비판할 때 그들에게 어떻게 반응해야 할지 몰라 매우 혼란스러웠어요. 사실, 나는 그들이 좋다고 느낄 때도 어떻게 행동해야 할지 몰랐어요. "내가 어떤 말을 해야 할까?" 혹은 "내가 무엇을 해야 하나?" 궁금해하곤 했습니다. 어떤 결정을 하든 간에 나는 항상 마치 내가 잘못된 선택을 한 것처럼 느꼈구요. 그러나 치료가 중반에 이르렀을 때 나는 "당신(치료자에게 물어보면서)이라면

이 상황에서 어떻게 할까?"라고 묻고 있는 내 자신을 발견하기 시작했지요. 그런 다음 나는 당신에게 나의 생각을 말하곤 했습니다. 치료가 끝나갈 무렵, 나는 내가 더 이상 이렇게 하고 있지 않는 것을 발견했어요. 나는 단순히 나 자신에게 "이것을 조절할 수 있는 최선의 방법은 무엇인가?"라고 묻곤 했고 옳은 것이라고 생각되면 그대로 했습니다.

치료자와의 내적 대화에서 자신과의 내적 대화("나는 단지 나 자신에게 묻곤 했다")로 진전한 것은 제2장에서 설명한 내부 대상과의 상호작용에서 자기와의 상호작용으로 진전한 것을 반영하는 것이다.

그러나 이 모든 것이 갖는 중요성은 단순히 치료자가 내면화되었다는 것만이 아니다. 그것은 치료자가 "좋은 대상"으로 내면화되었다는 것이다. 코헛에 따르면, 치료과정에서 치료자는 가치와 자존감의 원천으로 "내적으로 변형된" 것이다. 점점 더 자신이 바람직하다는, 그리고 가치 있다는 느낌의 발달은 환자가 내부 세계와 외부 세계에서의 관계를 재구조화할 수 있는 기초를 형성한다. 좋은 내부 대상의 통합에 힘입어 강화된 튼튼한 자기는 대상관계 치료가 일반적인 세상으로 "확장될" 수 있는 수단을 만들어 준다.

치료자가 점점 환자의 내부 세계의 일부가 되어감에 따라 환자는 안전함을 느끼기 위해 치료자의 물리적 현존에 덜 의지하게 된다. 우리는 치료자가 일종의 과도기적 대상으로 기능해왔다고 말할 수 있다. 어린 아이들이 신체적으로, 그리고 지각적으로 어머니에게서 벗어날 때까지 위안과 안전을 제공하는 과도기적 대상을 필요로 하는 것처럼, 그렇게 환자는 나쁜 대상을 버리고 좋은 대상을 통합하는 과도기를 부드럽게 넘어갈 수 있게 해주는 치료자를 필요로 한다. 그러나 과도기적 대상과는 달리, 환자는 치료자를 곰팡내 나는 다락방에 있는 옷장이나 상자에 팽개쳐두지 않는다. 치료자와 환자는 분리되어야 하지만 치료자는 환자의 내부 세계의 일부분으로 남아 있다.

분리가 환자에게 엄청난 상실이나 포기로 경험되지 않도록 하기 위해 치료자는 환자를 분리경험에 적극적으로 참여시킬 필요가 있다. 치료자는 종결이 분명해졌을 때 종결과 관련된 생각과 감정을 있는 그대로 드러내게 함으로써 그렇게 할 수 있다. 치료자의 일은 환자가 느끼고 있는 들뜬 기분만이 아니라 걱정과 슬픔에 대해 이야기할 수 있게 하는 것이다. 환자의 삶에 매우 의미 있는 대인적 사건이 될 수 있는 잠재성을 지니고 있기 때문에 헤어지는 것에는 기쁨과 슬픔이 있다.

이것이 잘 되도록 하기 위해 치료자 또한 분리에 따른 감정을 갖고 있음을 인식할 필요가 있다. 치료의 종결은 환자에게만 슬픈 사건이 아니다. 만약 치료자가 대상관계치료가 제시하는 필수적인 방식으로 진실하게 "환자와 함께" 있었다면 치료자 또한 상실감을 느낀다. 나는 이러한 감정을 환자와 공유하는 것이 매우 중요하다고 생각한다. 나는 거의 항상 그렇게 한다. 나는 환자들에게 그들의 삶에서 이러한 시점에 도달하게 되어 기쁘다는 것과 더 이상 나의 환자로 만날 수 없다는 사실이 슬프다는 것을 반드시 알려준다.

종종 치료의 종결을 특징짓는 감정의 깊이를 헤아린다는 것은 쉽지 않다. 치료자들은 그들이 오랜 시간 동안 함께 해온, 그리고 상당한 정서적 에너지를 쏟아 부은 환자들과 헤어지고 난 후 느끼는 상실감과 공허감에 대해 이야기하기를 꺼리는 경향이 있다. 그것은 비전문적인 것처럼 보인다. 아마 이러한 종류의 감정은 개인적인 상실경험을 상기시키거나 치료자 자신의 초기 분리경험의 잔여물일 수 있다(Beitman, 1987, p.264). 이러한 감정을 인식하는 것은 환자와 치료자 모두에게 성장을 가져오는 분리경험에 이르게 한다.

이 모든 것을 고려해볼 때 아마 내가 로이와 함께 한 작업과 그가 치료과정에서 그린 그림들(제2장 참고)로 시작했던 그 지점으로 다시 돌아가는 것이 적절할 것이다. 로이가 그린 마지막 그림 중 하나가 달을 떠나고 있는 많은 우주선을 묘사하고 있었다는 것을 기억할 수 있을 것이다. 또한 그 그림은 달 표면 위에 좌초된 한 사람을 보여주었다는 것을 기억할 수 있을 것이다. 로이는 내가 연구소를 떠날 것이라는 것을 알고 난 직후 그 그림을 그렸다.

로이는 이 그림들을 그리고 난 다음 시간부터 엄청나게 난폭해졌다. 그것들은 철수기간만이 아니라 강렬한 분노 표현을 포함하고 있었다. 그 와중에 두어 번 로이가 치료에 오는 것을 거부해서 나는 그를 데려오기 위해 병실에 가야만 했다. 그는 자신이 나쁘기 때문에 내가 그를 떠나는 것이라고 느꼈음이 틀림없다. 내가 떠나는 것은 포기, 즉 그가 사랑받을 수 없다는 명백한 증거였다.

이것을 넘어서 로이가 나와 함께 자신의 상실감과 슬픔을 나누는 데는 잠시 시간이 걸렸다. 나는 로이와 비슷한 감정을 느낀다고 말했다. 그를 떠나는 (나는 지금도 그 날의 일을 생각하면 그렇다) 나도 분명히 기분이 좋지 않았지만, 우리의 관계는 다른 맛을 내기 시작했다. 이것이 로이가 그렸던 마지막 그림에 반영되어 있다. [그림 7-1]에서 볼 수 있는 것처럼, 로이는 나와 함께 항해하고 있었고 나는 갑판 위 그의 옆에 서 있었다(그즈음 나는 담배를 피웠으며 뿔테 안경을 쓰고 있었다). 바다는 고요하고 편안했으며 희망적

인 장면으로 가득 차 있었다. 약간의 상상력을 발휘한다면 우리는
원래의 색깔로 볼 수 있을 것이다. 구름 뒤에 보이는 태양은 밝은
노란빛이며 바다는 맑은 파란빛을 띠고 있다.

로이가 그렸던 (p.63의 [그림 2-1]을 보라) 처음 그림처럼, 이것은
또한 망망대해에 떠 있다. 그러나 두 그림의 정서적 색채는 매우
다르다. 첫 번째 그림은 비행기와 잠수함이 보트를 공격하여 침몰
시키려 하고 있었다. 그것은 혼돈스럽고 절박한 붕괴를 나타내고
있는 그림이었다. 그러나 이 그림은 평온하고 통합된 그림이다.
서로 산산조각이 나 있기보다 오히려 조화를 이루고 있다.

로이의 그림에서 정말로 만족스러운 측면은 우리가 치료에서 이
야기한 것들이 그대로 드러나 있다는 것이다. 내가 로이에게 그림
에 대해 설명해줄 것을 요청했을 때 그는 우리 두 사람이 배를 타
고 항해하고 있다고 말했다. 나는 그에게 보트 측면에 작게 그린

[그림 7-1]

두 사람을 가리키고 그들이 누구인지 말해달라고 했다. 그는 잠시 생각한 다음 "그들은 구조를 요청하는 다른 어린 아이들이다."라고 대답했다.

내가 생각하기에, 우리의 직접적인 관계 맥락 밖에서 나를 보고 있는 로이의 능력은 분리할 수 있는 그의 능력의 지표였다. 그는 나를 자신의 치료자로서만이 아니라 다른 사람에게 도움을 줄 수 있는 능력을 가진 사람으로서 볼 수 있었다. 그보다 더 중요한 것은 로이가 그것을 좋게 느끼고 있었다는 것이다. 아이들만이 아니라 성인들에게서 보이는 이러한 종류의 반응은 건강한 방식으로 치료자로부터 떨어져 나가고 있는 환자의 능력의 척도이고 치료의 성공에 대한 반영이다.

결국 우리가 환자들의 일부분이 되는 것처럼 환자들도 우리의 일부분이 된다. 대상관계이론의 관계적 표현으로 말하자면 치료자로서 치료자의 정체성은 환자와의 관계와 분리될 수 없다. 만약 "우리가 우리의 다른 사람들이라면" 그때 환자만이 아니라 우리도 우리의 환자들이다.

치료가 종결에 가까워짐에 따라 일부 이러한 감정들은 치료자의 독특한 특징이나 이따금씩의 실수를 환자가 참아준 것에 대해 감사하는 것과 같은 간단한 것들을 다루는 것일 수 있다. 치료자는 치료과정 동안에 일어났던 견디기 어려운 사건들에도 불구하고 환자가 참아낸 것이 어떤 것이 있었는지 알고 싶어할 수도 있다. 잠시 동안 환자와 치료자는 치료자와 환자로서가 아니라 인간 존재 대 인간 존재로 관계를 맺을 기회를 가진다. 그리고 모든 치료 세계에서 가장 중요한 것은 치료가 종결에 가까워졌을 때 이러한 사항들을 어떻게 처리하느냐에 있다.

제 **3** 부

대상관계 치료자

제 8 장
대상관계치료의 개인적 측면

치료자가 사람들을 치료하기 위한 근거로 특정한 치료를 선택하는 데 영향을 미치는 요소들이 많이 있다. 그중 어떤 것은 이론적인 측면과 관계가 있다. 치료자는 치료가 근거하고 있는 전제들이 개념적으로 옳다고 믿어야 한다. 치료에서 발생하는 기본적인 원리들은 인간 발달과 동기의 원리를 포함하면서, 인간이 기능하는 것에 대한 포괄적인 원리들과 일치해야 한다.

따라서 대상관계치료를 하기로 결정한 치료자는 초기 대상관계의 동기적 중요성과 그것들이 후기 관계에 미치는 영향에 대해 확신할 필요가 있다. 또한 분열과 투사적 동일시가 정신병리의 발달과 표현에 어떤 방식으로 나타나는지도 어느 정도 이해해야 한다. 사람들을 치료하는 수단으로 대상관계치료를 채택하는 임상가에게 가장 중요한 것은 치료자–환자의 관계가 치료적 변화의 기반이 된다는 명제다.

비록 이러한 이론적이고 인지적인 선행조건들이 충족된다 할지

라도 이와 더불어 치료자는 치료를 해나가는 것을 편안하게 느껴
야 한다. 치료자의 성격과 대상관계치료 체계의 요구가 잘 맞아야
한다. 이것은 어떤 치료과정에서도 마찬가지일 것이다. "뜨거운
자리" 연습과 "상전-하인" 각본과 같은 게슈탈트 치료의 많은 기
법들은 치료자에게 그러한 절차를 통해 환자를 이끄는 것이 편안
하게 느껴질 것을 요구한다. 모든 치료자들이 다 편안하게 느끼지
는 않는다. 효과적인 게슈탈트 치료자가 되기 위해 누구나 프리츠
펄스(Fritz Perls)나 어빙 폴스터(Erving Polster)처럼 되어야 하는지는
의문이다.

대상관계 작업은 치료자에게 대상관계치료만의 고유한 것을 요
구한다. 우선 환자의 투사적 동일시의 표적이 된다는 것이 어떤
의미인가에 대한 문제다. 치료자가 이와 같이 "사용되었을" 때 치
료자의 심리적 안녕에 중요한 것은 무엇일까? 치료과정에서 경험
하게 되는 개인적인 좌절감, 분노 또는 우울감을 치료자는 어떻게
다루어야 하는가?

역전이와 관련하여서도 중요한 질문들이 제기된다. 환자의 투사
적 동일시에 의해 촉진된 감정과 환자의 투사적 동일시와 관련 없
는 유사한 감정을 치료자는 어떻게 구분할 수 있을까? 예를 들면,
치료관계와는 거의 상관없는 치료자의 생활에서 나온 요소들에
의해 야기된 성적인 감정과, 성적인 투사적 동일시에 의해 생긴
성적인 감정을 어떻게 구분할 수 있는가? 어떤 감정은 "치료"에서
오는 것이고 어떤 감정은 "치료 외적인 것"에서 오는 것이라고 이
름 붙여져 있지 않다.

이와 같은 질문들은 특정한 환자들과의 치료를 넘어서 대상관계
치료가 지니고 있는 의미의 핵심을 나타낸다. 왜냐하면 대상관계

치료자들은 그들 스스로를 치료의 도구로 사용해야 하기 때문에 그러한 주제들은 효과적으로 기능할 수 있는 치료자의 능력과 직접적인 관계가 있다고 본다. 이러한 주제들에 역점을 두어 다루는 것은 치료자로서 그의 정체감에 대해 좀더 선명하게 이해하게 만들고 궁극적으로는 효과적인 치료를 하게 한다.

표적으로서의 치료자

치료자 자신을 환자의 투사적 동일시의 초점이 되도록 허용하는 것은 전적으로 의식적인 결정이 아니다. 그것은 전적으로 치료자에게 달린 것이 아니다. 치료에서 투사적 동일시의 전개는 본래 환자가 그들의 투사적 환상들을 만족시키려는 욕구에서 발달되는 것이다. 사실상 투사적 동일시의 표적이 되었다는 것은 그 사실이 일어난 후에 발견된다. 예를 들면, 오그덴은 "자신이 투사적 동일시의 대상이 되었다는 것을 인식하는 것은 어느 정도는 회고적인 판단인데, 왜냐하면 치료자가 환자의 대인관계 구조에 무의식적으로 참여하는 것이 인지되는 것보다 선행되어야 하기 때문이다."라고 했다(1982, p.43).

그럼에도 불구하고 치료자는 투사적 동일시가 나타날 것이며, 자신이 우선적으로 표적이 될 것이라는 점을 알고 있어야 한다. 치료자가 먼저 "기꺼이" 자신을 환자의 투사적 동일시의 대상이 되도록 하는 것이 환자의 욕구와 상호작용하게 해주며 치료가 대상관계적 특성을 띠도록 만들어준다. 치료자가 이러한 식으로 자신이 사용되도록 놔두는 실제적인 결정은 그가 불쾌한 정서적 경험의 대상이 될 수 있다는 것을 의미한다.

이 감정 중 하나가 죄책감이다. 예를 들면, 많은 경우 나는 환자가 요구한 것을 내가 들어줄 수 없다는 사실에 대해 기분이 매우 안 좋았다. 한 환자는 내가 그녀의 차량 대출에 보증인이 되어줄 수 있는지를 물었다. 그녀는 내가 그녀를 가장 잘 알고 있으며 내가 보증을 해주지 않으면 차를 구입할 수 없다고 말했다. 물론 그녀의 부탁은 부적절한 것이었고 나는 그럴 수 없다고 말해야 하는 상황에 짜증이 났다. 동시에 난 그녀의 요구를 거절하는 것에 죄책감을 느꼈다. 그것은 나로 하여금 아이가 절실하게 원하거나 필요로 하는 것을 거절하는 부모처럼 느끼게 만들었다. 내가 나중에 의존적 투사적 동일시의 표적이 되었다는 것을 알 수 있었지만, 그런 요구를 받았을 당시에는 분명하지가 않았다.

강한 감정은 환자가 은근한 자살 협박을 할 때도 일어난다. 환자가 "모든 것이 소용이 없을 것 같다."라고 말할 때 치료자는 어떻게 느껴야 하나? 환자가 치료실을 막 나가면서 이와 같은 말을 했을 때 치료자는 무엇을 해야 하나? 치료자가 환자의 집까지 따라가 그가 죽을 만큼 약을 먹는 것은 아닌지, 손목을 자르지는 않는지 확인해야 하는가? 분명히 그렇지는 않다. 그러나 그것이 당신이 올바르게 행동했는가에 대한 끊임없는 의문에서 자유롭다는 이야기는 아니다. 이런 식으로 자기 자신이 "사용되도록" 허용하는 것은 치료자가 좌절을 느끼고 희생물이 되고 걱정하게 될 것이라는 것을 의미한다.

자신을 투사적 동일시의 표적이 되게 허용하는 것은 강한 분노의 감정을 가져올 수 있다. 예를 들면, 힘의 투사적 동일시를 사용하는 환자는 그들이 도움을 받고 있지 못하다는 점을 끊임없이 치료자에게 알린다. 어떤 환자들은 다른 치료자로 바꾸겠다고(거의 그렇게 하지 않는다) 위협하고, 또 다른 환자들은 치료자가 하는 것은 무엇이든지 비판을 한다. 이러한 일이 일어났을 때 화가 나기 쉬운데, 특히 치료가 제대로 진행되고 있을 때 그렇다.

어떤 환자들은 치료자를 이전 치료자와 비교하거나(만일 그들이 전에 치료경험이 있었다면) 그들의 삶에서 정신적인 지도자 같은 인물과 비교한다. 치료자가 하는 말이나 행동은 어떤 것도 그들을 만족시키거나 그들의 기대를 충족시켜주지 못하는 것 같다. 나의 환자 중 하나는 실제적으로 내가 말한 모든 것에 대해 "그것은 지난 번 내 치료자가 생각했던 방법이 아니에요."라고 말한다. 나는 너무 화가 나서 "그럼 도대체 왜 당신은 그에게 돌아가지 않으세요?"라고 했던 것을 기억한다. 만일 치료자의 분노를 확실하게 일으키는 것이 하나 있다면, 그것은 당신이 무엇을 하고 있는지 모르는 것처럼 느끼게 만드는 환자다.

마지막으로, 성과 성적 투사적 동일시의 문제가 있다. 성적으로 조종당하는 것을 좋아하는 사람은 없다. 성이 부적절하고 그 상황에 맞지 않게 일어나는 맥락에서 성적인 문제를 다루는 것을 즐기는 사람은 아무도 없다. 치료에서의 성적인 조종은 전문적인 관계에서 지켜야 할 기본적인 상식을 어기는 것처럼 보인다. 치료자들은 종종 철수하거나 환자를 비난함으로써 성애적인 성격의 감정을 다루는 경우가 있다. 그러나 이것은 효과적인 치료에 도움이 되지 않는다.

이 모든 것의 결론은 대상관계치료가 항상 불편한 감정과 불안한 생각들을 수반한다는 것이다. 이것이 치료의 요점이다. 내가 교육생들에게 하는 말 중 하나가, 특히 처음 막 시작하는 학생들에게, 장차 언젠가는 그들이 "치료자 학대"의 대상이 될 것이라고 하는 것이다. 대부분은 내 말을 진지하게 듣지 않는다. 그들의 치료에 대한 꿈은 어떤 환자이든지 정서적 혼란을 극복하는 것이다. 그들은 투사적 동일시의 표적이 되는 것이 무엇을 의미하는지 치료를 하면서 경험하고 나서야 내가 한 말의 의미를 진지하게 이해하기 시작한다.

투사적 동일시의 표적이 되면서 일어나는 문제는 치료시간에 생긴 감정들이 치료시간 밖으로까지 확장된다는 사실에 의해 복잡해진다. 한 환자와의 정서적 교류가 다른 환자와의 치료를 엉망으로 만들어 원하지 않는 결과를 낳게 된다. 치료자는 몰두되어 있거나 걱정하거나 심지어 혼란스러워질 수도 있고 이런 감정의 근원을 충분히 인식하지 못할 수도 있다. 이런 일이 발생하지 않는다 할지라도 치료자가 자신의 감정을 하루 종일 "쌓아 두어" "집에까지 환자를 데리고 가는 상태"가 될 수도 있다.

자신의 경험과 감정을 완전히 분리하지 않는 한 이러한 딜레마를 다룰 수 있는 간단한 방법은 없다. 한편으로, 치료자는 투사적 동일시에 빠져 조종당한 데 화가 나서 환자에게 화풀이를 해버리지 않도록 경계해야 한다. 다른 한편으로, 치료자는 일어나고 있는 일에 감정적으로 거리를 두어 역전이가 완전히 차단되지 않도록 해야 한다. 대상관계치료에 전념하는 치료자는 가느다란 정서적 줄 위를 걷지 않을 수 없다.

표적이 되는 것 때문에 일어나는 상반된 감정을 다루는 방법에는 여러 가지가 있다. 하나는 치료경험을 자기 탐색을 위한 기회로 보고 자신이 경험하는 부정적인 감정을 이것을 학습하기 위해 지불하는 "대가"로 여기는 것이다. 비록 대상관계치료가 환자의 다양한 투사적 동일시에 초점을 둔다 할지라도 우리 모두는 의존성, 성, 환심을 사려는 경향, 힘의 요소들을 다 가지고 있다. 이러한 차원들에서 환자와 상호작용하는 것은 치료자로 하여금 숨겨져 있을 수 있는 자신을 만나고 탐색하게 해준다.

또 다른 방법은 투사 자체에 몰두해서 그것을 잘 이용하고, 심지어는 즐기는 것이다. 만일 환자가 환심을 사려는 투사적 동일시 속에 나를 개입시킨다면, 나는 때로 내가 감사해하고 있다는 사실을 즐길 수 있게 놔둔다. 내 스스로에게 "(환자는) 정말 좋은 사람이야. 어느 누가 그들의 태도를 보고 사려 깊고 친절하다고 하지 않겠는가."라고 생각하면서 말이다. 다른 말로 하면, 나에게 주어지는 모든 존경과 배려는 받을 만한 가치가 있다고 스스로를 확신시키면서 계속 따라가는 것이다.

만일 환자가 성적 투사적 동일시를 사용한다면 나의 성적인 부분이 그 방식에 말려들도록 놔둔다. 나는 내 자신에게 "이거 나쁘지 않은데. 다른 전문가라면 성적으로 흥분되는 것뿐 아니라 그것에 대가를 지불했을 수 있지 않을까?"라고 말할 수도 있다. 나는 나에게 이런 종류의 즐거움을 제공한 환자에게 내가 얼마나 많은 돈을 지불해야 하는지 조용히 생각한다.

만일 환자가 힘의 투사적 동일시를 사용한다면 나는 의자에 기대고 앉아 나에게 향해져 있는 비난을 받을 만한 모든 이유들을 곰곰이 생각한다. 나는 환자가 말할 수밖에 없는 것을 주의 깊게 듣고 그의 "평가"가 실제로 도움이 될 수 있는 가능성들을 심사숙고 한다. 만일 아무런 비난의 근거가 없다면 이러한 자세를 취하는 것이 겸손을 통해 치료에 다가갈 수 있는 수단이 될 것이다.

때때로 치료자의 내적 세계의 유머와 장난기는 그 자체로 치료의 한 부분이 될 수 있으며 더 나아가 치료적 상호작용이 될 수 있다. 성적 투사적 동일시를 사용했던 한 여성 환자는 그녀의 성적 행위를 설명하는 과정에서 "침대에서 나는 공인된 권총이에요."라고 얘기했다. 나는 그런 표현을 이전에 들어본 적이 없어서 크게 웃으면서 "당신이 소탕한 사내들 숫자를 보면 알 수 있어요."라고 대답했다. 그녀 또한 웃었고 그것을 통해 그녀의 성적인 행동 뒤에 있는 깊은 동기들을 이야기하기가 더 쉬워졌다. 때때로 어느 정도의 가벼움은 환자의 병리에 말려들어 생긴 부정적인 감정들을 중화하는 데 도움이 된다.

그러나 항상 그런 것은 아니다. 때로는 투사적 동일시의 영향력이 너무 강해서 치료자가 짜증나고 화가 날 수도 있다. 이것은 피할 수 없으며 성공적인 투사적 유도의 자연스러운 결과다. 이러한 감정에 압도되면 나는 나의 자유의지로 이 일을 선택했고, 이러한 종류의 반응들은 이 영역에서는 함께 가는 것이라고 내 자신에게 상기시킨다. 보통 이렇게 해서 내 자신을 그 진행과정에 다시 몰두시킨다. 그러나 이렇게 할 때 중요한 것은 환자에게 치료자의 감정을 전가하지 않는 것이다. 그렇게 하는 것은 환자들이 치료를 받는 바로 그 이유 때문에 그들을 벌하는 것과 같다.

치료자가 표적으로서의 역할을 감수하면 이것이 일으키는 감정들을 다루는 것이 필수적이 된다. 치료를 성공적으로 진행하기 위해서 치료자는 치료적 목적을 위해 이러한 감정들을 사용할 수 있어야 한다. 이것은 역전이의 성격과 범위에 대한 질문을 하게 한다.

역전이 : 치료적인 경우와 치료적이지 않은 경우

대상관계치료가 대부분 의지하고 있는 방법이나 절차 중 하나는 역전이를 사용하는 것이다. 역전이는 치료자로 하여금 환자의 투사적 동일시의 특성을 진단할 수 있게 해주며, 그것과 어떻게 싸울지에 대한 단서를 제공해준다. 역전이는 관계를 시험할 수 있는 수단으로 기능하는데, 환자에 대한 피드백의 근거가 될 수 있는 결정적인 정보를 제공한다. 대부분의 대상관계 치료자들은 역전이를 다루지 않는 치료란 불완전하고 본질적이지 않다고 생각할 것이다.

치료자가 어떻게 역전이를 알 수 있는가에 관한 질문 자체가 사실상 역전이다. 치료자가 치료시간에 경험하는 감정이 환자의 투사적 동일시에서 나왔는지 그 이외의 것에서 나왔는지를 어떻게 알 수 있을까? 요구를 많이 하는 환자를 "돌보려는" 치료자의 충동은 의존적 투사적 동일시에 의해서 생겨났을까, 아니면 환자와 전혀 상관없이 치료자가 처해 있는 상황에 의해서 생겨난 것일까?

이러한 질문들은 역전이가 의미하는 바로 그 본질과 관련이 있다. 전통적인 정신분석에서 역전이를 해석한 초기 방식은 앞에서 간단하게 언급하였다. 정신분석에서 역전이는 치료과정을 방해하는 분석가 쪽의 바람직하지 못한 심리발생적으로 유도된 반응을 설명하는 데 사용되었다. 반대로 대상관계에서의 역전이는 치료관계에 의해 발생되며, 치료에서 일어나는 것을 방해하기보다는 촉진시킨다. 분명 이 두 가지는 동일한 것이 아니다.

다시 한 번 우리는 아주 다른 현상을 설명하는 데 같은 용어를

사용하게 된다. 스포트니츠(Spotnitz, 1985)는 "객관적 역전이(objec-
tive countertransference)"와 그 반대부분 "주관적 역전이(subjective
countertransference)"를 구분함으로써 그 상황을 명확히 하려고 하
였다. 스포트니츠에 의하면, 객관적 역전이란 치료자가 환자로부
터 "정서적 전염"이 된 결과 경험하는 것을 의미한다. 주관적 역
전이란 그 밖의 모든 것을 말하는 것이며 "역전이에 대한 프로이
트의 설명과 같은 것"이다(Kirman, 1980, p.133).

잘 개념화되었지만 이러한 구분은 문제를 흐리게 하는 경향이
있다. 두 역전이 반응 모두 주관적으로 느껴지는 것이고 매우 강
하게 느껴지는 것이다. 하나는 객관적이라 하고 다른 하나는 주관
적이라고 하는 이유는 치료자가 주어진 순간에 느끼게 되는 감정
의 질을 구분할 수 있고 그 근원을 확인할 수 있기 때문이다. 이
것은 임상실제에서는 거의 이루어지기 어려운 것이며, 기껏해야
모호한 과제 정도가 될 것이다.

역전이의 다른 범주들에 대해 이야기하는 것보다는 치료관계에
서 환자가 보이는 행동에 대한 치료자의 정서적 반응이라는 것으로 용
어 사용을 제한시키는 것이 더 나을 것이다. 그린버그와 미첼은
정의하기를, "역전이는 분석가의 유아적 추동과 관련된 갈등에서
나온 단순한 방해요소라기보다는 환자와 분석가와의 상호작용에
서 나온 불가피한 결과물이다"(1983, p.389)라고 하였다. 이런 방식
으로 역전이를 정의내리는 것이 전문가들 사이에서 **빠르게** 표준
화되었다(Kernberg, 1984; Masterson, 1976, 1978; Ogden, 1982;
Rinsley, 1982; Searles, 1979). 만일 그 용어가 이런 방식으로 사용된
다면 다른 정서적 영향들이 역전이 반응에 영향을 미치거나 방해
할 가능성이 있다는 것으로 해석될 수 있을 것이다.

이러한 영향력들은 실제 심리발생적(역사적)인 것일 수도 있고 정신분석적 저작들에서 전통적으로 역전이라고 이름 붙여진 것들과 일치될 수도 있다. 만일 이것이 사실이라면 치료자의 성적 역전이가 정말로 환자의 투사적 동일시에 대한 반응인지 해결되지 않은 오이디푸스적 갈등의 부산물인지를 정당하게 고려해 볼 수 있을 것이다. 이 두 가지가 완전히 분리되어 있지 않을 수 있기 때문에 후자와 관련된 영향은 역전이가 얼마나 퍼져 있으며 어떻게 지속되어왔는지, 그리고 치료자가 그것을 설명하는 것이 얼마나 어려운지에 의해 평가될 수 있을 것이다.

또 다른 영향력들은 사실 좀더 현재와 관련되어 있고 치료자의 지속적인 관계에서 겪고 있는 긴장에서 나온다. 우리가 가족들, 친구들, 동료들과 상호작용할 때 이러한 상호작용들과 관련된 긴장은 환자가 유발한 듯한 역전이의 색채를 띨 수 있는 정서적 반응을 만들어낼 수 있다. 역사적인 영향력들이 지금까지 지나치게 과장되어왔을 수 있고, 오히려 이전에 인식되던 것보다 현재가 더 역전이에 영향을 미치고 있을 수 있다.

이러한 예는 나의 개인적인 친구며 동료 치료자와 가졌던 비공식적인 사례협의에서 볼 수 있다. 경험이 많은 치료자였던 그녀는 본질적으로 분리-개별화의 문제를 갖고 있던 환자의 치료에서 수렁에 빠지게 되었다. 성인 여자인 환자는 어머니로부터 아이 취급을 당해왔고, 어머니로부터 떨어져 나오는 것은 생각도 못하고 있었으며, 어머니가 그녀의 모든 삶을 지배하고 있었다. 환자가 오랜 시간 치료를 받았지만 진전이 없는 것 같았다. 이미 다루었던 문제들이 끝없이 반복되는 시간들이 계속되었다.

내 친구가 그 사례에 대하여 최근 몇 회기의 내용을 설명하는 것을 들으면서 몇 가지가 분명해졌다. 한 가지는 환자가 꽤 양호한 상태로 보인다는 것이었다. 치료시간에 가져온 많은 문제들은 성공적으로 다루어졌고, 그녀는 자율적인 성인처럼 기능하기 시작하고 있었다. 또 다른 부분은 내 친구와 환자가 종결에 대해 얘기하는 것을 전적으로 피하고 있다는 점이었다. 그녀가 사례에 대해 설명하는 것을 들으면 들을수록 나는 치료가 목표에 도달했으며, 끝낼 필요가 있다는 확신이 들었다. 대상관계치료의 용어로 표현하자면 치료는 네 번째 단계 어디쯤에서 어려움에 빠져 있었다.

엄격하게 말해 내 친구는 대상관계 치료자가 아니었지만 그녀의 작업은 대상관계 치료자들이 하는 것과 상당히 유사하였다. 그녀가 환자와의 작업을 설명하는 것을 들어보면 둘은 그들의 관계에 초점을 두는 데 많은 시간을 보냈음이 분명했다. 또한 초기에 그들의 관계를 특징짓는 조종(거의 의존적인 특성)은 치료적으로 다루어졌으며, 지금은 과거의 것이 되었다. 문제는 내 동료가 여전히 염려스러운 감정을 느끼며, 다소 보호적이라는 것이었다. 그녀는 이것을 환자가 치료를 필요로 하고 있다는 역전이의 증거로 해석하였다.

내 동료의 친구였기 때문에 나는 그녀가 최근에 이혼하였다는 것을 알게 되었다. 또한 그녀가 그녀의 남편과 매우 가까웠으며, 남편은 지난 20여 년의 결혼생활 동안 그녀에게 매우 의존하고 있었다는 것 또한 알고 있었다. 나는 그녀에게 이혼이 치료에서 발생하는 것과 관련이 있지 않은지 물었다. 그녀가 필요한 존재가 되는 느낌은 사고보다는 정서에 더 영향을 미쳤을 것이고, 특별한 환자와의 작업에 영향을 주었을 것이다. 그녀는 좀 회의적인 듯했지만 그것에 대해 생각해보겠다고 말했다.

나중에 그녀와 우연히 마주쳤는데, 그녀는 치료가 잘되어가고 있으며 종결에 가까이 왔다고 말했다. 그녀는 내가 해준 말을 생각해봤으며, 치료에서 일어난 것을 아주 자세하게 볼 수 있었다고 하였다. 그녀는 자신의 행동을 관찰하고 나서 환자가 도움이 필요하다고 느낀 자신의 감정은 필요한 사람이 되고자 하는 그녀 자신의 요구이지 환자의 의존성의 기능이 아니라는 점을 깨달았다고 하였다. 그녀가 이것을 깨닫는 순간 종결의 주제를 꺼낼 수 있었으며, 치료가 진행될 수 있었다.

역전이의 특성에 영향을 미칠 수 있는 것으로는 이혼 말고도 치료자의 삶에서 정서적으로 부담스러운 다른 사건들도 있다. 하나는 치료자의 가족 구성원의 죽음이나 심각한 질병이다. 사피로(Sapiro, 1985)는 어머니의 긴 투병과 죽음이 그녀의 환자 중 한 명을 치료하는 데 어떤 영향을 주었는지에 대한 글을 남겼다. 그녀는 그녀의 눈앞에 닥친 상실감이 치료를 그만두겠다고 위협하는 환자와 어떻게 상호작용하게 만들었는지, 그리고 환자가 그녀를 버리고 가버리겠다는 위협이 어머니와의 관계에서 일어난 일에 의해 얼마나 악화되었는지에 대해 말하고 있다. 다른 사람들도 유사한 경험들과 그러한 경험들이 역전이에 미치는 영향에 대해 썼다(Balsam & Balsam, 1974; Rodman, 1977).

대상관계치료에서 나타나는 개인적인 특성 때문에 역전이를 구성하고 있는 감정들이 실제 치료적 상호작용의 파생물이라는 것을 확실히 할 필요가 있다. 동료나 가족들에 의해 인정받지 못한다고 느끼는 치료자들은, 그들의 환자들이 실제 그들이 하고 있는 것보다 자신의 환심을 더 사려고 하는 것으로 보기 쉽다. 결혼생활이나 연인과의 관계에서 성적인 어려움을 경험하고 있는 치료자들은 이전에는 보이지 않았던 성적인 단서에 갑자기 더 민감해지는 것이 일반적이다. 그리고 자신이 필요한 존재라는 느낌을 갖지 못하고 있는 치료자들이 환자에 대해서도 실제보다 더 도움을 필요로 한다고 느끼게 된다.

이런 모든 가능한 혼란스러운 영향력 때문에 치료자는 역전이라고 생각되는 감정들을 정기적으로 자세히 살펴볼 필요가 있다. 때때로 당신이 작업하는 데 이런 측면에서 도움을 줄 수 있는 사람에게 연락을 할 수도 있다. 예를 들면, 오그덴은 "슈퍼바이저나 의논상대나 동료들과 지속적으로 대화를 나누는 것은 매우 심각한 환자와의 작업에서 필수적인 보조수단이다. 왜냐하면 환자의 투사적 동일시에 무의식적으로 참여하게 되는 것을 인식하는 것이 어렵기 때문이다."라고 썼다(1982, p.44). 환자가 매우 심각한 상태가 아니더라도 역전이 감정과 다른 종류의 감정을 구분할 수 있게 도와주는 건강한 의견교류는 명확한 치료와 매우 혼란스러운 치료 간의 차이를 만들어낼 것이다.

이것이 안 되거나 그 외의 도움을 받는 것이 어렵다면 치료자는 자기 자신을 믿어야만 한다. 나는 역전이 반응의 근원이 무엇인지, 그리고 그것들을 신뢰할 만한지 아닌지에 대해 질문하면서 정기적으로 역전이 반응을 관찰한다. 비록 이것이 시간이 많이 소모되고 때로는 지겨운 일이지만, 내가 내 자신을 "치료적 도구"라고 믿을 수만 있다면 나는 이것을 필요한 좋은 조율방법이라고 생각한다(Ernsberger, 1979). 보통 환자들을 직면시키면 저항하기 때문에 내가 확실하다는 확신이 없다면 어려움에 처할 것이라는 것을 알고 있다.

치료 외적인 감정이 역전이를 방해할 수 있는 하나의 징후는 사례마다 계속 같은 투사적 진단을 내리게 되는 경우다. 만일 한 치료자가 환자들마다 성적 투사적 동일시라고 진단한다면 치료자의 삶에서 치료적 지각에 영향을 미칠 만한 성적으로 의미 있는 어떤 일이 일어나고 있을 수 있다. 물론 치료자의 환자들 대부분 혹은 모두가 성적 투사적 동일시를 보일 수 있지만 꼭 그런 것 같지는 않다. 만일 그렇다면 치료자는 상당히 독특한 환자들을 만나고 있거나, 매우 특별한 문제를 가진 환자들을 다루는 상황에서 일을 하고 있을 경우다.

역전이를 다룬다는 것은 어떤 의미로는 치료자가 환자를 치료할 뿐 아니라 자기 자신도 치료해야 한다는 것을 뜻한다. 이것은 치료에서 일어나는 것이 환자와 치료과정에 가장 도움이 된다는 것을 확실히 해준다. 또한 치료자의 개인적이고 전문적인 성장에 도움이 된다. 알 수 없는 힘에 의해 영향을 받기보다 치료자는 치료자로서 자신의 정체감을 향상시키고 성공적인 치료결과를 얻을 수 있는 기회를 최대화하기 위하여 자신의 전체 경험을 이끌어낼 수 있어야 한다.

직면을 직면하기

대상관계치료과정에서 치료과정의 요구가 치료자에게 많은 압력을 가하게 되는 시점이 두 번 있다. 한 번은 두 번째 단계의 끝 무렵에 일어나는데, 치료자가 환자로 하여금 투사적 동일시를 솔직하게 표현하게 하는 것이 중심이 된다. 이것은 치료자가 병리적 메타커뮤니케이션이 관계의 분명한 부분이 될 때까지 병리적 메타커뮤니케이션을 적극적으로 "따라야" 하기 때문에 치료자의 상당한 결심을 요구하게 된다.

다른 경우는 세 번째 단계에서 발생하는데, 직면과 관련된다. 앞에서 지적했던 것처럼 직면은 환자의 투사적 동일시의 부적응적인 측면을 단순히 지적하는 것 이상이다. 그것은 환자가 구성하고 있는 관계의 기본 전제를 공격하는 것이다. 만일 치료자가 직접적인 방식으로 투사적 동일시의 메타커뮤니케이션의 기초를 드러내지 못한다면 환자의 부적응적인 행동은 부수적인 방식으로 자극되기 쉽다.

직면의 필요성이 이론적으로 납득되더라도 임상실제에서 직면하는 것은 또 다른 문제이다. 앞 장에서 지적했던 것처럼 정서적으로 발가벗겨져 당신 앞에 서 있는 사람들에게 "아니오"라고 말하는 것은 쉬운 일이 아니다. 치료자가 자신의 감정과 완전히 분리되어 있지 않다면 도움이 필요하고 의지할 곳 없는 환자들에게 직면시킬 때 죄책감을 경험하지 않는다는 것은 어려운 일이다. 치료에서 치료자의 결심이 시험에 드는 경우가 있다면 직면이 요구되는 세 번째 단계에서 전형적으로 나타난다.

이것에는 여러 가지 이유들이 있다. 가장 근본적인 이유는 바로 직면과 대부분의 치료자들이 자신을 보는 방식과 직면이 일치하지 않는다는 것이다. 도움을 주는 직업에 종사하고 있는 우리는 우리 자신을 다른 사람들이 그들의 삶을 정리하고 그들 자신에 대해 의미 있는 존재로 여기도록 돕는 데 헌신하는 따뜻하고 공감적인 인간 존재들로 보는 경향이 있다. 그 과정에서 우리는 치료가 확실히 성공할 수 있도록 다양한 심리적인 개입을 할 수 있다. 그러나 우리가 처음에 이러한 개입을 하는 이유는 고통을 감소시켜주고자 하는 진심어린 욕구에서 생겨날 수 있다.

직면은 우리가 치료자로서, 그리고 인간 존재로서 소유하고 있는 공감적 민감성과 반대되는 일을 하는 이미지, 거절하는 이미지, 부인하는 이미지를 마음속에 떠오르게 한다. 우리는 우리가 하고 있는 일이 부정적인 의미를 띠게 될까봐 염려한다. 우리는 직면이 정서적으로 해를 끼치는 것은 아닌지, 도움을 주기보다 고통을 더 주는 것은 아닌지 걱정한다. 만일 환자의 어려움이 관계의 결핍에 있다면 직면이 지속적인 관계를 결핍으로 해석하도록 하고 이 지점까지 이루어온 모든 것을 허물어뜨리게 하는 것은 아닐까 염려한다.

나는 이러한 많은 문제들이 치료자 자신의 내적 분열과 내적 선함을 보존하려는 욕구에서 나온 것이라고 생각한다. 직면은 어느 수준에서 효과적인 치료를 하기 위해 필요한 부분이다. 치료과정이 종결에 다다랐는지, 그리고 "좋은" 치료자가 되었는지 알기 위해 직면이 필요하다. 그러나 또 다른 수준에서 직면은 나쁜 감정을 자극한다. 직면하는 것은 거절과 잠재적인 해를 의미한다. 이러한 모순적인 힘들을 다루기 위해서 치료자는 환자가 좋지 않은 시각으로 치료자를 보지 않도록 직면을 수정하거나 변형한다.

직면할 때 혹은 직면하기 직전에 들려오는 내적 메시지들은 "나는 직면을 해야 하지만 네가 나를 싫어하는 것은 원하지 않는다." 혹은 "나는 직면을 해야 하지만 네가 나에게 화를 내는 것은 원하지 않는다."의 형태를 보일 수 있다. 미묘하게 때로는 분명하게 치료자는 환자가 그를 나쁜 사람으로 생각하지 않도록 직면에 타당성을 부여한다. 분열과 내적 세계의 논리는 치료자로 하여금 중요한 관계를 손상시키지 않는 수단으로써 나쁜 것을 좋은 것으로 바꾸려는 노력을 하게 만든다.

이 점에서 치료자의 노력을 자극하는 두려움의 대부분은 상실과 관계가 있다. 나는 대부분의 치료자들이 유기와 관련되어 있는 개인적인 경험(Semel, 1985) 때문이든 혹은 그들의 많은 환자들과 이러한 종류의 경험을 나누었기 때문이든 상실에 대해 상당히 민감하다고 생각한다. 그러나 치료자의 개인사에 커다란 상실이 없고 최근에 상실을 경험하지 않았다 하더라도 직면은 여전히 그러한 위험을 포함하고 있다. 정서적 유대의 토대가 치료의 초기 단계에 이루어졌다 하더라도 환자가 치료를 중단하고 완전히 그만둘 수 있는 가능성은 항상 있다.

그러므로 치료자가 직면을 슬쩍 피하거나 완전히 회피하려고 한다는 것은 놀랄 만한 일이 아니다. 해리 스택 설리반에 의하면, 치료자들은 "무엇보다도 인간적이다." 우리 모두는 우리가 하는 일이 성공적인 결과에 도달하게 되기를 바란다. 그렇게 하기 위해 우리는 그러한 회피가 긍정적인 결과를 가져올 것이라는 잘못된 믿음으로 자기도 모르게 직면과정을 교묘하게 회피할 수 있다.

때로 치료자가 직면을 피하는 한 가지 방법은 치료 밖의 관계에 의지하는 것이다. 외부 관계들은 직면을 약화시키고 표면상 그것을 피하는 이유로 사용된다. 이러한 일이 나의 교육생 마크에게 일어났는데, 그는 성적 투사적 동일시를 사용해서 사람들과 주로 관계를 하는 한 환자를 치료하고 있었다.

20대 후반인 여자 환자는 주기적으로 나타나는 우울증을 회피하는 수단으로 심한 음주를 하였다. 그녀의 삶이 피상적이고 다소 난잡한 관계들로 이루어졌다는 것이 그녀의 개인사에서 드러났다. 결국 그녀는 아이의 아버지가 누구인지 알 수 없어서 양육비도 받지 못한 채 세 살 난 아이를 기르고 있었다.

치료과정에서 환자가 치료관계를 점차 성적으로 만들면서 그녀의 투사적 동일시의 특성이 드러났다. 환자는 반복적으로 매우 유혹적인 말들을 했고, 자극적인 자세를 취했으며, 마크가 치료 외에 관계하는 사람들에 대해 아주 깊은 관심을 보였다. 특히 마크와 관련되어 있는 다른 여자들에 대해 관심을 보였다.

마크는 결혼했지만 환자에게 이 사실을 밝히지 않았다. 많은 경우, 그는 자기의 사생활에 대한 환자의 질문을 그녀에게로 되돌려 벗어나곤 했다. 그는 "나에게 아주 관심이 많은 것 같네요. 당신에 대해 이야기하지 않기 위해 그러는 것은 아닌지 궁금하군요."라고 말하곤 했다. 다른 경우에, 그는 단순히 대화의 방향을 환자의 현재 연애관계로 바꾸기도 했다.

그러나 치료가 진행되면서 치료관계는 점점 더 그 시간에 초점이 맞추어졌다. 환자의 투사적 동일시의 특성이 그녀가 점점 더 유혹적이고 성적으로 대담해지면서 보다 분명해졌다. 이것은 그녀와 마크가 치료실이 아닌 다른 곳에서 만나자는 그녀의 요청으로 절정에 다다랐다. 그녀는 그들의 관계가 "확장되고 풍부해지기" 위해 마크가 그녀를 환자가 아닌 한 사람으로 보기 원했다.

마크는 상연되고 있는 시나리오를 확실히 눈치챘다. 우리는 슈퍼비전 동안 집중적으로 환자의 투사적 동일시와 투사적 동일시가 작용되고 있는 방식에 대해 논의했다. 그는 또한 그가 머지않아 환자를 직면시켜야 한다는 것을 알았다. 그러나 그런 직면의 순간이 왔을 때 그는 다소 당황하였다. 그는 치료자와 환자의 관계 규칙에 대해 중얼거리면서 그녀의 요청에 따르는 것이 어떻게 치료과정을 저해할 수 있는지 불분명하게 이야기하는 등 우물거렸다.

이렇게 하는 것은 환자를 단념시키지 못했다. 그녀는 치료 후에 마크와 만나려는 노력을 계속 했다. 그녀는 그에게 졸라대며 그가 구식이고 그래서 느슨해질 필요가 있다고 부추겼다. 그녀가 그에게 졸라대면 댈수록 그는 더 긴장하였다. 결국 너무나 불편해진 상황을 끝내기 위해 마크는 "나는 할 수 없어요. 나는 결혼했어요."라고 불쑥 말해버렸다.

이후 슈퍼비전에서 우리는 그동안 일어난 일에 대해 논의했다. 마크는 그녀와 자는 것을 원하지 않았고 그러지 않을 것이라는 당연히 해야 할 말을 환자에게 하는 것이 어려웠다는 점이 분명해졌다. 그가 주저한 것은 그녀 요구의 성적인 특성때문이 아니라 그녀의 성적 자존감에 손상을 끼칠지 모른다는 두려움과 더 관련되어 있었다. 그는 그녀에게 그럴 수 없다고 말하는 것이 그녀가 그녀 자신을 바람직하지 못한 여성이라거나 나쁘다거나 바람직하지 못한 인간 존재라고 느끼게 만들지 모른다고 생각했다. 그래서 그는 자기 아내를 방패막이로 사용해서 "충격을 완화하였다." 이런 방식으로 반응을 함으로써 그는 그들 관계만이 아니라 다른 관계에서도 고민거리를 낳는다고 말했다.

치료자들이 일반적으로 직면을 피하는 또 다른 방식은 해석을 하는 것이다. 대인관계에서 투사적 동일시를 사용하는 것에 대해 문제를 삼는 대신, 치료자는 환자에게 현재 감정이 환자의 삶에서 다른 인물들에 대한 감정과 어떻게 관련되어 있는지 보여주는 것이다. 나는 이것이 어려운 직면이 요구될 때 치료자들이 의지하는 주요한 책략 중 하나라고 생각한다. 나는 특히 도움을 필요로 하고 무기력한 환자와 작업할 때 이러한 "직면에서 후퇴"하고 있는 나 자신을 발견한다. 투사적 동일시에 직면시키기보다 나는 환자

가 왜 그런 의존적인 방식으로 관계하는지 그 "이유들"을 찾으려
고 한다.

　나는 내가 왜 이렇게 하고 있는지 전혀 확신하지 못한다. 나는
나 자신을 "좋은 샘 아저씨"로 보려는 것과 관련되어 있다고 생각
한다. 나는 그것이 부서진 자물쇠를 고치려는 이웃을 돕는 것이든,
어려운 숙제를 하려는 나의 아이들을 돕는 것이든, 사람들이 도움
을 필요로 할 때 사람들을 도와주고자 하는 경향이 있다. 나의 삶
의 대부분 동안 나는 이것을 긍정적인 시각("도움을 주는 것은 좋은
일이야")으로 보아왔다. 하지만 나는 그것이 가지고 있는 부정적인
측면을 궁금해하기 시작하고 있다. 때때로 내가 너무 "빨리 도와
서" 사람들은 나를 침해하는 사람으로 보는 경향이 있다. 그래서
나는 나의 "돕고자 함"은 아마 돕고자 하는 욕구보다 통제하려는
욕구에 의해 동기화되는 것이 아닌가 생각하기 시작했다.

　무엇이 나의 행동을 동기화하는가와 관계없이, 나는 "돕고자 하
는 나의 성향"에 민감해져서 그것이 치료과정을 어떻게 방해하고
있는지 보다 분명히 볼 수 있었다. 그것이 가장 두드러지는 때가
치료 초기(너무 많은 충고를 하는 것)와 이후 치료단계에서 직면을
해야 하는 시점이다. 환자의 취약함에 대해 걱정하면서 환자의 초
기 생활에서 무엇이 잘못되었는지 "탐색하는 데" 많은 시간을 보
내고 있는 나 자신을 발견할 때, 나는 사실 직면에 대한 하나의
방어로 해석을 사용하고 있는 것은 아닌지 의문스러워진다.

　하나의 치료 양식으로서 대상관계치료를 성공적으로 수행하려
한다면 직면 외에는 길이 없다. 직면은 대상관계 작업에서 상당히
어려운 것들 중 하나며 그것을 피하고 싶은 자연스러운 마음이 드
는 것이 자연스러운 점이라는 것을 반드시 인식해야 한다. 이것을

명심해야만 환자를 보호한다는 미명 하에 자기 자신을 보호하느라 많은 시간을 보내지 않을 수 있다. 함정을 인식하는 것이 치료자의 회피하고자하는 경향을 완전히 제거해 주지는 않지만, 적어도 치료과정을 방해하는 정도를 최소화시켜준다.

다른 한편에서

대상관계치료를 하려고 생각하는 치료자는 이런 종류의 치료를 하는 것이 노력할 가치가 있는지 의문을 갖게 될 것이다. 표적이 된다는 것의 의미를 고려하는 것, 역전이의 기초를 끊임없이 조사하는 것, 그리고 직면을 무의식적으로 회피하지 않도록 분명히 하는 것 등의 필요성이 다른 치료자들은 하지 않는 것을 대상관계치료자들이 하도록 함으로써 부담을 주는 것처럼 보인다. 이것이 어느 정도는 사실이지만, 그럼에도 불구하고 보상이 있다. 대상관계치료를 하는 것은 당장 드러나지는 않지만 그러한 요구를 치료자에게 부과할 만큼의 가치가 있다.

치료가 전혀 지루하지 않다는 점이 그 한 가지 보상이다. 치료실에서의 관계가 의미있는 변화를 일으키는 수단이 될 때, 그 분위기는 창조적인 긴장이 흐른다. 나는 환자와 좀더 해석적이고 분석적인 맥락에서 작업했을 때 같은 내용을 매시간 반복하면서 아무런 효과가 없다고 느꼈던 것을 기억한다. 종종 내가 발로 밟아 돌리는 수차 위에 있는 것 같았다. 그러나 대상관계치료에서 이런 일은 거의 발생하지 않는다. 만일 지겨워하고 있는 나 자신을 발견한다면, 나는 지루함의 역전이 측면을 탐색해보고 그것을 치료의 일부분으로 가져온다.

대상관계치료의 또 다른 보상적인 특징은 변화가 일어날 때 그 변화가 분명하다는 것이다. 관계에서 일어나는 변화가 인식 가능하고 치료자와 환자 둘 다 그 변화를 경험할 수 있다. 내가 "당신이 지금 나에게 어떻게 반응하고 있는지 보세요. 당신이 처음과 얼마나 달라졌는지 느낄 수 있나요?"라고 환자들에게 이야기했던 경우들이 많이 있다. 일어난 변화는 추론도 가정된 것도 아니다. 그것들은 지속적인 치료적 교류의 부분이다.

물론 가장 중요한 것은 치료자와의 관계가 아니다. 그것은 환자가 자신에 대해 느끼고 있는 방식과 이것이 전반적으로 그의 관계에 미치는 영향이다. 그러나 이 점은 모든 치료에 다 해당된다. 대상관계치료에서 치료자는 환자의 변화가 "표면적"인 것인지, 아니면 지속적인 관계에 기초하고 있는지 직접적인 경험에 근거하여 판단할 수 있는 기회를 전적으로 얻게 된다.

이런 식으로, 치료가 끝난 후 만났던 여러 환자들이 치료에서 일어난 변화와 동일한 변화가 그들의 삶에서 일어났다고 나에게 이야기했다. 성적 투사적 동일시를 치료에서 직면시키고 다루었던 한 환자가 치료가 종결되고 난 몇 달 후 나에게 그녀의 삶에서 일어난 의미 있는 변화에 대해 이야기하는 편지를 썼다. 그녀는 뉴잉글랜드에서 뉴멕시코로 이사했고 아주 흥미로운 새로운 직업을 가질 기회가 실현된 것에 대해 열심히 이야기했다.

그러나 그녀가 정말로 나에게 말하고 싶었던 것은 그녀의 삶에서 새로운 남자와의 관계를 그녀가 어떻게 다루었는지에 대한 것이었다. 치료에 오기 전에 그녀는 남자들을 성적으로 관계에 끌어들였고 그런 다음 그들에 의해 조종당했다. 그녀가 보통 관계했던 남자들은 그녀와 함께 살겠다고 고집하고 들어와서는 간섭하고 위압적인 방식으로 그녀의 공간을 침범하곤 했다. 그 결과 그녀는 혼란스러워지고 우울해졌으며, 남자친구와의 삶은 점점 더 심각한 갈등 속에 빠져들었다.

비록 최근의 관계에서 성적인 요소들이 없었던 것은 아니었지만, 그녀는 성이 관계의 한 부분이지 관계의 전부가 아니라는 것을 느꼈다. 더 중요한 것은 그녀의 새 남자친구가 함께 살자고 매우 강하게 제안했을 때 그녀가 그를 대한 방식이었다. 이전에는 단순히 묵묵히 따르곤 했던 반면, 지금은 그녀의 새로운 남자친구에게 그런 제안에 기꺼이 따르거나 준비가 되어 있지 않다고 말했다. 그녀가 이러한 방식으로 자기 생각을 표현하고 그러면서도 관계(그리고 자신)에 대해 안전하다고 느낀다는 단순한 사실이 자신에 대해 자신감을 갖게 한 엄청난 토대가 되었고, 그것이 편지를 통해 전해졌다.

토건업자인 또 다른 환자는 처음에 치료에 왔을 때 그가 자기 패배적이라고 지칭한 행동을 다루기를 원했다. 그는 자기가 인정하는 바와 같이 결혼도 실패했으며, 나이 든 부모님과도 사이가 급속도로 나빠졌으며, 성공적이었던 사업도 침체되었다. 그는 우울해졌고 빚더미에 앉았으며, 앞으로 어떻게 해야 할지 혼란스러워했다.

치료의 대부분의 시간을 힘의 투사적 동일시와 그것이 성공에 기울인 수많은 노력들을 어떻게 허물어뜨렸는지 다루는 데 보냈다. 그의 병리의 대부분은 사람들을 통제하려는 시도와 관련되어 있었으며, 이것이 결과적으로 자기 패배적인 행동의 기초가 되었다. 또한 우리 관계에서 그리고 치료에서 일어나는 것을 통제하려고 노력하는 방식에서 이와 같은 행동을 드러내고 있다는 것이 분명했다.

치료는 오랫동안 질질 끌었고 격한 설전의 성격을 띠었지만 결국 힘의 투쟁이 해결되었다. 치료가 종결될 즈음 극적으로 행운이 찾아왔다. 그의 사업이 번성하기 시작하였고 그의 부모님과 화해했다. 우리는 둘 다 치료를 파괴하려는 그의 시도와 그것을 막으려는 나의 노력이 그의 삶을 바꾸는 데 결정적이었다는 것에 동의했다.

그러한 경험은 보상이 된다. 보상은 치료자들이 치료를 하는 이유 중 한 부분이다. 그러나 이와 같은 경험을 하게 되는 경우는 극히 드물다. 대부분의 환자들은 치료가 종결된 후 자신의 치료자와 연락하지 않는데, 극히 소수의 환자들만이 치료의 성공에 대한 증거를 제공해준다. 나는 치료자가 대상관계치료를 계속—생계유지를 제외하고—하게 되는 이유는 대상관계치료가 개인적 성장을 위한 기회를 제공해주기 때문이라고 생각한다.

대상관계치료를 하는 것은 치료자로서, 그리고 인간 존재로서 한 개인을 확장시켜준다. 그것은 다른 방식으로는 탐색될 수 없는 당신 자신(당신의 자기)의 부분들을 탐색하도록 해준다. 환자의 투사적 동일시와 그것에 기반이 되는 분열을 경험하는 것은 우리 자신의 내적인 분열을 검토하도록 해준다. 우리는 환자들과 별로 다르지 않으며, 타인 안에 존재하는 좋음-나쁨의 구분을 다루는 것이 우리 안에 있는 좋음-나쁨의 구분을 볼 수 있는 기회를 제공한다. 우리의 환자들은 우리의 거울인 것이다. 만일 우리가 기꺼이 그것들을 보려 한다면, 때때로 우리는 인간 존재로서 우리의 보다 분명한 모습을 볼 수 있다.

제 **9** 장

치료실을 넘어서

대부분의 치료자들은 치료를 하는 데 삶의 많은 부분을 보내며, 그들이 하고 있는 것을 이해하고 정리하는 데 많은 시간을 보낸다. 그러나 치료자들도 다른 사람들처럼 치료적 작업 이외의 생활을 한다. 다른 직업에서는 직업의 세계와 직업 밖의 세계 간의 경계가 분명하다. 그러나 심리치료의 경우에는 항상 그렇지 않다. 우디 알렌(Woody Allen)의 영화를 보면서 배관공은 팔꿈치형 파이프나 T자형 파이프를 마음에 떠올릴 것 같지 않은데, 치료자는 분열과 투사적 동일시들을 떠올리기 쉽다.

치료를 이루고 있는 "재료", 즉 대인관계가 나머지 세계를 이루고 있는 재료이기 때문에 이것은 놀랄 만한 일이 아니다. 이 책의 앞부분에 제시한 것처럼 만일 심리치료에 관한 고찰이 인간의 발달과 인간 존재의 본성에 대한 좀더 일반적인 고찰에서 나온 것이라면, 우리를 둘러싸고 있는 대부분의 사건들은 치료에서 발견되는 동일한 요소들을 많이 포함하고 있을 것이다. 비록 이것이 당황스러울 수도 있겠지만, 때로는 가치 있는 통찰을 가져올 수도 있다.

예를 들면, 대상관계의 관점으로 오닐(O' Neill), 엘비(Albee), 심지어 세익스피어(Shakespeare)의 작품들을 보는 것은 드라마에 대한 이해를 촉진시킬 수 있을 것이다. 마찬가지로, 어떤 예술적인 노력이 제공하는 통찰은 치료에서 병리라는 우산에 가려진 상호작용의 미묘한 색채를 드러내도록 할 수 있다. 심리치료가 삶에 생명을 불어넣는다고 하거나 반대로 이야기하는 것은 사람들의 삶에 강력하고 보편적으로 미치고 있는 대상관계의 영향을 강조하는 것일 뿐이다.

예술과 대상관계 간의 상호 협력적 역할을 관찰할 수 있는 한 영역은 동화인데, 아이들과 성인들을 위한 동화 모두에서 볼 수 있다. 상징적 과정으로 끌어들이는 능력 때문에 동화는 인간의 대상관계적 본성의 갈등을 설명하는 중요한 수단이 된다. 이 장에서는 중요한 대상관계의 역동—분열—이 동화를 이해하는 데 얼마나 도움이 되는지, 그리고 접근할 수 없을 것 같은 표상적 과정에 대한 통찰을 얻는 데 치료에서 동화가 어떻게 사용될 수 있는지에 대해 설명하고자 한다.

사악한 마녀들과 계모들

동화는 아이들에게 옛날부터 상상력과 끝없는 즐거움을 제공하는 형식이다. 그러나 동화는 그 이상의 것을 가지고 있다. 동화는 세상의 본질에 대한 깊은 믿음에 대해 쓰여진 기록들이다. 예를 들면, 야콥과 빌헬름 그림(Jacob and Wilhelm Grimm)의 동화는 수세기 동안 중앙 유럽에 퍼져 있었던 전설과 신화에 근거하고 있다. 사실 **그림 형제 일가의 이야기**(The Grimm Brothers Household Tales)를 구성하고 있는 내용은 그림 형제들의 상상에서 나온 것이 아니라 92세의 소작농 부인이 놀랄 만한 기억으로 그들에게 들려준 것을 기록한 것이다.

동화는 세상의 본질과 그곳에 살고 있는 사람들에 대해 아이들이 품고 있는 가장 깊은 신념들을 포함하고 있다. 동화는 그 자체로 정서 발달의 중요한 측면과 관련 되어 있는 주제를 포함하고 있는데, 그 주제들은 탐욕(재크와 콩나무(Jack and the Beanstalk)), 질투(백설공주 (Snow White)), 그리고 속임수(내 이름은 럼펠스틸트스킨(Rumpelstiltskin)) 와 관련되어 있다.

베틀하임(Bettelheim, 1976)은 동화의 주요한 주제는 성, 즉 오이 디푸스적 관심사의 정복이라고 하였다:

> 공개적으로 이야기가 되든 넌지시 암시가 되든 간에 오이디푸스 갈등 과 개인이 그 갈등을 어떻게 해결하는가 하는 것이 그의 성격과 인간 관계를 해나가는 주된 방식이 된다. 오이디푸스 컴플렉스에 관심이 집중되어 있음을 숨김으로써, 얽힌 남녀관계를 미묘하게 암시힘으로 써 우리가 이러한 문제들을 잘 이해할 수 있는 적절한 시점에 동화는 결론을 이끌어내도록 해준다(p.201).

동화 속에 담긴 오이디푸스적 관점이 몇몇 이야기에서는 이해가 가지만 다른 이야기들에서는 부자연스러운 결론을 이끌어낸다. 예를 들면, 베틀하임은 **백설공주**에 나오는 난쟁이들은 실제 아버지의 부산물이며, 상징적으로 아이에게는 성적인 유혹을 나타내고 있다고 주장한다. 백설공주가 그들의 집에서 두려움 없이 안전하게 잠들 수 있었던 이유는 동화 속의 난쟁이들은 거세된 남자로 여겨지고 위협적 존재가 아니기 때문이다. 베틀하임은 또한 신데렐라에 나오는 신발은 상징적으로 여성의 질을 의미한다고 주장한다. 신데렐라가 그녀의 신발에 발을 끼워 넣으려는 노력은 왕자를 또 다른 종류의 신발에 넣으려고 하는 그녀의 소망의 위장된 표현에 지나지 않는다는 것이다(pp.268-278).

동화에 대해 주의 깊게 탐색해보면 이야기들 속의 좀더 강력한 주제가 분열과 관련되어 있다는 것을 알게 된다. 사실상 모든 동화를 낱낱이 살펴보면 분열의 역동이 선과 악 간의 원시적인 투쟁을 두드러지게 한다. 그러므로 잘 알려진 동화의 대부분이 좋고 나쁜 모성 이미지를 보여준다는 것을 발견하는 것은 이상한 일이 아니다. 긍정적인 측면에서 우리는 좋은 어머니들과 요정들을 발견하고 부정적인 측면에서 마녀들, 악한 마법사들, 그리고 심술궂은 계모들을 발견한다. 악을 극복하기 위해 아이는 마녀와 그녀의 파생물들을 직면하고 이겨야만 한다.

백설공주는 이러한 역동을 생생하게 드러내고 있는 표준적인 인물이다. 많은 독자들이 기억하고 있는 것처럼, 그 이야기는 백설공주가 태어나기 전부터 시작된다. 그녀의 어머니인 왕비는 열린 창가에서 바느질을 하다가 우연히 손가락이 찔려 창 밖 눈 위에 피를 몇 방울 떨어뜨린다. 그녀는 눈밭에 선명하게 드러난 핏자국을 보면서 "입술은 피처럼 붉고 피부는 눈처럼 하얀" 딸을 갖게 해달라는 소원을 빈다. 그리고 나서 곧 백설공주가 태어난다.

그러나 아이가 태어나고 얼마 안 되어 어머니는 죽는다. 표면상 진짜 어머니의 부재가 동화에서의 두드러진 특징이다. 동화에서 어머니는 너무 일찍 죽거나 또는 언급되지도 않는다. 이것은 "좋은 어머니"가 "나쁜 어머니(마녀)"로부터 차단되도록 해주고 더럽혀지지 않도록 보장해준다. 동화는 그녀가 해를 당하지 않을 것이라는 점을 확실하게 해준다. 마녀들은 강력한 존재로, 이런 종류의 인물과 맞부딪치게 되는 것은 불행한 결과를 가져올 수 있다.

비록 어머니의 죽음에도 불구하고 백설공주는 살아남지만, 그녀는 자라면서 자신이 그녀의 아름다운 외모를 질투하는 악한 계모에 의해 좌우되고 있다는 사실을 점차 깨닫게 된다. 새로운 왕비는 백설공주를 질투할 뿐 아니라 그녀를 제거하려는 음모를 꾸민다. 왕비는 백설공주를 단지 왕궁에서 내쫓아버리는 것만으로는 만족하지 않고 그녀를 완전히 없애버리고 싶어한다. 이것은 일반적 악이라고 할 수 없다. 악의 화신이다.

설상가상으로, 백설공주의 아버지인 왕은 아무 도움이 되지 못한다. 이것은 동화 속에 나타난 아버지들의 특성인데, 아버지들은 전형적으로 약하고 결단력 없는 존재로 그려진다. 예를 들면, 헨젤과 그레텔(Hansel and Gretel)에 나오는 아버지는 아내가 아이들을 죽이려고 음모를 꾸미는 동안 그냥 지켜보고만 있다. 동화 속에서 아버지들이 무용지물이고 그다지 중요하지 않은 인물로 그려지는 것은, 분열의 가장 초기 경험이 아버지가 아닌 어머니와의 관계경험에 달려 있다는 사실을 기억한다면 그리 놀랄 만한 일이 아니다.

왕이나 어느 누구의 방해도 없이 왕비는 끔찍한 일을 계획하고 착수한다. 그녀는 사냥터지기를 불러 백설공주를 죽이라고 명령한다. 다행스럽게도, 사냥터지기는 아이를 불쌍하게 생각해서 숲속으로 도망가게 해주어 그녀는 일곱 난쟁이의 집을 우연히 발견하게 된다. 나머지 이야기 대부분은 계모가 백설공주를 다양한 방법(질식, 독 등)으로 죽이려는 시도와 난쟁이들의 도움으로 백설공주가 매번 구조되는 내용이다.

마침내 백설공주는 왕자에 의해 지위를 인정받고, 왕비는 그저 후식만을 먹게 될 뿐이다. 왕자와 백설공주에 의해 결혼식에 초대된 왕비는 그녀의 자기애적 호기심을 만족시키기 위해 결혼식에 참석하기로 결정한다. 그곳에서 왕비는 멋진 붉은 신발이 신겨져 죽을 때까지 춤을 추워야 할 운명에 처한다. 백설공주와 왕자는 그 후 영원히 행복하게 살고 더 이상 지독한 존재에 의해 위협받지 않게 된다. 악은 사라지고 선이 지배한다.

백설공주는 한 인물 내에 함축되어 있는 악을 전형적으로 보여주는 동화이다. 그렇게 함으로써 악을 강력하고 분명하게 그려내고 있다. 이것이 이루어진다면 동화 속의 정의는 신속하고 확실하게 실현된다. 여기에는 구원도 거래도 없다. 만일 선이 이긴다면 왕비는 파멸되어야만 한다. 게다가 그녀의 파멸은 완벽하고 돌이킬 수 없어야 한다. 오직 이 방법만이 악을 완전하게 극복할 수 있는 것이다.

악의 균형 잡기 : 요정

백설공주나 그와 같은 이야기들은 선과 악 중 한쪽 측면만을 그린다. 마녀나 그녀의 상대자는 악을 발산하고 모든 것이 나쁘다는 것을 분명하게 표현한다. 그렇다면 선한 세력은 어디에 있는가?

생각건대, 악과 대항하여 싸우는 아이를 도울 수 있는 빛나는 존재는 어디에 있는가? 만일 동화가 이것을 할 수 있는 인물을 포함하고 있다면 그 인물은 강력하고 확실하게 선을 대표할 수 있어서 분명히 그런 도움을 줄 것이다.

이런 인물이 나오는 또 다른 종류의 동화가 있다. 여자 마법사들, 요정들, 인자한 어머니 같은 인물들을 포함하는 이야기가 있다. 그런 이야기들은 명백하고 결정적으로 고정된 선한 존재인 주인공을 적어도 한 명 포함하는 백설공주 같은 이야기와는 다르다. 그와 같은 이야기들에서는 분열의 역동이 구체적으로 표현된다. 아마도 가장 잘 알려진 이러한 종류의 이야기가 신데렐라(Cinderella)일 것이다.

신데렐라는 생모가 없는 대부분의 동화와 비슷한 방식으로 시작된다. 생모는 전혀 등장하지 않고 그녀에게 어떤 일이 있었는지에 대해서도 전혀 이야기가 없다. 우리가 알 수 있는 것은 아버지가 두 번째 아내를 얻었고, 그 아내는 별로 좋은 사람같아 보이지 않는다는 것뿐이다. 사실 그녀는 "세상에서 가장 거만하고 가장 까다로운 여자"로 묘사되고 있다.

동화의 처음 부분에는 계모와 계모를 닮은 두 명의 밉살스런 딸들에게 대응하고자 애쓰는 신데렐라의 노력이 그려져 있다. 이복자매들은 그들의 어머니에게 사랑받고 호화스러운 생활을 하지만 신데렐라는 마룻바닥을 닦고 벽난로를 청소해야 하는 삶을 산다. 신데렐라는 우리가 알기로 "완전히 아내에게 지배당하는" 사람인 아버지에게 감히 불평 한 마디 하지 못하고 말없이 고통을 견딘다. 다시 한 번 아버지가 얼마나 소용없는 존재인지 확인시켜준다.

이야기의 중심부에 가면 왕이 아들을 위해 베푼 무도회에 참석하고 싶은 신데렐라의 바람이 그려진다. 그녀는 무도회 참석을 포기하고 이복자매들이 무도회에 참석하려고 준비하는 것을 기꺼이 돕지만 마음속으로는 그들을 부러워한다. 그러나 그녀가 그곳에 갈 수 있다 하더라도 그녀는 참석하는 데 필요한 준비물들이 없었다. 무엇을 입고 어떻게 그곳에 갈 수 있단 말인가? 이러한 문제들은 마술과 같은 요정의 등장으로 해결된다.

요정은 계모와는 모든 면에서 완전히 달랐다. 상냥하고 사랑이 가득했다. 요정은 신데렐라가 아름답게 보이기를 원했으며 즐거운 시간을 갖길 바랐다. 그리고 신데렐라가 부엌데기 하녀로 사는 것을 원하지 않았다. 그래서 신데렐라가 무도회에 도착했을 때 왕자와 개인적으로 인사할 수 있도록 모든 것을 준비해준다. "좋은 어머니"가 아니라면 누가 그렇게까지 할 수 있을까?

모든 사람들에게 친숙한 이야기의 나머지 부분은 신데렐라가 자정이 되기 전에 집에 돌아가야 한다는 내용이다. 왕자는 신데렐라와 사랑에 빠져 그녀를 쫓아가지만 시계가 12시를 알리는 마지막 순간에 그녀를 잃어버리고 만다. 왕의 신하가 부엌데기 하녀의 발에 무도회 때 남겨진 유리구두를 신기는 순간, 전 왕국을 찾아다니던 신발 주인 찾기는 끝이 난다. 신데렐라가 그녀의 이복자매들을 용서하고 왕자는 신데렐라를 신부로 맞아 내내 행복하게 산다. 순수한 자비심으로 그녀는 이복자매들을 귀족과 결혼시킨다.

그렇다면 이 이야기에서 악은 어디에 있는가? 우리가 계모나 마녀에게 기대하는 끈질긴 악은 어디에 있는가? 계모는 그녀의 딸들처럼 밉살스럽기는 하지만, 그렇게 악하지는 않다. 잔인성은 어디에 있는가? 죽음을 초래하는 추격은 어디에 있는가? 다른 동화 속에서 그렇게 큰 역할을 하는 보복은 어디에 있단 말인가?

역설적이게도, 그 대답은 다른 이야기에 있다. 위에서 자세하게 이야기한 대부분의 사람들에게 가장 친숙한 이야기는 사실 신데렐라 원작의 "수정"본이다. 그것은 그림 형제가 쓴 것이 아니라 찰스 페루(Charles Perrault)가 루이 4세와 베르사이유 궁전을 위해 쓴 것으로 알려져 있다. 페루판은 1697년에 쓰여졌는데, 왕과 그 측근들의 감정을 상하지 않게 하기 위해서 원전의 불필요하게 상스러운 부분들을 없애버렸다. 그림 형제판(재투성이 아가씨(Ascbenputtel))은 이야기의 원래의 의도에 충실하게 따르며 분열의 역동을 적나라하게 표현하고 있다.

그림 형제가 편작한 이야기에서는 계모가 양딸보다 자기 딸들을 편애하는 정도의 여자로서가 아니라 훨씬 더 기분 나쁜 여자로 등장한다. 그녀는 지킬 의사가 전혀 없는 약속을 하면서 신데렐라를 괴롭히고 기만한다. 또한 어떤 일들을 끝내면 무도회에 갈 수 있게 해주겠다고 약속한다. 신데렐라가 그녀가 말한 것들을 성실하게 했을 때 계모는 자신이 한 약속 따위는 잊어버린다.

그러나 계모의 마녀와 같은 특성은 자신의 두 딸과의 관계에서 가장 두드러지게 그려지고 있는데, 그녀는 어떻게 하든지 두 딸 중 하나를 왕자와 결혼시키려고 한다. 첫 딸의 발이 유리구두에 맞지 않자, 어머니는 칼을 딸에게 주면서 큰 발가락을 잘라버리라고 한다. 그러면서 "네가 왕비가 되면 더 이상 걸어다닐 필요가 없을 것이다."라고 말한다. 또 다른 딸이 같은 어려움에 처하자, 어머니는 칼을 딸에게 주며 뒤꿈치를 쳐내버리라고 한다. 계모는 왕비의 어머니가 되는 데 너무나 혈안이 되어 있어서 어떤 수단이라도 사용하려고 하는데, 심지어 자신의 신체 일부를 잘라내서라도 목적을 달성하려고 할 것이다.

페루판과는 반대로 그림 형제의 이야기는 분열의 역동을 잘 나타내며 끝이 난다. 신데렐라가 왕자와 결혼하는 날, 두 자매들이 그녀의 비위를 맞추기 위해 왕궁에 온다. 신데렐라는 그녀들에게 신부들러리가 되어달라고 한다. 그러나 그들이 그 역할을 하려고 하자, 두 마리의 흰색 비둘기가 그들을 공격한다. 신데렐라의 보호자 역할을 하는 새들은 이복자매들이 복도로 걸어갈 때 그녀들의 눈을 쪼아버린다. 그녀의 이복자매들을 불구로 만듦으로써 신데렐라는 계모에게 복수를 하고 계모가 보인 악에 일격을 가한다.

비록 그림 형제의 신데렐라가 정통으로 분열을 다룬 동화이긴 하지만 그 결론은 마녀나 마녀와 비슷한 인물이 등장하는 다른 동화와는 다르다. 백설공주에서 왕비는 죽을 때까지 춤을 춰야 하는 운명에 처하게 되고, 헨젤과 그레텔에서는 마녀가 오븐에서 죽을 때까지 불에 타게 되고, 잘 알려진 러시아 동화인 알료누쉬까와 이바누쉬까(Alyunuschka and Ivanuschka)에서는 마녀가 화장용 장작더미 위에서 불살라진다.

신데렐라에서는 마녀, 즉 계모가 살아남는다. 그녀는 죽을 때까지 춤을 춰야 되는 것도 아니고, 오븐에서 산 채로 불타야 되는 것도 아니다. 자신이 총애하는 두 딸들조차 죽음을 면하게 된다. 마치 선의 구체적인 표상인 요정이 그 이야기에서 악의 힘에 대항하여 완충 역할을 하는 것과 같다. 이것은 악의 균형을 잡아줄 어떤 것이나 어떤 사람이 있다면 악은 살아남을 수 있다는 점을 보여준다.

선과 악의 조화와 그리고 이 둘의 궁극적인 통합은 대상관계치료의 주요한 목표다. 만일 환자가 병리적인 상호작용을 통해 자기 중에서 나쁜 부분을 분열시키는 것을 중단한다면 환자는 "악"이라고 생각되는 것이 거절이나 버려짐의 필연적인 근거가 될 수 없다는 사실과 먼저 타협해야 한다. 선과 악이 어깨를 겨누고 "공존할" 수 있다는 사실은 자기의 통합된 부분으로 악을 수용할 수 있는 기회를 제공해준다.

선과 악의 융합

선과 악이 동시에 존재할 수 있는 가능성을 러시아 동화 아름다운 바질리자(Vasilisa the Beautiful)에서 볼 수 있다(Afanas'ev, 1945). 분열을 다룬 다른 동화들처럼, 이 이야기도 마녀와의 직면에 초점이 맞추어져 있다. 그러나 악하기만 했던 다른 마녀들과는 달리 아름다운 바질리자에 나오는 마녀는 선과 악을 모두 가지고 있다. 이 이야기는 대상관계와 관련된 부분이 상당히 많고, 다른 동화들처럼 사람들에게 친숙한 이야기가 아니기 때문에 이야기를 다시 하고자 한다.

이 동화는 죽어가는 어머니 침상 옆으로 어린 바질리자가 불려가는 장면에서 시작된다. 어머니는 죽기 전에 그 딸을 축복하고 인형을 하나 준다. "이것을 어디에 가든지 늘 간직하고 있으렴." 이라고 말하면서 그 인형을 어린 딸의 손에 들려준다. "네가 어려움에 처하거든 그 인형에게 먹을 것을 주고 어떻게 해야 되는지 물으렴. 인형이 먹을 것을 다 먹으면 너에게 어떻게 하면 되는지 말해줄 거다."라는 말을 남기고 어머니는 죽는다.

그 인형은 분명히 과도기적 대상이며, 아름다운 바질리자는 과도기적 대상을 포함하고 있는 몇 안 되는 동화 중 하나다. 이야기 속에서 그 인형은 아이가 만나는 위험으로부터 안전하게 지켜줄 뿐만 아니라 그녀가 무섭거나 외로울 때 편안함을 느끼게 해준다. 사실상 어머니가 그녀 대신으로 인형을 준 만큼 그 인형은 과도기적 대상이 의미하는 만족시켜주는 기능을 대신한다.

이 이야기는 부유한 상인인 아버지가 두 딸이 있는 드센 여자와 결혼한다는 신데렐라의 일반적인 틀을 따르고 있다. 신데렐라의 경우처럼, 계모와 딸들은 바질리자에게 모든 힘든 집안일을 맡긴다. 그러나 바질리자는 신데렐라에게는 없는 것이 있는데, 그것이 인형이다. 매일 밤 집안 사람들이 잠들고 나면 바질리자는 인형에게 도움을 청한다. 인형은 그녀를 안심시키고 아침의 짧은 시간 동안 집안일을 전부 다 해놓는다.

몇 년 동안 이런 식으로 일이 진행되며, 바질리자는 날이 갈수록 더 아름다워져간다. 이복자매들에게는 아무도 관심이 없었지만 바질리자에게는 마을의 모든 멋진 기사들이 구애를 한다. 당연히 계모와 두 딸은 좌절감을 경험하고 그녀를 없앨 계획을 세운다. 아버지가 일 때문에 멀리 집을 떠난 날, 그들은 바질리자에게 집안의 모든 초가 다 꺼져서 불을 켤 수 없다고 말한다. 계모는 바질리자에게 숲속 깊은 곳에 살고 있는 무시무시한 바바야가 마녀에게 불을 구해오라고 명령하는데, 이 심부름은 바질리자의 죽음을 의미하는 것이다.

바질리자는 숲으로 들어가는데, 그곳에서 우연히 바바야가의 오두막을 발견하게 된다. 그 오두막은 인간의 해골이 걸려 있는 뼈들로 만들어진 울타리로 둘러싸여 있었다. 그 오두막의 문들은 "문 기둥은 사람의 다리들로 만들어져 있고, 빗장은 인간의 손들이며, 자물쇠는 날카로운 이빨이 달린 입으로" 이루어져 있었다.

바질리자가 그녀 앞에 펼쳐진 기가 막힌 광경을 뚫어지게 보고 있을 때 해골의 눈이 빛나면서 바바야가가 등장한다.

마녀는 그녀에게 무엇을 원하느냐고 묻는다. 바질리자가 설명을 하자, 마녀는 그녀가 찾는 불을 주는 데 동의하지만 몇 가지 집안 일을 해주어야 한다고 한다. 바바야가는 바질리자에게 마당을 쓸고 오두막을 깨끗하게 치우고 다음날 저녁을 지으라고 한다. 두려움에 떨고 있는 어린아이에게 빨래를 해놓고 밀을 골라놓으라고 명령한다. 일거리를 주고, 마녀는 그녀가 돌아올 때까지 모든 일이 다 되어 있지 않으면 바질리자를 죽일 것이라고 경고한다.

하루 만에 이 모든 일을 다 끝마칠 수 없다는 것을 잘 알기 때문에 바질리자는 오두막 구석에서 울기 시작한다. 그러나 인형이 그녀를 달래며, "무서워 하지마, 아름다운 바질리자." "저녁을 먹고, 소원을 말하고, 잠을 자렴. 아침이 되면 다 괜찮아질 거야."라고 말한다. 바질리자는 진정이 되었다. 그녀는 잠이 들고 아침에 일어나 보니, 모든 일이 다 되어 있는 것을 발견한다.

이 시나리오는 3일간 연속적으로 반복되는데, 바바야가는 매일 그녀가 요구한 것을 못한다면 바질리자를 죽일 것이라고 위협한다. 결국 모든 것에 실패한 마녀는 바질리자에게 어떻게 그 모든 일을 다할 수 있었는지 묻는다. 바질리자는 인형에 대해서는 아무 말도 하지 않고, 대신에 "어머니의 축복으로 가능했어요."라고만 말한다. 이 말은 바바야가를 노발대발하게 만들어버린다. "내 집안에 축복받은 것들이 있어서는 안 돼!"라고 고함을 지르며 바질리자에게 떠나라고 한다. 그러나 마녀는 그녀가 떠나기 전에 그녀에게 불타는 해골을 주고, "여기 네 이복자매들을 위한 불이 있으니까 가져가라. 그들이 이것 때문에 널 여기에 보낸 거잖아."라고 말한다.

불타는 해골에서 나오는 불은 숲속 길을 밝혀주어 바질리자가 집으로 돌아올 수 있게 해준다. 계모와 이복자매들은 바질리자를 미워하지만 반갑게 맞이한다. 그들은 바질리자가 불을 구하러 나간 후 내내 집에 불을 켤 수가 없었기 때문에, 집은 계속 어두운 상태로 있었다. 세 명이 해골을 받아들고 안으로 들어오자, 해골의 눈들이 그들을 노려보았다. 그들은 숨으려고 했지만 눈은 그들을 뒤쫓았고, 그들이 가는 곳은 어디든지 쫓아가서 그들을 불태워버렸다. 아침에 그들은 잿더미가 되어 있었다. 오직 바질리자만이 살아남아 계모와 이복자매들의 마수에서 자유롭게 된다.

아름다운 바질리자에 나오는 모든 인물들은 서양 동화에서 발견되는 인물들과 유사하다. 주인공을 없애버리려고 하는 계모가 있고, 별 도움이 안 되는 아버지와, 일련의 어려운 일들을 해내지 못하면 주인공을 죽이겠다고 위협하는 마녀가 있다. 그러나 이 이야기 속의 마녀는 다른 동화 속에서 만나게 되는 대부분의 마녀들과 다르다. 악하다 할지라도 마녀는 동정심과 돌보는 마음이 있다(von Franz, 1967). 바바야가는 바질리자를 살려주기만 한 것이 아니라 그녀에게 그녀의 적들을 죽일 수 있는 수단까지도 준 것이다.

이것은 다른 동화에서 보여주는 단일한 악을 넘어서는 진보된 모습을 보여준다. 선과 악이 한 개인 내에 존재할 수 있다는 인식이 아이들 마음속에 자라난다는 점을 의미한다. 아이들에게 이런 인식이 자라나기 전에는 아이들의 자신에 대해 갖는 감정들은 선이 살아남기 위해서는 악이 파괴되어야만 한다는 원시적인 개념에 뿌리를 두고 있다. 만일 아이들이—그리고 어른들이—자신들

의 내부에 존재하는 악을 견뎌내기를 원한다면 이러한 믿음이 극
복되어야 한다.

　동화에서 악이 한 번에 완전히 근절되지 않는다는 사실은 아동
기의 중요한 학습경험 중 하나가 된다. 자신에 대한 나쁜 감정은
동화 속 마녀가 죽게 되더라도 지속되는 경향이 있다. 인간은 성
숙함에 따라 결국에는 선과 악을 상징적으로 조화시키기 위해 환
상이라는 다른 형태에 의지한다. 이것은 이중성(doubling)이란 현
상에 집중되어 있는 "성인 동화"에서 찾아볼 수 있다.

성인을 위한 동화

　이중성의 개념은 도플갱어(doppelganger)라는 독일 신화에 뿌리
를 두고 있는데, 도플갱어란 모든 인간은 복제 자기(replica self)를
소유하고 있다는 뜻을 담고 있는 민속적 신념이다(Keppler, 1972;
Tymms, 1955). 어떤 경우에 도플갱어는 글자 그대로 하면 "이중
도보자(double walker)"인데, 이것은 자신의 그림자의 형태를 취한
다(Rank, 1971). 신화의 다른 번역들에서 그것은 한 사람의 이미지
를 구성하고 있다. 어떤 사람이 어느 날 아침에 깨어 거울을 보고
거울 속에 자신의 영상이 사라진 것을 발견한다. 그래도 대부분의
번역에서 도플갱어는 분리된 존재가 되는 하나의 몸을 가진 두 사
람을 말한다(Guerard, 1967).

　비록 신화의 가장 순수한 형태가 정교한 복사판으로서 이중 자
아(the double)를 그려내고 있다 할지라도 차이는 존재한다. 이중
성에 대한 어떤 동화에서, 이중 자아는 신체적으로 왜곡되어 있

다. 또 다른 이야기에서 보면, 심리적 측면에서 다르게 나타난다. 그러나 그것이 취하고 있는 형태가 무엇이든 간에 이중 자아는 근본적으로 이야기 주인공과 밀접하게 관련되어 있다. 게다가 선과 악이 관련되어 있는 주제에 있어서 항상 주인공의 정반대편에 있게 된다.

아마도 이중성을 다룬 가장 유명한 동화는 스티븐슨의 지킬 박사와 하이드(Dr. Jekyll and Mr. Hyde)일 것이다(1886). 이 이야기는 자기 몸을 정반대 특성을 지닌 두 부분으로 나눈 영국 의사에 대한 것이다. 스티븐슨의 이야기는 여러 면에서 어린이 동화에 상응하는 동화이다. 선과 악의 구분이 있고, 둘 간의 끊임없는 갈등이 있고, 반드시 선이 악을 이기는 절정부분이 있다. 여기에서는 분열된 두 편 모두가 한 인물의 부분으로 그려져 있다. 동화 속의 요정과 마녀 대신에 한 사람에게서 분리된 부분으로 여겨지는 두 인물을 볼 수 있다.

대부분의 사람들에게 스티븐슨의 이야기가 친숙한 것은 그 이야기를 가지고 만들어진 수많은 영화들 때문이다. 지킬 박사는 호기심 많은 과학자로 과학실험 도중 우연히 끔찍한 하이드를 만들어 낸 사람으로 그려지고 있다. 그러나 책에서 그려지기는, 지킬 박사의 노력은 과학적 호기심에 의해서라보다는 자신의 타고난 성격의 분열성을 다루어 보려는 욕구에 의해 야기된 것이다(Sanford, 1981, p.102). 지킬 박사가 정말로 원한 것은 그가 심리적인 갈등을 겪지 않기 위해서 자신의 나쁜 부분을 신체적으로 표현하는 것이었다.

책에서 지킬 박사는 자신의 이런 두 부분을 묘사하고 있다:

만일 사람이… 분리된 정체성으로 살 수 있다면 삶은 참을 수 없는 모
든 것에서부터 자유로울 것이다. 부정함은 사라지고 좀더 제대로 된
한 쌍에 대한 열망과 죄책감으로부터 벗어날 수 있을 것이다. 그리고
정의로운 사람이 자신의 즐거움을 발견했던 선한 일을 하면서 더 이
상 외부의 악의 손에 의해 치욕과 참회를 겪지 않으면서 승승장구하
는 방향으로 확고하면서도 안전하게 걸어갈 수 있다(p.80).

지킬 박사의 말은 분열현상을 실존적으로 표현한 것이다. 어떻
게 인간이 인간 마음속에 이렇게 분리된 요소를 가지고 가치 있는
인간으로서 자기감을 유지할 수 있을까? 만일 성격이 아주 근본적
으로 선과 악으로 분열되어 있고, 이러한 분열이 깊고 광범위하게
일어나는 것이라면 우리가 어떻게 실제 우리 자신이라는 통합된
상을 유지할 수 있을까? 이런 질문은 악이 존재하느냐 존재하지
않느냐에 대한 것이라기보다는 악이 존재하는데도 우리가 어떻게
이성적인 존재로 살아갈 수 있느냐에 대한 것이다.

이런 딜레마가 지킬 박사로 하여금 자신의 내적 분열에 대처하
기 위한 여러 방법들을 발견하게 만든다. 그의 해결책은 선과 악
의 분열을 신체적으로도 분리된 두 존재로 나누는 것이었다. 그는
신비한 에드워드 하이드라는 인물을 화학적으로 창조하는 것에
의해 이것을 성취한다. 쭈글쭈글하고 보기 흉한 하이드는 지킬 박
사가 자신으로부터 벗어던지고 싶었던 모든 특성들을 떠맡는다.

물론 하이드는 지킬 박사의 이중 자아 "도플갱어"다. 살인자이
며 도둑인 그는 심리적으로도 비난받을 만할 뿐 아니라 신체적으
로도 혐오스러운 인물이다. 그러나 하이드가 혐오스러울수록 지
킬 박사는 그에게 빠져든다. 그는 "나는 전혀 혐오스럽지 않았고

오히려 반가웠다. 이것 역시 바로 내 자신이었기에."라고 썼다. 지킬 박사가 어떤 원시적인 의식 수준에서는 하이드를 진정으로 알아차리고 있음이 분명하다. 자기현시(self-revelation)는 초기 아동기 분열에 대한 성인 경험이다.

비록 지킬 박사가 그의 나쁜 자기에서 좋은 자기를 분열시키는 일을 시작하는 데 성공했다할지라도 그는 앞으로 일어날 일에 대해서는 미리 준비하지 못했다. 어느 날 그는 자기도 모르게 자신이 스스로 하이드로 변해가고 있음을 알아차리게 된다. 지금까지는 약에 의해 일어났던 변화들이 이제는 자발적으로 일어나는 것이었다. 지킬 박사는 그가 통제력을 잃고 있음을 깨닫고, "만일 이것이 너무 오래 지속된다면 내 성격의 균형이 영원히 바뀔 것 같은 위험을 발견하기 시작했다."(p.90)라고 쓰고 있다.

지킬 박사는 그 과정을 돌이키려고 노력하지만 그렇게 할 수가 없다. 그가 할 수 있는 만큼 애를 써봤지만 하이드를 부정할 수 없다는 것을 발견한다. 최후의 수단으로 그는 일들을 되돌이킬 수 있는 방법을 찾으려고 자기 자신을 실험실 안에 가둔다. 그러나 그가 사용할 수 있는 약들은 모두 소용이 없다는 것이 판명된다. 지킬 박사는 곧 하이드로 변해 다시는 돌아올 수 없는 불가피한 상황에 부딪친다. 결국 그는 독약을 마신다. 자살하는 것으로 그는 비열한 하이드를 끝내지만 동시에 그 자신도 파괴된다.

자기 안에 있는 분열을 조화시키고자 비극적으로 애쓰는 스티븐슨의 지킬 박사와 하이드 이야기는 분열의 역동에 외적인 형태를 부여하는 것이다. 아동기 동화에 상응하는 이 이야기는 좋음과 나쁨을 분열된 성격으로 나누어 그 결과를 생각해보게 함으로써 이것을 성취한다. 특히 성인의 분열을 다루고 있는 도플갱어판을 만드는 것은 분열을 해결하는 방법이다.

아이들의 동화에서 악은 화해하려는 시도나 결과와 관계없이 파괴된다. 동화의 목표는 단지 마녀를 제거하는 것이다. 일단 마녀가 죽거나, 사악한 왕비가 처벌받거나 혹은 계모가 살던 곳에서 쫓겨나게 되면 그 이후로는 모든 사람들이 행복하게 살 수 있다. 비록 무섭기는 하지만 어린아이의 눈에 악 자체를 없앤다는 것은 기껏해야 사마귀 하나를 떼어내는 것처럼 간단한 일이다.

성인들은 이것에 쉽게 속지 않는다. 가령 되는 일이 하나도 없을 때 그들은 삶이 동화에서처럼 그렇게 단순하지 않다는 사실을 깨닫는다. 삶이 가르쳐주는 것이 있다면, 악이 완전히 제거될 수 없고 그러한 노력은 헛되며 악은 여전히 존재한다는 것이다. 이중성 이야기가 포함하고 있는 메시지는 악을 없애려는 엄청난 노력들이 결국 자기 파괴를 가져오기가 쉽다는 것이다. 이것은 아이들의 동화에서 발견되는 메시지와는 상당히 다르다. 어른이 된다는 것은 선과 악이 동일한 동전의 앞뒷면이라는 사실에 직면할 것을 요구한다.

도플갱어란 주제는 대다수 성인 동화들 속에 들어 있다. 그 가운데 오스카 와일드(Oscar Wild)의 **도리안 그레이의 초상**(The Picture of Dorian Gray, 1891)과 헨리 제임스(Henry James)의 **밝은 모퉁이집**(The Jolly Corner, 1947)이 있다. 이런 이야기들과 이와 같은 종류의 다른 이야기들에서, 도플갱어는 주인공들과 신체적으로 다른 것처럼 그려져 있다. 이러한 이야기들의 두드러진 특징은 대개 나쁨과 악이 신체적인 특징을 가진다는 것이다.

물론 이것은 아이들의 동화에서 마녀가 못생기고 혐오스럽게 나오는 것과 비슷한 방식이다. 마녀가 작고 보기 흉하고 못생긴 것과 마찬가지로, 하이드와 도리안 그레이 또한 볼품없고 추한 모습으로 묘사되어 있다. 그러나 항상 그렇지는 않다. 다른 도플갱어 이야기에서, 이중 자아가 주인공의 정확한 복사판인 경우가 있다 (Rogers, 1970, pp.18-39). 이러한 이야기들에서 주인공은 보기 흉하지도 않고 특별히 사악한 모습을 지니고 있지도 않다. 대신에 그 인물은 이야기의 중심 인물의 정확한 거울 이미지다. 그 둘이 별개의 인물이라는 것을 알 수 있는 유일한 방법은 미묘하지만 숨길 수 없는 주인공들의 성격 차이에 의해서다.

선의 복제

이런 유형의 이중성에 대한 생생한 예를 에드거 알렌 포우(Edger Allen Poe)의 윌리엄 윌슨(William Wilson, 1839)에서 볼 수 있다. 지킬 박사와 하이드, 그리고 도리안 그레이와 같은 시기에 출판된 윌리엄 윌슨은 삶의 초기에 자신의 또 다른 자신과 만나 그에게서 벗어나는 데 삶의 거의 전부를 소비한 젊은 영국 남자에 대한 이야기다. 그 이야기는 일반적인 도플갱어에서 보이는 관계를 뒤집어 놓는데, 포우의 이야기 속에서는 주인공이 나쁜 반면 등장하는 이중 자아는 선하다. 그러나 선과 악으로 분열되어 있는 중심 역동은 변하지 않는다.

윌리엄 윌슨의 이야기는 영국의 시골에 자리잡고 있는 기숙학교에서 시작한다. 윌리엄 윌슨은 생김새도 그와 매우 비슷한데, 이름도 같은 학생을 우연히 만나게 된다. 그의 이중 자아는 키만 똑같은 것이 아니라 체격도 비슷하다. 윌슨이 발견할 수 있는(그것도 아주 미세한 차이인) 유일한 신체적 차이는 목소리뿐이다. 또 다른 윌리엄 윌슨은 항상 작게 속삭이듯이 말한다.

이야기가 전개됨에 따라 유사한 측면들이 더 드러나기 시작한다. 또 다른 윌리엄 윌슨은 윌리엄 윌슨처럼 옷을 입을 뿐만 아니라 그의 걸음걸이를 흉내내고 심지어 동일한 어투를 사용하기 시작한다. 그러나 한 가지 중요한 심리적 차이가 있다. 도플갱어는 윌리엄 윌슨이 말한 "도덕성"을 갖고 있는 것처럼 보인다. 적절한 순간에 빈정거리거나 냉소적으로 말하는 것 같지만 이를 통해 그는 윌리엄 윌슨에게 무엇이 선하고 무엇이 악한지에 관하여 꽤 예리한 감각을 가지고 있다는 것을 알게 한다.

도플갱어가 자신과 섬뜩할 정도로 흡사했기 때문에 윌리엄 윌슨은 두 사람이 관련이 있는지에 대해 의문을 갖게 된다. 이야기 초반에 그는 그들이 쌍둥이일 가능성에 대해 곰곰이 생각해본다. 그가 그 가능성은 버리지만 어떤 다른 종류의 관련성에 대해 깊이 생각하게 된다:

내가 그의 분위기에서, 일반적인 외모에서, 그리고 처음엔 놀랐던 어떤 것에서 발견했거나 발견했다고 상상하고 나서는 기억이 거의 생기기도 전인 시기의 거칠고 혼돈되어 있고 구분되어 있지 않은 나의 가장 어린 시절의 희미한 기억을 떠올리며, 내 자신에게 깊은 흥미가 생겼다. 내 앞에 서 있던 존재를 아주 오래 전, 심지어 유아기적 먼 과거의 어떤 시점에 내가 익히 알고 있었다는 확신을 떨쳐내기가 어려웠다는 말밖에는 그 짓눌렸던 감각을 설명할 길이 없을 것 같다(p.68).

자세히 보면, 우리는 도플갱어 이야기의 저자가 초기 유아기의

분열을 직접적으로 반영하고 있음을 알 수 있다. 윌슨은 논리적
(인지적)으로 깨닫기 전에 직관적으로 이중 자아를 알아차린다. 포
우는 주인공을 통해 우리를 "기억이 아직 생기지도 않았던" 시기
로 데려간다. 잠시 동안 감정이 사고를 뒤덮고 있었던 시절로, 세
상에 대한 우리의 경험이 선과 악의 원시적인 이분법으로 둘러싸
여 있던 시절로 되돌려놓는다.

그 이야기는 이튼과 옥스퍼드 대학 생활로 이어지는데, 그는 그
곳에서 "오랜 기간 동안 방탕한 생활"에 빠지게 된다. 두 학교에
서 도플갱어는 윌슨이 누군가를 속이거나 이용하는 매 순간에 갑
자기 나타난다. 윌슨이 잘못 행동하고 있는 순간마다 도플갱어는
얼굴을 가리고 나타나 윌슨의 귀에 대고 "윌리엄 윌슨"이라고 속
삭였다.

해가 지나면서, 윌리엄 윌슨은 자신을 따라다니는 추적자에게서
벗어나기 위해 비엔나, 파리, 베를린, 심지어 모스크바까지 유럽
전역을 떠돌아다닌다. 그러나 그의 노력에도 불구하고 그림자처
럼 따라붙는 복수의 여신을 물리칠 수가 없었다. 절망적인 심정으
로 그는 두 사람을 함께 묶어두는 사악한 동맹을 끊기로 결심한
다. 운명적인 만남이 로마에 있는 오래된 디 브로그리오 공작의
궁전에서 일어난다.

윌슨은 공작이 개최한 가면 무도회에 초대를 받았는데, 공작의
젊고 아름다운 부인을 유혹할 만한 춤을 추지 않기로 하고 초대를
수락한다. 궁전에 도착하자 그는 어지럽게 돌아다니고 있는 많은
사람들 가운데서 공작 부인을 몰래 주시하면서 그녀 쪽으로 열정
적인 태도를 보였다. 그녀에게 춤을 추자고 하려던 순간이었다.
춤을 출 기회를 얻기 바로 직전 그의 이름을 부르는 귀에 익은 낮

은 속삭임을 듣는다.

격분한 윌슨은 그 침입자의 복장이 자신과 동일하다는 사실을 알고 그를 만나기 위해 빙글빙글 돈다. 그는 광적으로 흥분하여 자신의 다른 자기를 끌고 대기실로 가서 결투를 신청한다. 싸움은 잠시 동안 지속되었다. 짧은 결투 후에 윌슨은 상대자를 벽으로 몰아붙여 짐승처럼 잔인하게 그의 가슴을 칼로 찌른다.

문을 두드리는 소리가 들리자, 윌리엄 윌슨은 거기에 누가 있는지 보기 위해 잠시 주의를 돌린다. 아무도 없음을 발견하고 그는 그 방으로 다시 돌아온다. 그는 자신의 이중 자아가 사라진 걸 발견하고 놀란다. 대신에 그는 전에는 몰랐던 벽에 걸려 있는 커다란 거울을 발견한다. 윌슨은 거울을 뚫어져라 쳐다보다가 가슴에 칼이 꽂혀 온통 피투성이가 된 채 다가서고 있는 자신을 보고 끔찍한 충격을 받는다. 거울에 비친 자신의 모습을 보면서, 그가 행한 엄청난 일이 마침내 분명해진다. 자신의 이중 자아를 파괴하려고 하다가 윌리엄 윌슨은 자기 자신을 파괴하는 데만 성공하였다.

이중 자아를 포함한 이야기들이 드러내고 있는 특성 중 하나는 그것들이 자전적인 요소를 강하게 지니고 있다는 것이다. 예를 들면, 하이드와 지킬의 모습은 단호한 아버지의 요구에 대항하기 위해 무익한 사회적 관습을 거의 경멸하게 된 로버트 루이스 스티븐슨(Robert Louis Stevenson)의 아동기 동안의 갈등을 반영하고 있다(Calder, 1980). 스티븐슨의 아버지는 그의 아들이 엔지니어가 되길 원했지만 그는 "사회적으로 추방된 사람들"의 삶을 다루는 작가가 되었다. 그리고 오스카 와일드는 친한 친구에게 보낸 편지에서 도리안 그레이의 초상에 대해 "그 이야기에는 나의 이야기가 상당 부분 포함되어 있다."라고 썼다(Hart-Davis, 1963, p.352).

이중 자아 주제를 포함하고 있는 작품의 다른 저자들의 글에서도 유사한 자전적인 부분이 분명하게 나타난다. 조셉 콘라드(Joseph Conrad)의 소설 **비밀공유자**(The Secret Sharer)는 그의 이중 자아에 의해 저질러진 범죄를 처리하고자 하는 선장에 대한 이야기로, 콘라드 자신이 오타고호를 지휘할 때 겪었던 문제를 그린 것이다. 그리고 생애 내내 오랫동안 우울과 공황장애로 고통을 겪었던 도스토예프스키(Dostoevsky)는 그의 중편소설 **이중 자아**(The Double)에서 주인공이 정신 병원에서 탈출하는 것으로 끝을 낸다.

개인적으로 윌리엄 윌슨이 도플갱어 이야기 중 가장 충격적인 이야기라고 생각한다. 그 책의 앞구절에 어린 윌리엄 윌슨이 자신의 또 다른 자기의 정확한 탄생일을 처음 알았다고 쓰여 있다. 생일이 자신과 같다는 것을 안 순간, 그는 두 사람이 형제일지 모른다고 생각한다.

> 그러나 만약 우리가 형제라면 우리는 쌍둥이임에 틀림없다. 왜냐하면 브렌스비 선생님(교장 선생님)이 떠난 후 우연히 나는 나와 동명이인이 1809년 1월 19일에 태어났다는 것을 알게 되었는데, 그날은 내가 태어난 날과 정확하게 일치했기 때문이다(p.64).

윌리엄 윌슨은 이것을 우연의 일치라고 생각한다. 그럴지도 모른다. 그러나 소설 주인공이 태어난 날과 에드가 알렌 포우가 메사추세츠의 보스턴에서 태어난 날이 1809년 1월 19일로 정확하게 일치하는 것에 대해 우리가 어떻게 궁금해하지 않을 수 있을까?

간단히 말해 이중 자아에 대한 이야기는 성인을 위한 동화다. 그러나 아이들의 동화 속에서는 모든 사람들이 영원히 행복하게 살도록 하기 위해 악을 파괴하는 것이 가능하지만 성인의 동화에서는 이것이 거의 불가능하다. 이중 자아에 대한 이야기 속에 내포된 도덕성은 악을 파괴하는 것이 불가능할 뿐 아니라 그렇게 하려는 시도가 어리석기까지 하다는 것이다. 만약 인간 존재가 성숙한 대인관계를 촉진하고 유지하길 바란다면 대인관계의 유산 속에 존재하는 선과 악을 통합하는 것을 어떻게든 배워야 한다.

영화에서 볼 수 있는 분열

고전적인 동화와 이중성 이야기에 담겨 있는 분열의 주제를 영화에서도 동일하게 발견할 수 있다. 오토 랭크는 그의 시대에 프라하의 학생(The Student of Prague)이란 이름으로 잘 알려져 있는 영화를 분석하여 이 분야에 처음으로 관심을 불러일으킨 사람들 중 하나였다(Rank, 1971). 한스 하인츠 에워즈(Hans Heinz Ewers)가 감독한 그 영화는 신비스럽게도 자신의 "다른 자기"와 분리되어 나머지 생을 비탄에 젖어 보낸 발두인이란 젊은 학생의 좌절을 다룬 이야기다.

영화는 자신이 가진 돈을 전부 탕진한, 프라하 대학의 최고 검술가인 발두인으로 시작한다. 공부에 관심도 없고 친구들과도 소원했던 그는 숲속을 배회하다 물에 빠져 허우적거리고 있는 바론 발디스 슈바르젠베르그의 딸, 마르지트를 구조한다. 발두인은 초청을 받고 바론을 만나러 성에 가는데, 거기서 그가 구한 마르지트가 결혼할 상대가 있음을 알게 된다. 단기간에 마르지트에게 매료되어 있던 그는 이러한 사실을 알고 슬픔에 잠기게 된다.

이 이야기 후반부에 사악한 노인인 스카피네리가 발두인을 방문한다. 스카피네리는 영화 초반부에 잠깐 마주쳤던 인물이었다. 그 노인은 만약 자기가 발두인의 방에 있는 어떤 것이든 가져가는 데 동의하는 계약을 체결한다면 그에게 부를 제공하겠다고 제안한다. 발두인은 드문드문 있는 가구들과 휑한 벽을 둘러보고 기꺼이 계약에 동의한다. 발두인은 스카피네리가 자신의 방 안에 있는 모든 것을 조심스럽게 살펴보고 난 후 거울에 비친 자신의 이미지에 머무르는 것을 보고 즐거워한다. 발두인은 비웃고 있다가 그의 이미지가 거울에서 분리되어 문을 통해 스카피네리를 따라갈 때 놀라게 된다.

이 지점에서, 이야기는 윌리엄 윌슨의 노선을 개략적으로 따른다. 더 이상 가난한 학생이 아닌 발두인은 마르지트를 따라다니지만 늘 자신의 이중 자아에 의해 방해받는다. 마르지트의 약혼자는 발두인의 무례한 행동에 화가 나서 그에게 결투를 신청한다. 그러나 마르지트의 아버지는 발두인의 칼 다루는 솜씨를 알고 둘 사이를 중재한다. 바론은 발두인에게 자신의 양자가 되어 나중에 유산 상속인이 되어줄 것을 부탁했고, 그는 그것에 동의한다. 마르지트를 포기하기로 한 발두인은 그녀의 약혼자에게 결투를 단념하겠다고 말하려고 결투장소로 간다. 도중에 그는 반대 방향에서 다가오고 있는 그의 이중 자아를 발견한다. 발두인의 도플갱어는 마르지트의 약혼자를 죽이고 피범벅이 된 칼을 닦고 있었다.

마르지트 약혼자의 죽음 때문에 바론의 집에서 추방당하고 마르지트와의 미래를 실현할 수도 없게 된 발두인은 절망하여 자신의 방 안에 앉아 있다. 자신의 미래를 비관적으로 생각하고 있을 때, 그는 자신의 앞에 웃으면서 서 있는 자신의 이중 자아를 보게 된다. 발두인은 총을 집어들고 그에게 발사하고 나서야 겨우 환영이 사라졌다는 것을 발견한다. 마침내 자신의 추적자를 제거했다고 믿으며 안도의 웃음을 짓는다. 그러나 가슴을 찌르는 통증을 느끼고 셔츠가 피로 물들고 있는 것을 깨닫자, 기쁨은 순식간에 사라진다. 발두인이 바닥에 쓰러지고 그 순간 스카피네리가 다시 나타나 계약서를 찢자, 그 계약서 조각들이 시체 위에 흩날린다.

프라하 학생(The Student of Prague)은 분열의 한 측면을 각각 대표하고 있는 두 등장인물을 통해 이중성을 표현하고 있는 전통적인 도플갱어 관점의 영화다(Schlappner, 1967, p.129). 분열을 다루고 있는 보다 최근의 영화에서는, 선과 악의 구분을 신체가 아닌 심리적인 것으로 묘사하고 있다. 이러한 하나의 예가 베르토루치(Bertolucci)의 파트너(The Partner)이며, 또 다른 예는 주디스 로스너(Judith Rossner)의 미스터 굿바를 찾아서(Looking for Mr. Goodbar)이다. 그러나 이중성을 고전적인 두 인물로 묘사하는 방식을 충실하게 고수하고 있는 동시대의 영화 한 편이 있다. 우디 알렌(Woody Allen)의 카이로의 흑장미(The Purple Rose of Cairo)가 그것이다.

알렌의 영화는 영화 속 인물 톰 박스터가 여주인공 셀리아의 삶 속으로 들어가는 장면에서 시작한다. 톰은 한 여자가 필요로 할 수 있는 모든 것을 갖춘 사람이다. 그리고 셀리아는 그를 그녀의 꿈의 응답으로, 그녀가 받아왔던 고되고 학대받는 삶에서 벗어날 수 있는 수단으로 본다. 영화분석가인 가버드와 가버드(Gabbard and Gabbard)는 다음과 같이 톰을 기술한다. "그는 인간의 이기주의와 탐욕에, 인간의 어두운 측면인 기본적인 본능적 특성에 사로잡혀 있지 않다"(1987, p.222). 우리는 "선"을 보다 설득력 있게 기술할 수 있는 방법을 찾아야 한다는 엄청난 압력을 받는다.

톰의 실제 삶의 상대역으로, 영화에서 톰을 연기하고 있는 배우인 질 세퍼드(Gil Shephard)는 처음에는 톰과 매우 흡사해 보인다. 일 때문에 마을에 도착했을 때, 그는 셀리아와 우연히 마주치게 되는데, 그의 순수하고도 솔직한 특성이 그녀를 압도한다. 그러나 질은 자신과 직업적 성공에만 관심을 가졌던 매우 속되고 자기 중심적인 사람이다. 그는 셀리아에게 톰을 설득해서 영화에 다시 복귀할 수 있게 한다면 그녀를 유명한 배우로 만들어주겠다고 약속한다. 셀리아는 그가 그녀를 사랑한다고 믿으면서 질을 돕는다. 그럼에도 불구하고 결국 그는 그녀에게 영화에 대한 환상을 심어주고 그녀를 외로이 남겨둔 채 떠난다.

카이로의 흑장미는 질 세퍼드에 대비되는 인물로 톰 박스터를 악에 대항해 싸우는 선으로 설정하고 순수한 선이라는 것이 기껏해야 영화 속 환상은 아닌지 의문을 갖게 한다. 동시에 그것은 우리에게 대인관계에서 "악"이 의미하는 바가 무엇인지에 대하여 현대적으로 묘사하고 있다. 질 세퍼드의 개인적 특성들—이기심, 착취, 그리고 교활함—이 그의 대표적인 목록일지 모르지만 그것이 "관계에서의 악"을 규정지을 수 있는 대표적 속성들인가? 이러한 이유들 때문에, 카이로의 흑장미는 우리에게 분열에 대하여 생생하게 현대 시대의 영화적 해석을 제공한다.

그러나 영화에서 다루고 있는 모든 분열의 이야기 가운데 아마가장 강력한 것은 오즈의 마법사(The Wizard of Oz)일 것이다. 프랭크 바움(Frank Baum)의 책에 기초한 이 영화는 분열을 매우 복잡하게 묘사하고 있다. 그 영화는 고전적인 동화와 심지어 성인의 분열을 다루고 있는 이야기들에 나타나 있는 것보다 훨씬 더 현대적인 영화이다. 고전적인 영화에서와 마찬가지로, 오즈의 마법사는 분열의 환상—어머니의 부재, 마녀(사실, 둘 다), 요정(글렌다 (Glenda)), 그리고 죽음과의 투쟁—에서 발견될 수 있는 많은 요소들을 포함하고 있다. 그러나 오즈에 포함된 것은 우리가 이제까지 접해왔던 것보다 더 심도 깊고 설득력 있는 선과 악에 대한 내용이다.

선과 악에 관련된 내용 중 하나는 이야기 초반부에 도로시를 오즈로 옮겨놓은 집이 동쪽의 사악한 마녀에게 떨어져 그녀가 즉사한 상황에서 일어난다. 만약 이것이 평범한 동화라면 그 이야기는 거기서 끝났을 것이다. 도로시가 해야 할 것이라고는 집으로 돌아갈 방법을 찾는 것뿐이다. 그러나 얼마 지나지 않아 서쪽의 사악한 마녀가 도착한다. 죽은 마녀의 언니인 그녀는 여동생의 죽음에 개인적인 책임을 느끼고 비장한 복수를 결심하게 된다.

이 초반부에 담긴 내용이 주고 있는 교훈은 악은 그렇게 쉽게 소멸되지 않는다는 것이다. 악은 도처에서 모습을 드러낼 뿐만 아니라 다른 모습으로 위장하여 별안간 나타날 수도 있다. 마녀 하나를 제거하는 것으로 충분하지 않을 수 있다. 또 다른 마녀가 날개 속에 숨어 있다가 나타날지도 모른다. 문치킨스(Munchkins)처럼 단지 동쪽의 사악한 마녀의 죽음으로 일시적으로 자유로워졌을 뿐이다. 그래서 도로시도 그녀의 삶에서 단지 일시적으로만 악에서 자유로워진다.

그러나 서쪽의 사악한 마녀가 도로시와 도로시의 친구에게 해를 끼치기 직전에 북쪽의 착한 마녀인 글렌다가 나타난다. 자비로운 마녀인 글렌다는 신데렐라에서 나오는 요정처럼 매우 매력적인 여자다. 글렌다 역시 특별한 능력을 보여주는데, 마녀가 자기 것이라고 주장하는 빨간색 마술 슬리퍼를 도로시에게 줌으로써 그

힘을 나타낸다. 그녀의 은인은 그녀에게 슬리퍼가 마법사가 살고 있는 에메랄드 시로 그녀를 데려갈 것이며 마법사가 캔자스로 돌아갈 수 있도록 그녀를 도울 수 있다고 말한다.

대상관계 관점에서, 붉은 슬리퍼는 과도기적 대상임이 분명하다. 바질리자의 인형처럼, 슬리퍼는 도로시가 세상으로 돌아갈 때 그녀에게 안전을 제공한다. 바질리자의 어머니는 그녀가 죽기 직전에 바질리자에게 인형을 선물한다. 글렌다는 사라지는 순간에 도로시에게 슬리퍼를 선물한다. 두 경우에, 그 대상들은 어머니의 보호가 미치지 못할 때 아이를 지킬 수 있는 안전장치로 마련된 것이다.

이 점에서 오즈의 마법사는 비교적 직접적으로 분열의 이야기를 다루고 있다. 비록 우리가 초기에 악을 두 배로 경험했다 하더라도 선과 악의 세력들이 명확하게 그려진다. 그 이야기는 도로시가 인생 행로(노란 벽돌길)를 따라 여행하면서, 그리고 결국 에메랄드 시로의 여행에 동반하게 되는 세 인물을 만나면서 점점 더 복잡해진다.

그녀가 만난 첫 번째 인물은 허수아비다. 머리가 텅 빈 허수아비는 생각할 수 없기 때문에 다소 쓸모없다고 느낀다. 만약 두뇌가 있다면, 그는 명석해질 수 있을 것이다. 다음에 만난 인물은 양철 나무꾼이다. 그의 문제는 심장이 없다는 것이다. 그러나 그가 심장이 없다는 것은 신체 기관이 없다는 것이 아니라 감정을 경험할 수 있는 능력이 없다는 것이다. "만약 나에게 심장만 있다면." "나는 관대하고 신사적이면서 다소 감상적일 수 있는데."라고 그는 울부짖는다. 세 번째이면서 마지막 등장인물은 겁이 많은 사자다. 그에게 부족한 것은 용기다.

　도로시가 노란 벽돌길을 따라가며 만난 등장인물들은 그녀의 상상 속에서 단순히 지어낸 것들이 아니다. 그들은 그녀의 내적 세계의 부분들이다. 자세히 그들을 살펴본다면, 우리는 그 각각이 도로시—그리고 아마도 대부분의 어린이들이—가 극복하고 싶어하는 "악"을 상징하고 있다는 것을 알게 된다. 아이들은 명석해지고 싶어하고, 느낄 수 있기를 원하고, 용감해지기를 바란다. 어리석다고 생각되고, 느낄 수 없고, 자기가 겁쟁이라고 믿고 있는 아이는 어쩔 수 없이 자신이 나쁘며 바람직하지 않다고 느낀다. 부족한 면을 받아들이고 있는 허수아비, 양철 나무꾼 그리고 사자를 도와주기 위해 에멜랄드 시로 여행하면서 도로시는 그녀 자신의 부족한 면들을 받아들이려고 노력한다.

　네 사람이 에메랄드 시에 도착했을 때, 그들은 마법사가 그들이 믿을 수 있을 만큼 그렇게 수용적이지 않음을 알게 된다. 그는 도로시에게 그녀와 자신의 비밀들을 나누기 전에 마녀의 빗자루를 훔쳐서 그에게 가져와야 한다고 말한다. 좌절에도 불구하고, 그녀와 그녀의 세 친구들은 한 번 더 시도해보기로 하고 마녀의 성으로 향한다. 무대는 다시 한 번 더 선과 악 사이의 투쟁이 최고조에 다다른다. 그러나 친구들의 도움으로 도로시는 마녀를 가까스로 물리친다. 악이 사라지고 선한 세력들이 다시 한 번 우세해진다.

　그리고 나서 투쟁이 점차 약화된다. 그럼에도 진정한 승리는 아직 이루어지지 않았다. 도로시의 친구들은 그들이 원해왔던 것을 아직 얻지 못했다. 그들은 마법사에게 다시 돌아가는데, 마법사는 허수아비에게는 학위(철학박사)를, 양철 나무꾼에게는 심장모양의 시계(새 똑딱 "시계")를, 사자에게는 "용기"란 단어가 새겨져 있는 메달을 수여한다. 그러나 마법사는 상을 줄 때 단지 이것은 그들이 진정으로 찾고자 한 것의 상징물임을 지적한다. 그들이 추구해 온 것들은 그들 각자의 내부에 있으며 언제나 거기에 있었다.

이것이 도로시가 오즈에서 배운 교훈이며 그녀가 캔자스로 돌아올 때 가지고 온 지식이다. 그녀의 여행은 그녀가 만약 자신의 개인적인 약점을 극복하고 싶다면 자신 안에서 찾아야 한다는 것을 깨닫게 해주었다. 악의 원천은 없는 것이 아니라 내부에 있는 것이다. 그리고 우리는 삶을 살아가려면 이것을 극복할 필요가 있다. 결국 도로시가 이룩한 승리는 자신을 극복한 것이다. 이것은 물론 우리의 삶에 놓여 있는—아이들과 성인들에게 있어서—자신의 노란 벽돌길을 잘 통과하기를 바란다면 받아들여야 하는 내용이기도 하다.

동화, 이중성, 그리고 심리치료

문학과 영화는 심리치료자들에게 실제에서 나타나고 있는 대상관계를 살펴볼 수 있는 풍부한 대인관계의 자료를 제공하고 있다. 표상세계의 본질을 담고 있는 소설과 영화의 의미에는 다양한 수준들이 있다. 분열현상은 하나의 대상관계 개념인데, 이 개념은 대상관계가 우리 세계에 영향을 미치는 방식을 제공하고 있으며 그래서 영화, 문학, 그리고 다른 창조적 작업에 반영되고 있다.

그러나 대상관계에 대해 말하고 있는 영화들과 문학작품들은 단순히 지나가는 지적인 관심 이상을 표현하고 있다. 그것들은 정신치료의 과정을 심화시킬 수 있는 잠재력을 지니고 있다. 영화에 내재해 있는 정신의학적인 측면을 철저히 검토하면서, 가바드와 가바드는 "영화는 우리 시대의 정신 내적인 이미지를 저장하고 있는 엄청난 보고이다. 그리고 영화는 환자와 치료자가 서로를 동일시할 수 있는 인간의 심리적 과정의 토대를 건드리고 있다." (p.163)고 제안한다. 랭크(1971)는 "아마 여러 가지 면에서 우리에게 꿈 작업을 상기시키는 영화 촬영술은 우리가 심리적 사실들과 관계들에 대한 이해를 도울 수 있는 매우 분명하면서도 특징적인 심상으로⋯그것들을 표현할 수 있다."고 쓰면서 이와 동일한 소감을 표명하고 있다(p.4). 물론 문학적 이미지들에 대해서도 이와 유사한 논의를 할 수 있다.

궁금한 점이 있다. 어떻게 이러한 이미지들이 심리치료의 과정을 보다 심화시키는 데 사용될 수 있는가? 이러한 이미지와 대상관계 작업은 어떤 관계가 있는가? 그 대답은 은유의 영역에 있다. 특히 분열과 관계 있는 문학과 영화의 이미지들은 정상적인 통로로는 접근할 수 없는 대상관계 과정들과 상징적으로 연결될 수 있는 능력을 가지고 있다.

제7장에서 나는 대상관계치료는 해석적 치료가 아니라고 주장했다. 그것은 해석이 본질적으로 잘못된 것이기 때문이 아니라 대부분의 의미 있는 대상관계의 경험이 사실 전언어적이기 때문이다. 이것이 은유가 놀이로 작용할 수 있는 이유다. 언어적 해석의 제한을 넘어설 수 있는 능력 때문에 은유는 비언어적 방식으로 부호화되어 있는 분열과정에 접근할 수 있는 수단을 환자에게 제공한다. 이와 같이 은유는 글자 그대로 "언어"를 넘어서 초기 분열 경험의 통로로 작용한다.

이것이 치료가 책이나 영화 세미나로 전환되어야 한다는 것을 의미하는 것은 아니다. 그러나 환자들이 종종 꿈이나 다른 것들을 치료에 가져오는 것과 마찬가지로, 그들이 본 영화나 읽은 소설을 예들로 가져온다. 이러한 경우 대상관계 치료자는 이러한 작품들의 은유적 속성에 환자의 주의를 돌리게 할 수 있다. 이것은 환자에게 초기 분열의 이면에 놓여 있는 양극성의 일부분에 접근할 수 있는 기회를 제공한다.

나의 환자들 중 한 명은 그녀가 디즈니에서 만든 **백설공주**(Snow White)라는 영화를 보기 위해 자신의 딸을 데려갔다고 말하면서 상담을 시작했다. 그 환자는 그녀가 처음에 영화를 보았던 때와 같은 나이인 딸과 영화를 보는 것을 즐겼지만, 영화를 두 번째 보면서 대단히 실망하게 되었다. 그 환자는 용감하고 독립적이었던 백설공주라는 인물에게 매혹되었다고 기억했다. 지금은 백설공주를 무기력한 겁쟁이로, 일곱 난쟁이의 가정부에 아첨꾼이 됨으로써 자기를 희생한 사람으로 보았다.

분명히 그 영화는 세월이 가면서 관심이 바뀐 사람에 의해서, 그리고 다른 시각에 의해서 다르게 이해될 수 있다. 이것을 논의하는 과정에서 나는 이야기 속의 선과 악의 투쟁에, 그리고 백설공주가 자신을 파괴하려는 계모의 노력에도 불구하고 어떻게 끊임없이 견뎌냈는지에 그녀의 주의를 돌리려고 했다. 각색된 영화에는 동화에서처럼 늙은 여인으로 위장한 왕비가 독이 묻은 빗으로 백설공주의 머리를 빗겨주는 것, 그리고 꽉 조이는 코르셋으로 허리를 죄어 숨이 막히게 하려는 장면들이 포함되어 있지 않다.

그 환자는 디즈니의 백설공주에 익숙했지만 그림 형제의 백설공주를 읽는 데도 흥미를 나타냈다. 그림 형제의 백설공주에는 묘사되어 있지만 그 영화에서는 분명하게 드러나 있지 않은 것은 계모의 나르시시즘("거울아, 벽에 걸린 거울아…")이 백설공주 자신의 자기애적 경향의 반영이라는 것이다. 이것을 빗(자신의 모습에 매혹되어)과 코르셋(그녀의 가슴을 강조하는)에 대한 백설공주의 욕망에서 볼 수 있다. 나는 신체적인 매력과 바람직함의 주제가 환자의 삶에서 중심적인 주제였다는 것과 그녀의 대부분의 문제들이 성적 투사적 동일시를 사용하는 데에 집중되어 있는 것이 우연한 일치라고 생각하지 않는다.

유사한 입장에서, 오그덴(1982, p.101)은 치료 전날 밤 오즈의 마법사를 본 후 매우 감동을 받았다고 이야기했던 한 환자에 대해 말하고 있다. 그녀에게 가장 영향을 끼쳤던 특별한 장면은 영화의 마지막에 도로시가 마법사는 전혀 마술을 부릴 줄 모른다는 것을 발견했을 때 일어난다. 그의 정체가 드러났을 때, 도로시는 그를 인정머리 없는 대머리에 난쟁이로 보게 된다.

분노와 실망으로 도로시는 "당신은 매우 사악한 사람이군요."라고 외친다. 마법사는 "아니다. 도로시, 나는 유능한 마법사는 아니지만 그렇다고 나쁜 사람도 아니다."라고 대답한다. 환자는 눈물을 터뜨리며 어떻게 그녀가 어머니를 위해 특별한 존재—마법사—가 되어야만 했는지에 대해 말하기 시작했다. 그 환자는 "만약 내가 마법사가 아니었다면 나는 그녀에게 아무것도 아니었다."라고 울면서 말했다. 비록 그 환자는 그 이야기 속의 마법사에 비유하여 말하고 있었지만, 그것은 또한 동일한 수준에서 그녀가 마법사의 말 속에 담겨 있는 선—악에만 반응하고 있었다는 것이 분명했다.

오즈의 마법사가 치료에 유용하다는 것이 판명된 또 다른 경우는 나의 환자들 중 매우 자기애적이고 지나치게 통제적인 환자의 경우였다. 전문 음악가인 그 환자는 과도한 불안을 다루기 위해 치료를 받으러 왔다. 이러한 과도한 불안이 보통 음악과 관련이 없는 사회적 상황에서 일어났는데, 그는 그럼에도 불구하고 "잘 해 내야" 한다고 느꼈다.

치료과정에서 그는 경계를 풀고 자신이 어리석다는 감정, 그가 해야 한다고 믿고 있는 주제를 주장하지 못하는 것, 그가 다른 사람에 대한 감정이 부족한 것에 대한 어려움을 이야기하기 시작했다. 나는 그에게 그가 경험한 결핍들은 대부분 오즈의 마법사에 등장한 인물들이 경험한 부족한 면들과 매우 동일하다는 것을 지적했다. 처음에 그는 나의 말에 약간 놀라는 듯했다. 그러나 잠깐 생각하고 난 후 그는 사실 그럴지도 모르겠다고 고려하기 시작했다. 그 후 우리는 자신의 "나쁜" 부분들과 그것들을 부인하려는 그의 노력이 바로 자신의 진짜 부분을 부인하는 것이라는 점에 대해 계속 이야기를 나누었다.

이 장에서 제시한 예들은 대상관계이론을 다루고 있는 많은 문학과 영화자료들에 대한 단순한 예에 불과하다. 말 그대로 분열의 문제와 내적 세계의 관계의 본질을 말하고 있는 동화와 이중성의 이야기는 수십 개가 넘는다. 가령 우리는 잉마르 베르그만(Ingmar Bergnan)의 작품을 다루는 데도 여러 지면을 할애할 수 있다. 심지어 다스 바더(Darth Vader)와 더 포스(The Force) 간의 장중한 투쟁을 다룬 별들의 전쟁(the Star Wars) 또한 풍부한 대상관계의 주제를 다루고 있다. 문학과 영화의 재료가 대상관계치료의 성공에 필수적인 것은 아닐지라도 병리적인 색채를 덜 띠면서 치료자와 환자가 상호작용할 수 있는 기회를 제공할 수 있다. 아마 이것이 "치료실 밖에서" 일어난 일을 치료실 안으로 가져와 그것을 치료과정의 한 부분으로 구성할 수 있는 충분한 이유가 될 것이다.

Afanas' ev, A. (1945). *Russian fairy tales.* New York: Random House, 1973.

Balsam, R. M., & Balsam, A. (1974). *Becoming a psychotherapist. A clinical primer.* Boston: Little, Brown.

Beitman, B. D. (1979). Engagement techniques for individual psychotherapy. *Social Casework, 60*(5), 306-309.

Beitman, B. D. (1983). Comparing psychotherapies by the stages in the process. *J. Operational Psychiatry, 14*(1), 20-27.

Beitman, B. D. (1987). *The structure of individual psychotherapy.* New York: Guilford.

Benjamin, J. (1986). A desire of one' s own: Psychoanalytic feminism and intersubjective space. In DeLauretis, T. (Ed.), *Feminist studies: Critical studies* (pp.78-101). Bloomington, IN: Indiana University Press.

Berger, P. L., & Kellner, H. (1964). Marriage and the construction of reality. *Diogenes, 46*(3), 1-20.

Bettelheim, B. (1976). *The uses of enchantment.* New York: Knopf.

Bicknell, D. J. (1975). *Pica: A childhood symptom.* London: Butterworth.

Blumer, H. (1969). *Symbolic interactionism.* Englewood Cliffs, NJ: Prentice-Hall.

Bollas, C. (1983). Expressive uses of the countertransference. *Contemporary Psychoanalysis, 19,* 1–34.

Boszormenyi-Nagy, I., & Spark, G. M. (1984). *Invisible loyalties: Reciprocity in intergenerational family therapy.* New York: Brunner/Mazel.

Bretherton, I., & Beeghly, M. (1982). Talking about internal states: The acquisition of an explicit theory of mind. *Developmental Psychology, 18,* 906–921.

Breuer, J., & Freud, S. (1895). Studies in hysteria. *The standard edition of the complete psychological works of Sigmund Freud.* Vol. 2. New York: Norton.

Calder, J. (1980). *Robert Louis Stevenson: A life study.* New York: Oxford University Press.

Cameron, N., & Magaret, A. (1951). *Behavior pathology.* Boston: Houghton Mifflin.

Carter, A. (Trans.) (1977). *The fairy tales of Charles Perrault.* London: Victor Gollancz, Ltd.

Cashdan, S. (1967). The use of drawings in child psychotherapy: A process analysis of a case study. *Psychotherapy: Theory, Research, and Practice, 4*(2), 81–86.

Cashdan, S. (1973). *Interactional psychotherapy: Stages and strategies in behavioral change.* New York: Grune and Stratton.

Cicchetti, D. (1987). Developmental psychopathology in infancy: Illustration from the study of maltreated youngsters. *Journal of Consulting and Clinical Psychology, 55,* 837–845.

Conrad, J. (1910). *The secret sharer.* New York: New American Library, 1983.

Cooper, M. M. (1957). *Pica*, Springfield, IL: Thomas.

Cottrell, L. S. (1969). Interpersonal interaction and the development of the self. In D. S. Goslin (Ed.), *Handbook of socialization theory and research*. Chicago: Rand McNally.

Crane, L. (Ed.) (1963). *Household stories of the Brothers Grimm*. New York: Dover.

Dostoevsky, F. (1945). *The double*. In *The short novels of Dostoevsky*. New York: Dial Press.

Epstein, L., & Feiner, A. H. (Eds.) (1979). *Countertransference: The therapist's contribution to the therapeutic situation*. New York: Jason Aronson.

Ernsberger, C. (1979). The concept of countertransference as therapeutic instrument: Its early history. *Modern Psychoanalysis, 4*(2), 141–164.

Fairbairn, W. R. D. (1954). *An object relations theory of the personality*. New York: Basic Books.

Flavell, J. (1963). *The developmental psychology of Jean Piaget*. Princeton, NJ: Van Nostrand.

Forward, S., & Torres, J. (1986). *Men who bate women and the women who love them*. New York: Bantam.

Freud, S. (1917). Mourning and melancholia. *The standard edition of the complete psychological works of Sigmund Freud*. Vol. 14. New York: Norton.

Gabbard, K., & Gabbard, G. O. (1987). *Psychiatry and the cinema*. Chicago: University of Chicago Press.

Greenberg, J. R., & Mitchell, S. A. (1983). *Object relations in psychoanalytic theory*. New York: Basic Books.

Grostein, J. S. (1981). *Splitting and projective identification*. New York: Jason Aronson.

Guerard, A. (1967). *Stories of the double*. Philadelphia: Lippincott.

Guntrip, H. (1971). *Psychoanalytic theory, therapy, and the self*. New

York: Basic Books.

Hart–Davis, R. (Ed.) (1963). *The letters of Oscar Wilde.* London: Rupert Hart–Davis.

Hoffman, J. J. (1985). Client factors related to premature termination of psychotherapy. *Psychotherapy, 22,* 83–85.

Hope, D. (1987). The healing paradox of forgiveness. *Psychotherapy, 24,* 240–244.

Horney, K. (1939). *New ways in psychoanalysis.* New York: Norton.

Horowitz, M. (1976). Cognitive and interactive aspects of splitting. *Amer. J. Psychiatry, 134,* 549–623.

Horton, C. (1981). *Solace.* Chicago: University of Chicago Press.

Hunt, M. (1944). *The complete Grimm's fairy tales.* New York: Random House, 1972.

James, H. (1947). *The jolly corner.* In F. O. Matthiessen, (Ed.). *The American novels and stories of Henry James.* New York: Knopf.

Johnson, S. M. (1985). *Characterological transformation: The hard work miracle.* New York: Norton.

Kaiser, H. (1965). *Effective psychotherapy.* (L. Fierman, Ed.). New York: Free Press.

Kaplan, L. (1978). *Oneness and separateness: From infant to individual.* New York: Simon and Schuster (Touchstone Books).

Karpel, M. A., & Strauss, E. S. (1983). *Family evaluation.* New York: Gardner Press.

Keppler, C. F. (1972). *The literature of the second self.* Tucson: University of Arizona Press.

Kernberg, O. (1975). *Borderline conditions and pathological narcissism.* New York: Jason Aronson.

Kernberg, O. (1976). *Object relations theory and clinical psychoanalysis.* New York: Jason Aronson.

Kernberg, O. (1982). Self, ego, affects, and drives. *Journal of American psychoanalytic Association, 30*, 893–917.

Kernberg, O. (1984). *Severe personality disorders*. New Haven: Yale University Press.

Kirman, W. J. (1980). Countertransference in facilitating intimacy and communication. *Modern Psychoanalysis, 5*(2), 131–145.

Klein, M. (1952). Some theoretical conclusions regarding the emotional life of the infant. In M. Klein (Ed.), (1975). *Envy and gratitude and other works, 1946–1963*. New York: Delacorte Press.

Klein, M., & Tribich, D. (1981). Kernberg's object–relations theory: A critical evaluation. *Int. J. Psychoanalysis, 62*, 27–43.

Kohut, H. (1971). *The analysis of the self*. New York: International Universities Press.

Kohut, H. (1977). *The restoration of the self*. New York: International Universities Press.

Langs, R. (1973). *The technique of psychoanalytic psychotherapy*. New York: Jason Aronson.

Langs, R. (1982). Countertransference and the process of cure. In Slipp, S. (Ed.) *Curative factors in dynamic psychotherapy*. New York: McGraw–Hill.

Lichtenberg, J. D. (1983). *Psychoanalysis and infant research*. Hillsdale, NJ: The Analytic Press.

Mahler, M. (1952). On child psychosis and schizophrenia: Autistic and symbiotic infantile psychoses. *Psychoanalytic Study of the Child, 7*, 206–305.

Mahler, M., Pine, F., & Bergman, A. (1975). *The psychological birth of the human infant*. New York: Basic Books.

Malin, A., & Grotstein, J. (1966). Projective identification in the therapeutic process. *International Journal Psycho–Analysis, 47*, 26–31.

Mann, J. (1973). Confrontation as a mode of teaching. In G. Adler & P. G. Myerson (Eds.), *Confrontation in psychotherapy*. New

York: Science House.

Massie, H. N. (1975). The early natural history of childhood psychosis. *J. Amer. Acad. of Child Psychiatry, 14*, 683–707.

Massie, H. N. (1978a). Blind ratings of mother–child interaction in home movies of prepsychotic and normal infants. *Amer. J. Psychiatry, 135*(11), 1371–1374.

Massie, H. N. (1978b). The early natural history of childhood psychosis. Ten cases studied by analysis of family home movies of the infancies of the children. *J. Amer. Acad. Child Psychiatry, 17*, 29–45.

Massie, H. N. (1982). Affective development and the organization of mother–infant behavior from the perspective of pychopathology. In E. Z. Tronick (Ed.), *Social interchange in infancy: Affect, cognition, and communication* (pp.161–182). Baltimore: University Park Press.

Masterson, J. F. (1976). *Psychotherapy of the borderline adult: A developmental approach.* New York: Brunner/Mazel.

Masterson, J. F. (1978). The borderline adult: Transference acting out and working through. In J. F. Masterson (Ed.), *New perspectives on psychotherapy of the borderline adult.* New York: Brunner/Mazel.

Mead, G. H. (1934). *Mind, self and society.* Chicago: University of Chicago Press.

Meyers, H. C. (Ed.) (1986). *Between analyst and patient: New dimensions in countertransference and transference.* Hillsdale, NJ: Analytic Press.

Minuchin, S. (1974). *Families and family therapy.* Cambridge: Harvard University Press.

Myers, N. A., Clifton, R. K., & Clarkson, M. (1987). When they were very young: Almost–threes remember two years ago. *Infant behavior and development, 10*, 123-132.

Ogden, T. (1982). *Projective identification and psychotherapeutic technique.* New York: Jason Aronson.

Poe, E. A. (1839). *William Wilson.* In *The portable Poe.* New York: Viking Press, 1957.

Racker, H. (1968). *Transference and countertransference.* New York: International Universities Press.

Rank, O. (1971). *The double: A psychoanalytic study.* Chapel Hill: University of North Carolina Press.

Rinsley, D. B. (1982). *Borderline and other self disorders.* New York: Jason Aronson.

Rodman, F. R. (1977). *Not dying.* New York: Random House.

Rogers, R. (1970). *The double in literature.* Detroit: Wayne State University Press.

Sandler, J. (Ed.) (1987). *Projection, identification, projective identification.* Madison, CT: International Universities Press.

Sanford, J. A. (1981). *Evil: The shadow side of reality.* New York: Crossroad.

Schaefer, C. E., & Millman, H. L. (Eds.) (1977). *Therapies for children.* San Francisco: Jossey-Bass.

Schlappner, M. (1967). Evil in the cinema. In C. G. Jung Institute, Zurich (Ed.). *Evil.* Evanston: Northwestern University Press.

Schofield, W. (1964). *Psychotherapy: The purchase of friendship.* Englewood Cliffs, NJ: Prentice-Hall.

Searles, H. (1979). *Countertransference and related subjects.* New York: International Universities Press.

Semel, V. G. (1985). Countertransference and the continual fantasy of patient terminations: A modern psychoanalytic study of one therapist's resistance. *Modern Psychoanalysis, 10*(1), 47-63.

Shapiro, R. (1985). A case study: The terminal illness and death of the analyst's mother—Its effects on her treatment of a severely regressed patient. *Modern Psychoanalysis, 10*(1), 31–46.

Spotnitz, H. (1985). *Modern psychoanalysis of the schizophrenic patient.* New York: Human Sciences Press.

Stern, D. (1977). *The first relationship: Infant and mother.* Cambridge: Harvard University Press.

Stern, D. N. (1985). *The interpersonal world of the infant.* New York: Basic Books.

Stevenson, R. L. (1886). *Dr. Jekyll and Mr. Hyde.* New York: Bantam Books, 1981.

Strauss, A. (1956). *The social psychology of George Herbert Mead.* Chicago: University of Chicago Press.

Sullivan, H. S. (1953). *The interpersonal theory of psychiatry.* New York: Norton.

Thompson, C. L., & Rudolph, L. B. (1983). *Couseling children.* Monterey: Brooks/Cole.

Tronick, E. Z. (Ed.) (1982). *Social interchange in infancy: Affect, cognition, and communication.* Baltimore: University Park Press.

Tymms, R. (1955). *German romantic literature.* London: Methuen.

von Franz, M. (1967). The problem of evil in fairy tales. In C. G. Jung Institute, Zurich (Ed.), *Evil.* Evanston: Northwestern University Press.

Vygotsky, L. (1986). *Thought and language.* A. Kosulin (Ed.), Cambridge: MIT Press.

Wilde, O. (1891). *The picture of Dorian Gray.* New York: Dell, 1968.

Winnicott, D. W. (1971). *Playing and reality.* London: Tavistock Publications.

Ziajka, A. (1981). *Prelinguistic communication in infancy.* New York: Praeger.

찾아보기

[내 용]

저 자 약 력 ·················

Sheldon Cashdan

메사추세츠 대학(University of Massachusetts at Amherst) 심리학과 교수로 재직하고 있음. Interactional Psychotherapy, Abnormal Psychology, The Witch Must Die 등의 저서들이 있음.

역 자 약 력 ·················

이영희

미국 로체스터 대학교 대학원 상담심리학 석사
미국 University of Michigan 상담심리학 철학박사
숙명여자대학교 교육학과 교수 역임
한국 상담심리학회 상담심리사 1급
현재) 숙명여자대학교 명예교수

고향자

미국 인디애나대학교 대학원 교육학 석사
숙명여자대학교 대학원 교육학 박사
한국 상담심리학회 상담심리사 1급
현재) 숙명여자대학교 교육학과 초빙교수
　　　세은심리상담연구소 운영

김해란

숙명여자대학교 대학원 문학 석사
숙명여자대학교 교육학과 대학원 박사과정 수료
한국 상담심리학회 상담심리사 1급
현재) 숙명여자대학교 학생생활상담소 상담원
　　　교육대학원 강사, 강릉대학교 강사

김수형

숙명여자대학교 대학원 문학 석사
숙명여자대학교 교육학과 대학원 박사과정 수료
한국 상담심리학회 상담심리사 1급
현재) 숙명여자대학교 성폭력 상담소 전임 상담원
　　　교육대학원 강사

대상관계치료

2005년 1월 10일 1판 1쇄 발행
2023년 1월 20일 1판 11쇄 발행

지은이 • Sheldon Cashdan
옮긴이 • 이영희 · 고향자 · 김해란 · 김수형
펴낸이 • 김 진 환
펴낸곳 • (주) **학지사**

04031 서울특별시 마포구 양화로 15길 20 마인드월드빌딩 5층

대표전화 • 02) 330-5114   팩스 • 02) 324-2345

등록번호 • 제313-2006-000265호

홈페이지 • http://www.hakjisa.co.kr
페이스북 • https://www.facebook.com/hakjisabook

ISBN 978-89-5891-047-3 93180

정가 **14,000**원

역자와의 협약으로 인지는 생략합니다.
파본은 구입처에서 교환하여 드립니다.

이 책을 무단으로 전재하거나 복제할 경우 저작권법에 따라 처벌을 받게 됩니다.

출판미디어기업 **학지사**

간호보건의학출판 **학지사메디컬** www.hakjisamd.co.kr
심리검사연구소 **인싸이트** www.inpsyt.co.kr
학술논문서비스 **뉴논문** www.newnonmun.com
원격교육연수원 **카운피아** www.counpia.com